鑪峰古今

香港歷史文化論集2021

香港珠海學院 香港歷史文化研究中心 出版

蕭國健 游子安 主編

U0118171

本書

蒙

Arts & Education Limited
藝術教育有限公司

贊助出版

◎ 目錄

專題論文

文物、古蹟、史料劄記

序 言

　　本會自2013年起，每年出版《鑪峰古今》專刊，介紹香港及華南地區之歷史與文化，以推廣香港及華南之歷史與文化之研究，至今已出版9期。近年雖因社會及疫症問題困繞，本會仍能獲各位學界友人之助，與香港歷史博物館及保良局合辦香港歷史文化專題講座，惜香港及華南地區之歷史與文化考察活動，則未能舉辦。

　　因香港位粵港澳大灣區內，處祖國經濟發展要地，本校上年(2021)開辦「華南歷史文化」碩士課程，介紹及研究華南(尤重粵港澳大灣區)歷史文化及古蹟文物，本中心與本刊之目的，與之甚為吻合。是以於今期《鑪峰古今》專刊，增闢華南地區之歷史與文化專欄，以作配合。

　　本書蒙各講者及友好學者惠賜鴻文，及各界好友之幫助，並獲Arts & Education Limited劉言祝先生贊助出版，始得完成，特此致謝。

蕭國健教授
香港珠海學院 香港歷史文化研究中心主任
2023年5月

香港正一派道士科儀《賣雜貨》之中所看到的伊斯蘭商人的影子

田仲一成

（公益財團法人東洋文庫研究員、日本學士院會員，
東京大學名譽教授）

序　問題之所在

中國西北地區，新疆、甘肅、寧夏等維吾爾系統伊斯蘭教信徒保存着回教文化。這一類伊斯蘭宗教文化，不但扎根於西北地區，而且傳播到華中‧華南地區。關於這樣廣泛地分布全中國的伊斯蘭文化，我們卻在香港正一派道士科儀之中，可以發現其例子。下面介紹這個例子，之後擬研討其對於廣東地區宗教文化的意義。

二、廣東鄉鎮祭祀之中的説唱儀禮

廣東地區的鄉鎮，從清代中期以來，每5年或10年，舉行1次大規模的祭祀，叫做「太平清醮」。鄉民的心目之中，生活上最為害怕的是所謂孤魂野鬼，他們或在械鬥鄰村而戰亡，或不能適應家庭而自殺，如此橫死夭折而浮游

天空，苦於饑餓凍寒，有時打進鄉村來，造出水災旱災等大禍。因此，鄉民為了避免孤魂野鬼的加害，預先聘請僧道，念誦經懺，以安慰其怒，與此同時，向他們提供食物‧紙衣或紙錢而堤防他們猖獗。這種建醮，本來，每逢災害時，才舉行，但鄉民得知災害定期發生，縱使災害沒有發生時，為了預防的起見，比如5年1次，10年1次等方式，定期舉行建醮了。這類建醮需要龐大的經費，因此大宗族或大村落才有條件定期舉行。尤其是大宗族出錢支持較多。小宗族或小村落沒有力量單獨舉行，因此結成聯合，才可以舉行。

建醮祭祀，大多數執行在村落的公共中心，比如廟宇等。祭祀的結構，先邀請天地水三界的高位諸神，奉上祭品，戲劇。之後，邀請孤魂野鬼，也奉上祭品。最為重要的是向孤魂野鬼奉上食物、紙錢、紙衣等的科儀。這類叫做超幽。這種建醮的核心部分，可分為二。一是小規模的超幽（小幽），一是大規模的超幽（大幽）。建醮日期，三天至五天較多。其間，小幽可以隨便做，有時做兩次，有時做一次。但是最後一晚，做一次大幽而把孤魂押送到外界，是不可或缺的。

今天報道的是小幽的問題。其實最為值得注意的是：這小幽裏面含有伊斯蘭商人登場的事。下面，專論這個問題。

三、小幽裡登場的賣雜貨──伊斯蘭商人

小幽是為了賜給孤魂紙錢而設的。在草地上，橫列着紙做的一對男女偶人，以及紙做的兩個判官偶人。前面排列着兩行推土，推土上插着許多紅蠟燭和香枝而一齊點火。兩行推土之間，放着許多紙錢和食物。偶人對面，間隔兩行推土，擺着儀卓一張，上面放着法器和祭品。道士一人，穿着道袍，站着念經，其後面，樂師二人，坐在椅子，打奏鑼鼓。

　　判官二人是城隍神派遣的。都穿這官服。男女二人是
賣雜貨的經商。其服裝不像中衣而像西衣。男人是上衣而褲
子。頭上戴着緣邊較大的帽子。很像歐洲人。女人也上衣而
褲子。沒戴帽子，不結髮，不插簪，很像斷髮西人的樣子。

　　道士念完經懺以後，代表判官跟代表村民的鼓手講話。
接着，道士代表賣雜貨的男人跟鼓手（代表村民）講話。其
唱詞很奇怪，使人推測賣雜貨出自伊斯蘭。

　　首先有判官（道士）和村民（鼓手）的講話，如下。

道士唱：　拜跪，叩首，再叩首，三叩首。
　　　　　六叩首，九叩首，興，平身。
　　　　　尚來發表功德，上奉符吏。
　　　　　降福降祥，同賴善果，證無上道。
　　　　　一切信禮，功曹起馬，雲翻拜送，
　　　　　恭喜講判官。
問：　　　今晚明楊小會男女孤魂，你們可知
　　　　　多少？
答：　　　我們不知多少。
問：　　　那誰可知多少。
答：　　　傍邊有兩個洪羽大人判官老爺知道
　　　　　多少。
先生：　　請判官老爺前來講話。判官，有請。
判官：　　（唱）
　　　　　高高山上一廟兒，還有一個神道兒。
　　　　　頭戴一頂紗帽兒，身穿一條元領兒。
　　　　　腰迪一條各帶兒，腳下一雙掉靴兒。
　　　　　四個小鬼抬轎兒，兩個小鬼擔傘兒。
　　　　　擔傘兒‧抬轎兒，掉靴兒‧角帶兒。
　　　　　元領兒‧紗帽兒，神廟兒‧官廟兒。
　　　　　廟兒廟兒真正廟兒，陰司地府不納才。
　　　　　抬頭拷掠在何該，陽間作惡長為解獨。

　　　　　　難脫天羅地網罪。

　　　　　　搖搖擺擺，搖搖擺擺，原是判官來了。

　　據此，可以知道，這位判官是山上廟裏的神。他坐在四個小鬼所抬的官轎來，下轎後，兩個小鬼擔着傘兒服侍他。孤魂野鬼受到施食時，弱肉強食，強者搶取弱者的食物，判官禁止強鬼壓迫弱鬼，因此出面監督鬼魂以維持施食的秩序。他所以搖搖擺擺以顯示威風的緣故，就在於此。

　　與此相對，賣雜貨的男女是很奇怪，似乎來自西域。他們可能是伊斯蘭教徒。判官（道士交代）和賣雜貨（鼓手交代）之間的對話裏，我們可以知道有關賣雜貨的消息，如下。

（1）人種，家鄉

　　　　判官：科蘭大哥，有請。
　　　　男賣貨：天道，地道，神仙道。來道［到］。
　　　　　　　　人道，鬼道，畜生道。齊道［到］。
　　　　　　　　白草黃沙，番邦為住家。胡兒女，
　　　　　　　　能騎馬。打戰鼓，咚咚，咚咚，咚
　　　　　　　　咚。

　　接着，先生（道士）跟男雜貨對話，如下。

　　　　先生：　比如你番邦，我聽聞國號有幾多個？
　　　　男賣貨：大國三十六國，小國無倪。
　　　　先生：　且問你，大國乜國名？
　　　　男賣貨：用心國，長人國，矮仔國。紅毛
　　　　　　　　國，黑毛國，白毛國。高老國，高
　　　　　　　　天三尺。
　　　　先生：　高老國高過天三尺，比如矮仔國。
　　　　男賣貨：你問我矮仔國，矮地三尺。

> 先生：　　比如川心國。
>
> 男賣貨：川心比一條大杉，川起中間。川得
> 　　　　幾十個，都是國名來。

由此可知，賣雜貨的男人自己叫做「科蘭」大哥，似乎是人種的稱呼。但不像中國人，很像中央亞西伊斯蘭人。科蘭這個詞，可能跟伊斯蘭教的根本聖典「古蘭經」。

他自己把他家鄉稱為「白草黃沙的番邦」，白草和黃沙，一定是指新疆甘肅的沙漠地區而言的。而且他把自己的家鄉稱為「番邦」，又把家鄉的兒女稱為「胡兒女」，把她們贊揚為「能騎馬」，能打戰鼓」。這也是流動於沙漠的騎馬游牧民族的特徵。

關於所謂「番邦」，他說：有「大國三十六國」，這三十六國一定是指所謂「西域三十六國」而言的。所謂「長人國」，「黑毛國」等，不得而知，但「川心國」似乎是指沙漠中的綠洲而言的。總之，這賣雜貨是從新疆甘肅的伊斯蘭國家來的。

(2) 職業

> 男賣貨：打戰鼓咚咚，咚咚咚。因貪名利列
> 　　　　[到] 中華。
> 　　　　□□咕嚕打幾下，□□咕嚕打幾下，
> 　　　　天地玄黃，一日讀得兩三行。文
> 　　　　章，唔做得。
> 　　　　打向彭彭賣麻糖，街個街，巷個
> 　　　　巷。塘個塘。
> 　　　　昔日奔波總為濃，昔日奔波總為寨，
>
> 先生：　　發羊吊？
>
> 男賣貨：不是發羊吊，都是一個招牌。

由此可知，這個賣雜貨是為了貪求名利的起見，從家鄉

西域走到中國的。打着戰鼓，棒上吊着羊頭（招牌），走遍街巷坊堂，做小販的買賣。羊頭為招牌，也是游牧民族的特色。

(3) 姓名

先生：　　科蘭大哥，你高姓大名？

男賣貨：你問我高姓，我話聽字。

先生：　　你姓一門吉，你姓周。〔門內有吉字，就是周字〕

男賣貨：我又話你聽字，你差ha下，上高人唱，曲下抵人，抄豆⋯⋯

先生：　　是亞禮，周亞禮，你們不好人。

男賣貨：先生，我為何不好人？

先生：　　周亞禮，你拐帶人口。

男賣貨：我不是拐帶人口。

先生：　　你唔保拐帶人口，你做乜帶一個女人出門。

男賣貨：不是女人，是我伙計行仔。

先生：　　系伍伙計仔，乜扮個女人。

男賣貨：先生有所不知，我見伙計仔，生得青靚，白白浮浮，禾羅禁大個邊餅。將keui他扮個女人，共女孤魂交易。我男人共男孤魂交易。男女不親，加增做生意，準系女人多。

先生：　　唔話得，你老周見你伙計仔，生得青，其靈向，將來扮個女人。共女孤魂交易。老周，你伙計仔，高姓大名。

男賣貨：你問我個伙計仔高姓？話個字，你咕下，keui（他）姓一斗米。

先生：　　你禁大食。

男賣貨：叫個姓米。

先生：　　一斗米，就系姓料。乜名？

男雜貨：又話叫字。你差［猜］下。宀蒙蓋
　　　　住紅粉女。白木上頭兩挂絲。

先生：　　就系料安樂，料處，多安樂。

由此得知，兩個賣雜貨，男人叫做周亞禮，扮女的伙計叫做料安樂。現在，西北回民的姓，較為普遍的，如下。

米，納，拉，喇，丁，哈，馬，達，海，
白，穆，拜，賣，治，賽，單，炭，陝，鮮，
回，黑，靠，沙，古，法，蘇，索，祁，水，
安，色，輝，候，周，綻，王，者，董，毛，
蔣，李，劉，揚，孔，陳

這裏看見周姓。亞禮ali這發音，不像中國人的名，而像阿拉伯人的名。料安樂也不像漢族的姓名，可能是回民的。對話之中，先生把男賣貨看做大食，大食國就是persha，也是西方國名。

（4）南下的途徑

先生：　　你兩伙伴來到中華，在便處來？

男賣貨：來到中華，在北京城來。

先生：　　聞得北京城有個皇帝，有mou？

男賣貨：mou錯。北京城有叫皇帝。

先生：　　老周，今你在表兄個處，又唔做
　　　　官，住緊好內［久］。

男賣貨：住緊幾天，買齊京貨，京布，京
　　　　物。一蓬，兩伙計，又走。走到過
　　　　處，半天爬［扒］龍船。

先生：	半天爬龍船，唔跌死你。
男賣貨：	個處又系地名？
先生：	個處就高州府？
男賣貨：	mou錯，先生！個處就系高州府。又 mou乜生意，住緊幾天，兩伙計有 走。走到個處，通山梅花□□□去 扎朵。個處又系地名。
先生：	個處叫梅嶺？
男賣貨：	mou錯。個處就系梅嶺。伙計住緊 幾天，mou乜生意。又走，走到個 滾水淋花。
先生：	唔六死個朵花。個處又系地名？
男賣貨：	個處叫到六蘭。

下面，按照與此相同的對話方式，開列所通過的地名。如下。

　　大人杭，細紋仔，大良，博頭，道教，陳村，省城（廣州府），香港，長洲島，石龍城，太平坏，下涌，亭步，蕭邊，暗下，碧頭，黃松岡，布尾，潭頭，新橋，上寮，黃田，神田，南頭（新安縣城）

這些地名，屬於廣東地區的爲多。尤其是廣州府以下的，都是沿着東莞縣至新安縣的途徑分布的地名。鄉民大約都知道的。

綜合起來說，這兩個賣雜貨經過的途徑有意義他們先到北京來，而自稱爲皇帝的表兄，這可能反映元朝時期回民受到元朝皇帝的庇護，享受商業特權，在中國國內可以隨便旅行以做買賣的歷史。他們入京後，受到衙門的允許，就購買一批京貨，帶着東西，搭乘龍船（較大的運船），南下大

運河，抵達高州府。高州這個名，雖然廣東西邊有這個地名，但從上下的關係來看，應該是梅嶺以北的江蘇或江西的地名。我推測爲江蘇高郵或江西高郵。兩個人一定沿着水路南來，抵達梅嶺以後，大約經過南雄，航下漬·北江，進入廣州。然後航下珠江，浮出江口海上，訪問香港，長洲島，再次溯上珠江而到廣州，從新沿着東江，抵達石龍。再回廣州，經過東莞·太平·黃松岡而抵達新安縣城南頭。這裏有香港的地名，因此得知：這賣雜貨的歌詞，1842年香港成為大埠以後，才成立的。歌詞反映當時經商巡回許多小鎮的廣泛活動。

（5）交易品

賣雜貨二人，講完地名以後，給一群集合於祭祀場地的孤魂們將要賣出自己帶來的貨。

> 男賣貨：　等我兩伙記將物件搬出來，則可。
> 　　　　　手嗷曬鼓，作營生，貪患錢財真正難。
> 　　　　　貨物叠齊擎把傘，來到揚州市上行。
> 　　　　　東街游過西街去，南街又到北街行。
> 　　　　　佳人問我諸般物，件件鮮明任你扳。
> 　　　　　[一句脫？]，胭脂水粉好花顏。
> 　　　　　金扇香囊和汗帕，包頭散髮及裙襠。
> 　　　　　牙梳角掠青銅鏡，翠毛玉刃鍍金簪。
> 　　　　　裙帶代禱京綿索，香丸扇墜俱沉檀。
> 　　　　　珍珠馬腦珊瑚和，金銀玉□彩金環。
> 　　　　　手帕西洋兼布疋，香珠牙次襯羅衫。
> 　　　　　亦有文房四寶物，歷朝書籍聖賢設。
> 　　　　　筆系兔毛田氏制，墨系油烟使者顏。
> 　　　　　紙系祭倫當日造，硯系東溪正得番。
> 　　　　　靴系省城雜米巷，襪是茶山雜貨行。
> 　　　　　又有古今背鬠物，面刀鼻鐵日如銀。

兜肚時興皆納綿，銀色花袋盡施金。

頂索紅袋且退後，至緊無如馬尾網巾。

膏藥黃兼黑白，打過痣瘡消散總無痕。

眼藥袪風兼去濕，更兼寒冷共黃車。

菜酒追風共鐵打，膏舟丸散具齊臨。

奉勸佳人邦我買，莫多嫖賭散拋銀。

積攢有如攜帶我，買頂加官好做人。

列位前來觀子細，招牌非是等閑人。

我系番人唔慣熟，莫把白銅騙我身。

腰頭尚有荷包袋，切莫欺心打怕人。

人重修齋來請福，為人唔好起歹心。

你有銀來買我貨，我將物件送回人。

和和順順揚州市，大家同會到來臨。

　　這裏所開的東西極為新奇。比如：緞子，沙羅，化妝品，金扇，香囊，汗帕，包頭〔頭巾〕，裙襦，象牙，銅鏡，馬腦，珊瑚，金環，文房四寶（筆·硯·墨·紙），羅衫·靴，襪，兜肚，花袋，網巾，膏藥，眼藥，等等。如此，高級的衣裳，裝身具，藥品等，無物不有；這夥東西，在中國鄉民的心目中，差不多都被看作來自外國的舶載品。廣東是對外貿易的地區。鄉民看到外國商人的機會較多。因此，廣東鄉民也會認為，把這些舶載品買賣的商人應該是外國人。廣東小幽科儀之中，賣雜貨的商人，作為伊斯蘭商人的姿態而登場，廣東人可能不會奇怪的。這裏賣雜貨又宣告：自己是番人，不習慣中國的買賣。他帶來的都是番邦外國的。

　　通過上述5個角度的分析來看，我們可以肯定：小幽的賣雜貨是從中國西北回民地區來的伊斯蘭商人。

四、西北回民與廣東小幽賣雜貨的關係

　　如果廣東賣雜貨商人是依靠來自西北的回民的話，西北

回民的經商習慣或祭祀歌謠習慣就也會影響到廣東賣雜貨的情形。下面，從這角度來，研討西北回民的習慣和關東賣雜貨的關係。

西北回民經常到中國國內作經商，是元代以來的傳統比如，有關清代的情況，《河州采訪事迹》所云，如下：[1]

> （河州）北鄉多木工，西川多瓦匠，沿關喜射獵，商則漢民不出關鄉，回民負販，遠及新疆・川・陝。

關於近代，據周夢詩論文〈試談河州花兒的族屬問題〉（1985），河州回民的腳戶・販夫・買賣人・筏客子等，分別十幾條途徑，到東南西北去，跟本地人作交易。據周氏所指出，交易的途徑有如下。

　　［陸路］
　　1臨曼—中貝（四川）
　　2臨曼—西安（陝西）
　　3臨曼—成都—茂州（四川）

　　［水路］
　　1蓮花—蘭州—寧夏
　　2循化—蓮花—蘭州—包頭（內蒙古）

由此可知，西北回民多方面出外經商的情況。

除了這個出外傳統之外，有值得注意的。就是西北回民有習慣，每逢節日，男女集合而唱歌，叫做「花兒」。關於戰前的習慣，袁復禮論文〈甘肅的歌謠—話兒〉所云，如下：[2]

> 話兒的散布很普遍，在東部平涼・固原，西

1　柯楊〈具有代表性的回族花兒——出門人的歌〉，《中國民間文藝研究會編《花兒論集》2，1982。

2　袁復禮〈甘肅的歌謠——話兒〉，鍾敬文編《歌謠論集》1928

北部涼州・甘州，都聽見過。由蘭州至狄道，沿
路所聞的尤多。此外，尚有西寧同河州的商人，
秦州泰安的腳夫，都會唱⋯⋯，現在唱的人，多
半是不識字的人。并且多半是出外作客的人。

由此也可知，西北回民的出外商販人，唱着家鄉的歌謠
「花兒」，走路以作買賣。廣東小幽的男女賣雜貨，唱着歌
謠，跟孤魂作買賣，如果他們是來自西北的回民的話，可能
繼承花兒的傳統。在賣雜貨的演出裏，花兒的男女對唱的傳
統也可以看到。賣雜貨不識字也符合於西北商販之出外唱花
兒者的特徵。這更一層使我覺得兩者之間所在的關係。

五、江南地區流行的歌謠「賣雜貨」的背景

廣東小幽有賣雜貨的表演有另外的文學上的背景。就是
賣雜貨這一類歌謠形式，清代中期以後，廣泛地流行於江南
一帶。這會影響到廣東小幽向賣雜貨的發展。

清代末期至民國初期之間，李家瑞，傅斯年所收集的歌
謠唱本之中，含有「賣雜貨」。目前臺北傅斯年圖書館藏有
這一類唱本，如下：[3]

1　賣雜貨二本，江西王王成，石印，5張

2　賣雜貨一本，五桂堂機器板，2張

3　賣雜貨一本，以文堂，木板，11.5頁

4　賣雜貨一本，連升堂，木板，2頁

5　江西賣雜貨一本，木板，6頁

6　江西賣雜貨一本（時調大觀3集），石
印，31頁

7　江西賣雜貨一本，全球書局，石印，1頁

8　江西賣雜貨一本（時調大觀1集），上海

---

[3]　臺灣大學編《中國俗曲總目》》臺北・油印本，1984。

協成書局，石印，1頁

　　9　江西賣雜貨一本，上海益民書局，1頁

　　10　賣雜貨一本，木板，4頁

　　如此，賣雜貨唱本，江西最多。廣東宗族，從江西遷徙來的最多。小幽賣雜貨很可能是從江西傳下來的。下面，介紹香港出版的五桂堂本賣雜貨的歌詞。這唱本封面上，寫明「第七甫分局香港荷李活道」，可知廣州出版，香港印出的本子。其歌詞如下。

　　　　　　一步行來一步走，來到他家們前。
　　　　　　大叫三聲賣雜貨，驚動裏邊人。
　　　　　　爺刀爺度惹，驚動裏邊人，夜牙呀！
　　　　　　姐在房中統花縫，正在悶沉沉。
　　　　　　忽聽門外鬧嘈嘈，不知是誰人。夜牙呀！
　　　　　　一步行來一步走，來到天井邊。
　　　　　　十指尖尖分開門，原來賣貨人。
　　　　　　爺刀爺度惹，原來賣貨人，夜牙呀！
　　　　　　就將板凳拖幾拖，客官，爾請坐。
　　　　　　吩咐丫鬟倒茶來，客官你解渴。
　　　　　　客官你解渴，夜牙呀！
　　　　　　借問客官名和姓？你是那裏人？
　　　　　　家住江西南昌府，本是南昌人。
　　　　　　爺刀爺度惹，本是南昌人，夜牙呀！
　　　　　　一疋紅羅二丈六，五色花綫。
　　　　　　二丈綫綾配成邊，要賣多少錢。
　　　　　　爺刀爺度惹，要賣多少錢，夜牙呀！
　　　　　　一疋紅羅二丈六，五色花綫。
　　　　　　二丈綫綾配成邊，相送不要錢。
　　　　　　爺刀爺度惹，相送不要錢，夜牙呀！
　　　　　　你今挑擔到這里，多少本钱。

青天白日把奴戲，真豈有此理。
爺刀爺度惹，真豈有此理，夜牙呀！
我今挑擔到這理，本是做生意。
一見娘子生了氣，雙膝跪在地。
爺刀爺度惹，雙膝跪在地，夜牙呀！
一見客官跪在地，心中不過意。
十指尖尖爹郎起，下問要仔細。
爺刀爺度惹，下回要仔細，夜牙呀！
一見娘子扶起，我心中好快樂，
這擔雜貨不要錢，相送有情人。
爺刀爺度惹，相送有情人，夜牙呀！

　　如此，賣雜貨的年輕伙計，遇到美女，一見鍾情，把擔子全部向她奉上。是一個笑話。但這個賣雜貨來自江西南昌，一雙男女對話，講出貨物的名字，其結構跟廣東小幽賣雜貨有些類似之處。我猜想；廣東鄉村先有歌謠賣雜貨流行，然後小幽賣雜貨的講話在歌謠賣雜貨的基礎上成立的。那時，伊斯蘭商人在這裏活動。廣東地區，唐代已經有波斯和阿拉伯人做貿易。比如：蔣祖緣、方志欽主編《簡明廣東史》（廣東人民出版社，1987）所說，如下。

　　唐代到廣州貿易的有波斯・阿拉伯（大食）・天笁以及南海諸國，而以波斯・阿拉伯爲大宗。每年夏季，各國商舶乘東南季風，裝載香藥・珍珠・琥珀・玳瑁・玻璃・犀角・象牙等名產進港。⋯⋯等季風結束，海舶到齊，各國商人就在劃定的市舶區互市。
　　廣州的出口商品以瓷器・絲綢和鐵器為主。阿拉伯商人很贊賞中國的瓷器。⋯⋯阿拉伯商人也十分贊嘆用未經漂白的生絲綢制成的衣料。

　　唐代以來，阿拉伯商人在廣州做這樣貿易活動，宋代也

繼承下來。這一定會影響到賣雜貨的因素。

六、結 論

　　小幽賣雜貨是為了安慰孤魂而設的。是超幽的一種。超幽是建醮的核心科儀。各個地區的超幽，都有特色。比如：福建建醮的超幽，沒有賣雜貨的科儀。福建人向孤魂把大量的猪羊犧牲和紙扎的冥屋‧冥器（家具，汽車等）獻上是把供品現物直接地向孤魂奉上其供獻是很具體的。可以説現物交換性‧直接性的超度。與此相對，廣東人不願意殺掉許多犧牲或制造冥屋、冥器等迷信性活動。因此向孤魂，不付給現物，卻只付給紙錢，然後送賣雜貨的商人，叫孤魂從商人購買所需要的東西。可以説是貨幣性、間接性的超度。廣東地區，市場經濟特別發達，才可以實現這類市場性的超度。而且廣東大宗族占在儒家思想，不願意太迷信或太殘酷的做法，因此傾向於市場性的較為文雅的超度。廣東小幽賣雜貨是很特殊的超幽方式。在全中國之中，幾乎看不見。其所以成立的緣故，大約在此地的市場經濟和大宗族統制，使之然耳。這是本報告的結論。

區域中心的歷史與文化見證：
廣州的地上文物建築

黃海妍

廣東民間工藝博物館館長

　　廣州位於南海之濱，是中國南海海上貿易的中心城市。根據史籍記載和出土文物印證，中國南海的海上貿易往還始於秦漢，盛於唐宋，明清時期遠及歐美。廣州是粵港澳大灣區乃至整個華南地區的中心，承擔著區域中心的功能，歷久不衰，在國家治理、文化交流、城鄉聯繫上擔當著重要的角色。

　　滄海桑田，歷史的車輪滾滾向前，至今廣州還保存著許多作為區域中心歷史與文化見證的地上文物建築。其中既有作為王朝國家統治體系的象徵，也有反映中西文化交流尤其是宗教文化傳入的史跡，還有體現廣州作為古代華南地區城鄉聯繫的祠堂建築。將這些地上文物建築置於大灣區區域中心發展的歷史背景下考察，深入挖掘其中蘊含的歷史和文化內涵，有助於加深我們對粵港澳大灣區的認識和理解。

一、王朝國家統治權力的象徵：南海神廟和鎮海樓

　　南海神廟和鎮海樓，都是中國古代王朝國家在廣州實施統治的最重要象徵。

　　南海神廟位於廣州市黃埔區穗東街廟頭村，地處廣州

圖1 南海神廟正門

市東部的珠江北岸，是我國古代皇家祭祀海神的場所，是我國四間海神廟中唯一完整保存下來的官方廟宇，也是南海海上絲綢之路的重要歷史見證（圖1），全國重點文物保護單位。

　　南海神廟始建於隋文帝開皇十四年（594），距今已有1400多年歷史。南海神廟位於「廣州治之東南海道八十里，扶胥之口，黃木之灣」。[1]清代崔弼提到，「扶胥之口，所謂波羅江也。……自珠江下流至波羅，三江之水會於黃木灣以入大洋，琵琶、赤岡雙塔並峙，而獅子山屹立中流，虎門蹲踞海口，為夷船聚泊之所，尤邑之險隘也。南海[2]神廟東距廣州城八十里，距離扼守海口、進入大洋的東莞虎門也不遠。南海神廟所在的扶胥之口一帶，是廣州出海進入大洋所必經的交通孔道，也是唐宋時期到廣州貿易的外國貨船的停泊之所。到了宋代以後，因圩田而海面收窄，海岸線南移，港口讓位於在珠江南岸的黃埔村。

　　南海神廟是一處由中央朝廷委託地方官舉行國家祭禮的場所。對南海神的崇拜，出自中國古代王朝禮制中的四海

[1]　韓愈：《南海神廣利王廟碑》，撰於唐元和十四年（819），是南海神廟內保存最早的碑刻。碑文收入[唐]韓愈《昌黎先生文集》卷三一《南海神廟碑》、《嶺海名勝記》卷五《南海廟志》、《波羅外紀》卷六等多種文獻中。

[2]　《波羅外紀》，《廟境卷二》。

之祭，它正式列入國家事神祀典之中始於隋文帝開皇十四年
（594）。當時，廷臣建議，海神靈應昭著，宜立廟奉事。
於是詔下四方守臣舉行，祀四鎮四海，南海於南海鎮，並近
海立祠奉祀南海神，同時規定立夏日在廣州祭南海，祠官以
廣州都督、刺史充任，這是祭祀南海神的開始。作為四海之
神的南海神，隋代在廣州建立的南海神廟，是王朝統治的象
徵。

　　自此之後，歷代皇朝多次冊封南海神，皇帝或派遣使
者，或遣地方官到南海神廟致祭。唐天寶十年（751），封
四海為王，冊封南海神祝融為「廣利王」[3]。到宋仁宗康定元
年（1040），朝廷發出《中書門下牒》，差官到南海神廟致
祭，並加封南海神為「洪聖廣利王」，自此，民間又將南海
神稱為「洪聖王」。明清時期，除了中央王朝定期派官員到
南海神廟致祭、舉行國家祭禮外，廣州地方社會以及附近的
鄉村也於每年南海神的誕期即農曆二月十三日舉辦波羅廟會
即「波羅誕」，把自己同這座廟宇聯繫起來，以便置身在南
海神的蔭庇之下。在波羅誕期間，周圍的十五村鄉民，以及
珠江三角洲的信眾都以不同的方式參加了這個一年一度的廟
會，南海神廟也成為了區域民俗活動的中心。

　　南海神廟與南海海上貿易有著密切的關係。北宋開寶六
年（919），北宋朝廷在廣州設立市舶司，管理對外貿易，
並拔款修葺南海神廟，希望能保佑海上交通，貿易順利。北
宋治平四年（1067），章望之撰《重修南海神廟碑》，認為
四海平安、風調雨順都是南海神所賜：

　　　　先時此民與海中蕃夷、四方商賈雜居
　　焉。……及是嘉祐七年，秋風雨調，若五穀豐
　　實，人無疫疠，海無颶風，九縣旁十有五州，無
　　盜賊之侵民。相與語曰，茲吾府帥政令公平之

---

[3]　[後晉]刘昫等：《舊唐書》，《禮儀志》，中華書局1975年。

圖2 1890年的鎮海樓

圖3 鎮海樓

召，亦南海大神之賜。[4]

說明南海神廟除了是王朝國家統治的象徵，在南海海上交通和貿易中也有著重要的象徵意義。

廣州另外一個很重要的國家象徵，是鎮海樓。鎮海樓坐落於越秀山小蟠龍崗上。明洪武十三年（1380），鎮守廣州的永嘉侯朱亮祖上書朝廷請改築府城，把東、西、中三城合而為一，並開拓北城800餘丈，城牆橫跨越秀山，高聳堅固。又在北城城牆最高處建樓一座，樓高5層，俗稱「五層樓」（圖2）。當時珠江水面寬闊，登樓遠望，碧波蕩漾，頗為壯觀，故名「望海樓」。朱亮祖將鎮海樓建在明代北城城牆最高處，是城內最高地勢所在，在此地修建一座二十余米高的五層塔樓，佔據了廣州城的制高點，全城局勢盡在掌

4　收入《南海廟志》卷五，《記》。

控之中，五層樓成為明朝初年明政府在廣州確立起統治的象徵。明嘉靖二十四年（1545），五層樓重修，後因東南沿海常有倭寇之患，海疆不靖，需強化海防，改稱「鎮海樓」。「鎮海」，取雄鎮海疆之意，就是要把這個屬於海疆的地方控制住的意思。

　　因戰火及自然損壞，鎮海樓數次重修。今日的鎮海樓基本保持明代時外部形制，高28米，歇山頂，複簷五層，紅牆綠瓦，雄偉壯觀（圖3），是全國重點文物保護單位。現為廣州博物館館址所在地。

二、中西文化交流的見證：宗教文化史跡

　　中西文化交流很重要的部分是外來宗教的傳入。首先影響比較大的是佛教的傳播。早期的佛教傳播，除了陸路以外，幾乎在同時也經由海路傳播，從印度洋經蘇門答臘島、麻六甲海峽向南中國海地區傳播，一直到廣東、福建以至東南各地。嶺南地區因地處南海之濱，很早就感受到來自印度的「海潮音」。[5]佛教從海路向中國傳播最重要的口岸就是廣州。

圖4　達摩登岸處豎立的「西來古岸」石碑

　　廣州有多座重要的佛教寺院，包括西來初地和華林寺，以及光孝寺。西來初地位於廣州城西下九路，相傳南朝梁普通八年（527），印度高僧達摩從海道來中國傳教，最先在今廣州下九路附近登岸（圖4），並在登岸處建「西來庵」，距今已有1400多年。人們尊崇這位來自西方佛國的高僧，將其最先登

5　　詳見蔡鴻生：《南海之濱的舶影文光》，《中外交流史事考述》，大象出版社2007年，第407頁。

圖5、圖6 華林寺內的五百羅漢

岸傳播佛教的地方命名為「西來初地」，西來庵也成為了古代嶺南名剎之一。清順治十一年（1654），西來庵經大規模擴建後改名為「華林寺」，成為嶺南五大叢林之一。西來初地和華林寺是早期中印文化交流的重要場所，也是佛教從海路傳入我國的重要物證。1963年3月被廣州市人民委員會公佈為文物保護單位。

　　西來庵自南朝以來經歷了多次毀壞和重建。清順治十一年（1654），大規模擴建殿堂、經閣、廊廡，廣植林木，援引流水，環境幽雅，改名為「華林寺」。此後寺內僧侶雲集，香火鼎盛，華林寺成為廣州五大叢林之一。清康熙四十年（1701）增建舍利塔殿;清道光末年建五百羅漢堂，羅漢體形逼真，形態各異，面容喜怒不一，據說是寺僧祇園到杭州淨慈寺描圖回來按圖塑造的。佛像左邊的一尊羅漢像是元代來華的義大利人馬可波羅，羅漢堂中央還有一座用1000多斤銅鑄成的高達4米的阿育王塔。民國期間殿宇廊廡大部分被改建為民居，只剩下五百羅漢堂、庫房和僧舍。建國後市政府撥款重修羅漢堂，「文化大革命」中，華林寺內原有的佛像、眾多羅漢像被毀，阿育王神塔亦不知去向。現僅存山門、羅漢堂及西側部分房舍。1997年重塑五百羅漢像（圖5、圖6）。寺前原有一座7米高的星岩白石塔，造型華麗，具有很高的藝術價值，1965年移置解放北路蘭圃，同時在塔基中心發現康熙四十年（1701）的舍利子套盒，已移交宗教部

門。

現存的羅漢堂坐北向
南，平面呈田字形，面寬
31米，進深44米（圖7）。
分前後兩進，以三條廊子過
道相連，中間開四個通天窗
採光，使整個羅漢堂開闊明
亮。大門石匾刻楷書「五百
羅漢堂」，署「道光丙午」
。堂內施天花，中央施八角
形藻井，繪有「暗八仙」圖
案。

光孝寺位於廣州市越秀
區光孝路。光孝寺以歷史悠
久、規模宏偉被譽為嶺南佛
教叢林之冠。據《光孝寺誌》

圖7　五百羅漢堂大門

記載，寺址最初為南越國第五代王趙建德王府。三國時吳騎
都尉虞翻謫徙在此居住並講學，種植了許多蘋婆、訶子，
時人稱為虞苑，又稱訶林。虞翻去世以後，其家人將家宅改
建為佛寺，名制止寺。其後朝代更替，先後改名為王苑朝延
寺、王園寺、乾明法性寺、乾明禪院、崇寧萬壽寺、天寧萬
壽禪寺、報恩廣孝禪寺等。南宋紹興二十一年（1151）正式
改名為光孝寺，沿用至今。

光孝寺建寺以來多次重修，至1990年佔地面積仍達3萬
多平方米，為全國重點文物保護單位。坐北向南，主要建築
有山門、天王殿、大雄寶殿、瘞髮塔，其西有大悲幢、西鐵
塔、墨廊，其東有六祖殿、伽藍殿、洗缽泉，再東有碑廊、
睡佛樓、洗硯池、東鐵塔等。（圖8-12）。

西元7、8世紀，隨著阿拉伯帝國興起，廣州成為阿拉伯
人世界里十分重要的城市。作為唐代最早開闢市舶貿易的港

圖8 光孝寺內開闊清幽、古木婆娑

圖9 光孝寺大雄寶殿外觀

圖10 光孝寺內的發塔

12 南漢年間鑄造的西鐵塔

圖11 南漢年間鑄造的東鐵塔圖

圖13 懷聖光塔寺區

圖14 懷聖寺及寺內的光塔

圖15 光塔全景

圖16 塔內螺旋形樓梯及長方形採光小孔

口城市，來自阿拉伯國家和波斯地區的蕃商為數最多。宋代來往廣州的海舶，受自然條件所制約，必須靠季候風航行。大體而言，其航程是冬往夏歸：「船舶去以十一月、十二月，就北風;來以五月、六月，就南風。候風[6]之期，約半年左右：「諸國人至廣州，是歲不歸者，謂之住唐。」[7]蕃商在「住唐「期間，出售商品、維修船舶和採購回程物資，聚居」蕃坊「（或稱」蕃巷「），受」蕃長「約束管理。唐宋時期的廣州城，蕃坊約佔地有一半，居住著阿拉伯人和波斯人，廣州現存的懷聖寺、光塔就在當時的蕃坊之內，始建於唐宋時期，是著名的伊斯蘭教聖地和對外交往的史跡。

懷聖寺在今光塔路，位於唐代廣州蕃坊的中心區域。該寺是伊斯蘭教傳入我國後最早建立的清真寺之一，為紀念伊斯蘭教創始人、「至聖」穆罕默德，故名懷聖寺。因為是由來華的阿拉伯人所建，唐人稱阿拉伯國家為獅子國，因而被稱為「獅子寺」;又因寺內有一光身柱形塔，又名「光塔寺」。

懷聖寺與光塔同為唐宋時期廣州城西蕃坊內的重要建築，寺塔合一（圖13、14），是唐宋以來到廣州貿易以及定居的阿拉伯商人最重要的宗教活動場所。據史書記載，光塔高十六丈（又有記載為十六丈五尺），今測得高36.3米，用青磚砌築，表層塗沫灰砂。塔為光身柱形塔，塔底直徑7.5米，向上逐漸收小（圖15）。塔腳南北各開一門，塔身開多處長方形採光小孔，塔內設二螺旋形樓梯，雙梯繞塔心盤旋而上，各自直通塔頂（圖16）。塔頂原有金雞，可隨風旋轉以示風向，明初為颶風所墜。1934年重修時在頂部用磚牙疊澀出線腳，上砌尖形頂。

「光塔」原名「番塔」，相傳因唐初來華番人（阿拉伯人）所建而得名，具體修建年代不詳。據懷聖寺阿訇楊棠先生考證，「光塔」一名源自以下原因：一為阿拉伯文「麥那

---

6   朱彧：《萍州可談》卷二，上海古籍出版社1989年版，第26頁。
7   同上書，第27頁。

爾」的譯意，「麥那爾」意為「光亮之塔」，故簡稱為「光塔」；二為波斯語「邦克」的譯音，「邦克」意為「宣禮」，粵語「邦克」的「邦」與「光」諧音，所以廣州人習慣稱之為「光塔」。[8]此外，珠江邊上的光塔又是燈塔，唐宋時期「夜則舉火」引導船舶航向，這或許也是其得名的原因之一。

　　懷聖寺和光塔是唐宋時期廣州「蕃坊」的主要遺存，懷聖寺的修建以及寺內開展的宗教活動，成為在廣州乃至全國傳播伊斯蘭教文化有力的途徑，也是中外文化交流的重要管道。至今這裡仍是廣州伊斯蘭教徒最主要的宗教活動場所，被奉為伊斯蘭教聖地，是全國重點文物保護單位。

三、明末以來廣州的合族祠

　　明清時期的廣州商業繁榮，大小店鋪林立，其中城南、城西是最繁華之地。如濠畔街是「天下商賈聚焉」的鬧市區，聚集著許多富商大賈，「有百貨之肆，五都之市」[9]。繁盛的商業，也吸引了不少小商小販，所謂「廣城人家，大小俱有生意」，這些小商小販或者「持一二錢之貨，既得握椒，輾轉交易，可以自肥」，或者「多作糅金輕薄之器」。[10]

　　商人頻繁往來廣州得益於廣州暢通省內外和國內外的便利交通。廣州是東江、西江、北江匯合處，而東、西、北江又同各支流如桂江、賀江、南江、綏江、潭江、南溪江、鑒江、漠陽江等水系連接在一起，形成一個四通八達的內河交通網。明清時期，廣州的水運航線或經疏浚，或予新闢。陸路交通亦在發展，內河航運與水陸聯運交通越發便利。不僅通過東、

8　楊棠：《光塔——廣州海上「絲綢之路」的豐碑》，廣州市國家歷史文化名城發展中心、廣州歷史文化名城研究會、廣州古都學會編：《論廣州與海上絲綢之路》，中山大學出版社，1983年，第60頁。

9　屈大均：《廣東新語》卷17，《宮語》。

10　嘉靖《廣東通志》卷20。

西、北江及其支流溝通與珠江三角洲地區各縣之間的聯繫，而且溝通了與省內其他地區的聯繫，以及與外省的聯繫。[11]

　　明清時期，作為廣東的政治和文化中心，廣東省的省城，以及廣州府的府治，番禺縣和南海縣的縣治所在地，其城市規模不斷擴大。明代廣州城經過了多次擴建，擴展到北距越秀山，南臨珠江。[12]擴建后的廣州城內官署林立，[13]沿惠愛大街從大東門往西直到西門口，有番禺縣、廣東布政司、理問所、廣州府、廣東巡撫署、將軍府、南海縣，在惠愛大街以南有按察司、提督學院署、鹽運使司署、督糧道署等等。[14]體現了廣州作為廣東甚至包括廣西地區的軍事和政治重心的區域中心地位。

　　除了官署外，廣州城內還有廣東貢院、廣府學宮、番禺學宮和南海學宮。其中廣東貢院是舉行科舉考試的重要場所，三年一度的鄉試在這裡舉行。據（同治）《廣州府志》記載：「廣東鄉試四千餘人，取中七十一人，此舊例也。自康熙以來，貢院號舍五千余間;道光二年擴而增之，為七千六百余間；二十二年增五百間;同治二年又增五百間，凡八千六百五十四間「[15]。貢院號舍的不斷增加，說明到廣州參加鄉試的各地士子的數目也在不斷增長。

　　商業的發展，官署的林立，參加鄉試的需要，還有番禺、南海兩縣百姓納糧、訴訟的需要，都使得各式各樣的外地商人、候補、候委的官員、備考科舉的士子以及一般的老

11　楊萬秀、鍾卓安主編：《廣州簡史》，廣州：廣東人民出版社，1996年，第173頁。

12　楊萬秀、鍾卓安主編：《廣州簡史》，第156頁。

13　（光緒）《廣州府志》中有《清代廣州城圖》，標示了部分廣州城內的官署位置。

14　據（嘉靖）《廣東通志》卷28，《政事》;（道光）《廣東通志》卷129，《建置略》;（同治）《廣州府志》卷65，《建置略》;（同治）《番禺縣志》卷15，《建置略》;（光緒）《廣州府志》;（宣統）《番禺縣續志》卷4，《建置》。

15　（同治）《廣州府志》卷六十五，《建置略二》。

百姓，都有了經常出入廣州城的需要，也有了在廣州城內尋
覓落腳點和居所的需要，使得廣州城內常常一房難求。康熙
年間的南海縣令就曾這樣描述當時廣州城內的情形：「南海
省會首邑，京差使客，往來絡繹不絕，所需公館，一時租賃
維艱」[16]。南海縣人梁穎和也曾在其家譜中描述了他幼年應
童子試時難以謀得落腳點的窘況，他說：「穎，年十五，隨
先從伯熾南茂才應童子試，時侍家君讀書城西。每當院試，
半肩行李皇皇謀一夕地。遂慨然曰：安得有志之士為我房設
立試館乎！自是而後，幾無日不存諸懷也。」[17]可見在明清
時期，廣東各地經常前往廣州或定居城中的人，都有在城中
建造落腳點的需求，而由各地鄉下的宗族組織在廣州城中建
造的「祖祠「、「書院」、「試館」、「書室」等等祠堂建
築，就是其中常見的形式。

　　這些「祖祠」、「書院」、「試館」以祠堂的建築格
局為外觀，聲稱其建立的目的，「原為應試居住及合族受屈
訟事與輸糧往來暫寓」[18]。比如譚氏宏帙始祖祠「直深三大
座，另兩邊建有試館五十四間，為科舉時各縣子孫赴省應試
之集處地」。[19]李氏潭溪書院是新會七堡鄉申祖房修建，「
為申祖房子孫應試、僑居之所」。[20]甘氏敦半書院《規條》
中也說：「建祠原以妥先靈，亦為各房應大小兩試及候補、
候委晉省暫住而設」，還規定：「遇大科小試，各房以應考者

16　《千乘侯祠全書》（廣東）不分卷，《廣州府南海縣正堂金為給發
　　仰照事》，佚名纂，民國九年（1920年）廣州九曜坊正文堂刻本。

17　《梁氏家譜》卷三，《外集譜紀》，光緒二十年（1894）刻本。

18　《南陽葉氏宗譜》，《清介書院條款家塾同例》（鹹豐癸醜年（
　　鹹豐三年1853）廣州西湖街效文堂承刻，雙門底芥子園印裝），
　　藏廣州市檔案館，全宗號17，目錄號2，案卷號172。

19　譚耀華主編，《譚氏志》（中冊），《祠宇掌故·譚氏宏帙始祖建
　　祠修譜進行經過概述》（1949年六月譚伯鷥撰），香港譚氏宗親
　　會，1957年，第259頁。

20　《（新會）李氏宗譜》不分卷，《祠宇譜》，民國十六年（1927）
　　廣州香港李太白印書館印刊。

先居，因公晉省者後居，即先到住者亦須讓回應試以免爭執。
至因公晉省者暫住約半月為率，俱不得常住以杜佔據」。[21]

　　下圖紅點標識的是明末至民國時期廣州城中部分擁有祠
舍的合族祠的位置。圖中所見，除了陳氏書院位於「西門外
連元街」外，其他的合族祠都位於廣州城內。很顯然，這些
以書院、試館為名的祠堂式建築，其建立的目的就是為到廣
州城應考、訴訟、輸糧、晉省的鄉下同姓子弟提供居所的。

明末以來廣州城中合族祠分佈情況圖示

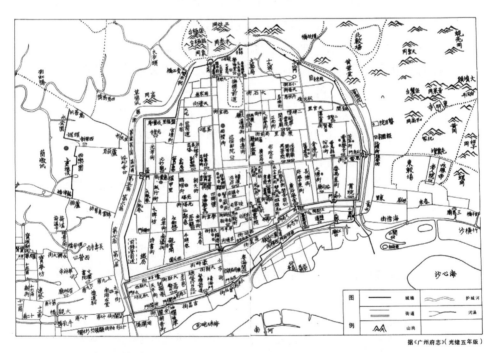

据《广州府志》(光緒五年版)

　　與普通的宗族祠堂不同，這些建於清代廣州城內外的祠
堂建築，最突出的就是由數縣或數十縣同一姓氏的宗族合資
捐建的，每個宗族以「房」的名義參與。同姓各房以「入主
牌位」的方式，捐出一定數目的金錢，將該房祖宗的牌位供

---

[21] 《(廣東) 甘氏祠譜》 不分卷， 《甘祠規條》 (道光二十八年
　　(1848) 立)，民國十三年 (1924) 鉛印本。

奉在省城中的祠堂里，捐獻的數目越多，牌位擺放的位置就越好。作為捐款的回報，各房子弟不僅可以到祠中居住，還可以在每年的春秋祭祀時領到胙金。通過共同在省城廣州建立祠堂，建立起各地與廣州的聯繫。

　　這些合族祠因為不符合正統的禮制規範，屢屢遭到官府取締。加之合族祠內時常逗留各地族人，龍蛇混雜，對的社會治安造成不良影響，更成為官府禁祠的直接原因。自乾隆中期開始，合族祠因為「把持訟事，挾眾抗官」[22]，引發官府一次又一次大規模的禁祠行動。據《曲江侯書院圖記》記載：「乾隆三十七年，巡撫張彭祖以城內合族祠類多把持訟事，挾眾抗官，奏請一律禁毀。於是各姓宗祠皆改題書院。我祠之以書院名亦由於此，故祠制也」。[23]自此，清代廣州城中的合族祠大多以「某氏書院」、「某氏書室」、「某氏試館」。「為名。鹹豐和光緒年間，廣東官府又有多次較大規模的取締廣州城中合族祠的行動。然而，整個清代乃至民國時期，廣州城中的合族祠一直都在不斷重建和新建之中。其中最為著名的，莫過於俗稱為「陳家祠」的陳氏書院。（見圖17）

　　陳氏書院落成於清光緒十九年（1893），位於西關連元大街，現佔地面積達15，000平方米，其中主體建築6，400平方米，是一座廣三路、深三進，廊廡相連、庭院相隔，裝飾裝修精美絕倫的建築群。它至今仍然得以完好保留，不但被辟為廣東民間工藝博物館，還列為全國重點文物保護單位。

　　在陳氏書院後進的祖堂和東、西廳，共設大型木雕神龕十一個，曾經供奉著當年加入陳氏書院的各地陳氏宗族祖

22　《嶺南冼氏宗譜》卷二，《宗廟譜‧曲江侯書院圖記》，清宣統二年（1910）刻本。

23　《嶺南冼氏宗譜》卷二，《宗廟譜‧曲江侯書院圖記》，清宣統二年（1910）刻本。但查《清史稿‧疆臣年表》，在乾隆三十七年（1772）的廣東巡撫是德保而非張彭祖。而遍查《疆臣年表》，也不見張彭祖其人，故此當為《曲江侯書院圖記》記載有誤。見趙爾巽：《清史稿》卷二〇二，《疆臣年表六》，北京，中華書局，1977年。

圖17 陳氏書院外觀

先的牌位。根據廣東民間工藝博物館收藏的陳氏書院《正座西第三龕》牌位排列圖，顯示陳氏書院後座牌位「總計座位12510」。[24]據記載，陳氏書院供奉的是傳說中的漢代「太邱太祖」。[25]相傳其後代散佈於廣東各地。到了清代末年，一些陳姓族人倡議在廣州買地建造陳氏書院。他們發信至廣東各地，號召各地陳姓宗族踴躍捐資到廣州建造祠堂。據說當時廣東七十二縣中的陳姓宗族都有捐款參與祠堂的修建，作為捐款的條件，他們可以將本身宗族的祖先牌位放進陳氏書院中供奉。這些來自廣東各地的陳氏宗族雖然將牌位放入陳氏書院內供奉，但他們相互間並沒有系譜關係，而且他們也不刻意重建系譜，只是籠統地說漢代「太邱太祖」是他們共同的始祖。另外，陳氏書院在興修時，倡辦者也聲稱是為各地陳姓族人前來廣州城應考科舉時提供落腳的地方，在其兩

24　何慕華：《廣州陳氏書院<正座西第三龕>排位圖介紹》，《華南研究資料中心通訊》第三十六期（2004年7月15日），第8-21頁。

25　在《廣東省各縣建造陳氏書院》中有：「我太邱太祖德高漢代，蔭貽后昆，奕葉蕃昌，散佈於粵中者，類成巨族……」。此文收錄於廣東新會景棠圖書館藏《陳氏宗譜》中，《陳氏宗譜》複印件由鮑煒博士提供，謹致謝忱。

側東、西廂房的樑柱上預設有安裝間隔的機關，可將廂房分隔成數個小房間供人居住。

為了方便各地陳氏宗族前往陳氏書院，籌建人還在寄發倡議信的同時（即光緒十四年，1888）繪製並石印出版了一幅《廣東省城全圖‧陳氏書院地圖》（圖18）。

這是一幅以陳氏書院為中心的廣州地圖，另外還附有兩幅小圖，分別是《大清國十八省全圖》和《近省城分圖》，示意陳氏書院在廣州城及附近地區，乃至全國中的位置。圖中有這樣的說明：

> 現擬繪此圖式，系城外十里之遙，相隔省城頗遠。今將城外各街道分列明晰，以便本姓人熟悉路徑，不至迷途，皆可進入書院之門。惟是各府屬本姓人分散居住，故特將各府州縣列明，各

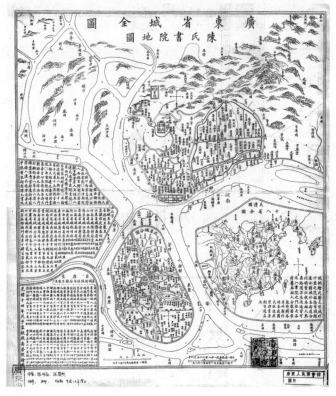

圖18　陳氏書院地圖

處圖式程圖，庶望肄業者期有進益耳。[26]

　　顯然，這幅圖是為了方便省內各地陳姓族人前往陳氏書院而作的。它還畫出全國地圖，並標出北京至各省路程裡數，表明繪圖人的視野已不局限在廣東省內，而是擴大到全國範圍，希望能吸納到更多陳氏宗族加入陳氏書院。

　　上文提到的《正座西第三龕》記錄了部分入主牌位的明細排列，同時列出加入陳氏書院並報捐主位的府州有：

廣州府十四縣共主位437　　肇慶府十三縣共主位714
潮洲府九縣共主位391　　　高州府六縣共主位169
陽江廳共報得主位110　　　惠州府十縣共主位98
韶州府六縣共主位83　　　 羅定州二縣共主位77
嘉慶州四縣共主位67　　　 廉州三縣共主位38
瓊州府十三縣共主位20　　 雷州府三縣共主位3
連州二縣共主位20　　　　 南雄一縣共主位未報
赤溪廳共現安主位6個　　　柳州府共主位2個[27]

　　上表開列了報捐主位的陳氏宗族所在州縣，共計有74個[28]，幾乎涵蓋當時廣東全省所有州縣，以廣州府為最多。在陳氏書院後進大廳金柱上懸掛有一副對聯，由三水西村房聚星堂敬獻。對聯中有「合七十二縣宗盟共守不外仁義兩言」字樣，這裡的縣份數字雖然與事實有些出入，但從中可看到，來自廣東七十多個縣的陳氏宗族通過共同建造陳氏書院，並以陳氏書院為紐帶結成了「宗盟」，位於廣州的陳氏書院成為聯絡作為區域中心的廣州與省內各地陳氏宗族的橋樑。

　　陳氏書院被譽為「嶺南建築藝術的明珠」，是嶺南傳統

26　《廣東省城全圖陳氏書院地圖》，作者陳照南陳榮熙，光緒十四
　　年（1888）石印本。此圖現藏於廣東省中山圖書館中山文獻館。
27　以上數據均轉引自何慕華前揭引。
28　以上數據均轉引自何慕華前揭引。

建築裝飾藝術的集大成者。在建築內外裝飾有7種工藝，分別是「三雕」（石雕、磚雕、木雕）、「二塑」（陶塑、灰塑）、「一彩」（彩繪）、「一鑄」（銅鐵鑄）。在陳氏書院的陶塑、木雕、磚雕、灰塑等建築裝飾中，已發現有各類年號、店號、店址、作者。在祖堂和後進東西兩廳的11個巨大神龕，每個木雕神龕罩上都刻有店號，分別有「回瀾橋劉德昌造」、「源昌街時泰造」、「寺前街瑞昌造」、「聯興街許三友」。「瑞昌造」店號還出現在磚雕和灰塑上，「許三友」店號也在佛山、三水的清代建築上見到。此外，陶塑瓦脊上也落有多家來自佛山石灣的瓦脊店號，分別是「美玉成記造」、「文如壁造」、「石灣寶玉榮造」。這些建築店號或在廣州城開店，或設在屬於大灣區範圍內的佛山、三水等地方，他們共同參與了廣州陳氏書院的建設，將嶺南地區的建築裝飾工藝高度集中、濃縮在陳氏書院中，從一個側面反映了廣州作為區域中心的重要地位。

結 語

綜上所述，廣州現存的不少文物建築，都是廣州作為大灣區乃至整個華南地區區域中心的歷史見證。無論是作為王朝國家統治象徵的南海神廟和鎮海樓，還是反映中西文化交流、宗教文化從海路通過廣州進入中國的佛教和伊斯蘭教廟宇建築，還有明末以來在廣州城內外大量存在、作為廣州與周邊地區城鄉交流紐帶的姓氏合族祠，都讓我們看到了一個歷史悠久、文化深厚、多元立體的區域中心城市廣州的風貌。保護利用好這些文物建築，講好它們的故事，有助於我們了解廣州的中心地位、歷史意義和社會文化價值。

東莞卻金亭

蕭國健教授

香港珠海學院中國文學系教授
暨香港歷史文化研究中心主任

　　卻金亭所紀者，為一地官員卻金守廉之事蹟，東莞、杭州、溫州、江蘇阜寧等地皆曾有卻金亭。東莞卻金亭位廣東省東莞市莞城街道北門外光明路、教場街街口，內有「卻金亭碑」。該碑立於明嘉靖二十一年（1542），為東莞縣知縣蔡存微立。碑呈長方形，高184厘米，闊102厘米，高20厘米，通身以青石製成，紅砂岩方形底座，質地堅硬。碑頂部呈圓弧形，雕有雲海湧日花紋作為裝飾，中間刻有「卻金亭碑記」五字篆體碑額。碑額下刻《卻金亭碑記》碑文。全文以楷書寫就，分二十一縱行，每行五十字，恰好寫滿，碑體四周刻有雲紋。碑額由翰林院編修鄭一統書寫，內文為廣東監察御史姚虞所撰，禮部員外郎林應亮書丹。碑文內容為紀念明嘉靖年間番禺縣尹李愷與暹羅（今泰國）商人貿易，不受酬金之廉政歷史事件。為中泰兩國人民友好往來之歷史見證。

　　該碑於2002年被列入廣東省第四批省級文物保護單位。2006年被國務院批准列入第六批全國重點文物保護單位名單。現保存完好。2006年底，莞城文化部門為加強對卻金亭碑之保護，在卻金亭碑上修建了一個木石結構之仿古亭子。

　　明嘉靖年間，廣州東莞之地已為重要對外貿易港口之一，當時廣東一帶有些地方對外通商秩序混亂，賄賂和亂罰

問題嚴重，甚至還有對外商拉差、勞役之現象。嘉靖十七年
（1538），番禺縣縣令李愷受命前往東莞，檢查外貿，處
理暹羅外地商船來華事宜。時有暹羅商人奈治鴉看帶着本國
國王之文書引信及貨物，來到東莞港，要求進行通商貿易。
時李愷主持對外貿易事務，他認為原有檢查進出口貨物之制
度繁冗，需簡化管理，簡便手續，決定「更制設規」加以改
革，因而對暹羅國商人只需自報貨物數量進行檢驗。檢查時
「不封舶，不抽盤，嚴禁人役，毋得騷擾」，其對外商採取
既合規範，又不刁難之做法，深深地感動了暹羅國商人，奈
治鴉看聚集暹羅商人商議，籌集得金百兩，報答李愷。李愷
堅辭不受。奈治鴉看無法將銀子退回給外商，遂到廣州，「
相率壯其事於十竹王子(巡按王十竹)」，懇請批准，於嘉靖
二十年（1541），在東莞城碼頭附近演武場之南，建卻金
坊，及立卻金匾，以表彰李愷廉政之美德。據《崇禎東莞縣
誌》記載，暹羅商人為番禺知縣李愷所豎牌坊及掛匾之地，
在東莞城碼頭附近演武場之南，匾題「卻金」兩字。

東莞卻金亭

　　嘉靖二十年（1541）東莞縣縣丞祁門李楩，認為李愷拒收重金之事，立德立公，應該讚揚，他請王希文撰文，豎立「卻金坊記」碑。惟「卻金坊記」碑文，對「卻金」一事，敍述欠詳，且對立碑頌揚該事之原由，着墨太少。

　　翌年(嘉靖二十一年1542)，巡按廣東監察御史姚虞（宗舜）來粵視政時，「（姚虞）蓋數聞卻金事，及歷東莞，又見卻金扁（匾），於心實慕焉，駐馬遲迴久之。蓋重感李子(李愷)之政，良心之在諸夷未嘗泯也。」時在旁之知事蔡存微對他説：「扁（匾）以旌廉，盛事也，不有碑之，吾懼其偃焉圮也。」姚虞也頗有此感，遂親自撰文，「記其實以貽不朽」。並在教場左，建卻金亭，內置「卻金亭碑」。事載「卻金亭碑記」。

　　萬曆二十四年（1596），廣東監察御史劉會重修卻金亭及卻金亭碑，並在碑文後，刻上「賜進士第文林郎、巡按廣東、監察御史、閩惠安劉會重修，東莞知縣侯官李文奎督修」以作記錄。

　　卻金亭在1960年代已破敗無存，1997年東莞市政府重建卻金亭。2002年，卻金亭碑被列為廣東省省級文物保護單位。2006年，卻金亭碑成為中國全國重點文物保護單位。「卻金坊記」碑現藏東莞市博物館，碑長1.57米，寬0.74米，大理石質，弧首方座，四周刻雲海紋，碑額有篆書「卻金坊記」四字。碑文為楷體，字體工整，鐫刻精緻。此碑為嘉靖二十年(1541)東莞縣縣臣祁門李楩所立，當地名人王希文撰。

　　兩碑所表揚之李愷（1497-1578），字克諧，號抑齋，福建惠安縣螺城鎮西北街人，弘治十年(1497)十月初四日生，治《詩經》，由國子生中式福建鄉試第二名舉人，會試中式第十二名。年三十六，中式嘉靖十一年（1532）壬辰科第三甲第六十一名進士。工部觀政，初授嘉善知縣，丁憂歸。起任廣東番禺縣知縣，歷任吏部主事，升吏部員外郎、

稽勛司郎中，嘉靖二十二年（1543）調兵部車駕司郎中，升湖廣按察副使，兵備辰沅。嘉靖二十六年（1547）正月考察免職，辭官回鄉後，卒於萬曆十年(1582)，壽八十二，惠安縣邑人感其恩德，為其立保障亭、樹功德碑、從祀鄉賢祠。

　　李愷墓位惠安縣安固東側（現塗寨鎮岩峰村西新自然村）獅山、岩古禪寺附近。墓依山而建，座西北朝東南，面積200多平方米。墓區建有三級墓埕，一層墓埕為主墓區，呈風字型，墓碑及構件較新，應為新修。墓碑上刻：「明進士吏部稽勛主事湖廣按察司副使天官大夫李愷公、洎配恭人吳氏墓」。從碑刻可見此墓為李愷與夫人吳氏合塋墓。二級、三級墓埕分別放石將軍、石馬、石虎、石羊各一對。其中石馬、石虎風化古樸，應為明代舊件，而石將軍、石羊石色較新，應是重修墓葬時增補。宰相李挺機親為題墓志銘。

附錄一：卻金亭碑（碑在東莞縣光明路）

　　賜進士及第文林郎巡按廣東監察御史莆田澤山姚宗舜撰文，賜進士及第翰林院編修潮郡磨汀鄭一統篆額，賜進士及第禮部員外郎閩山少峰林應亮書丹。

　　姚子曰：余按南粵這境，蓋數聞卻金事，及歷東莞，又見卻金扁，於心實慕焉。駐馬遲回久之。蓋重感李子之政，良心之在諸夷未嘗泯也。李子以名進士，來尹番禺，番禺隸廣州，為附郭，居要沖，政務紛紜，李子奮然有作，興利剗弊，與民更始，一時區畫，無問劇易，罔不稱平。嘉靖戊戌歲，暹羅國人奈治鴉看等到港，有國王文引，處以貨物，親附中國，而求貿易，有司時而抽分之，是亦金抑逐末以寬農征之意也。其來在昔，無論今日。但抽分之委，世所染指，人之得委抽分也，往往以賄賂而速官謗，則又妄益番

之稅，以掩其跡，何取哉。惟時李子承委是事，乃言曰：
有司之待夷厚矣，豈其使人肆貪婪以逞其淫而棄中國之體，
必不然矣。愷之意也，不封舶，不抽盤，責令自報其數而驗
之，無額取，嚴禁人役，毋得騷擾。條其議於撫按，且圖定
式。既報可，李子乃不封舶，不抽盤，責令其自報其數而驗
之，無額取人役，不騷擾，且重金之卻也。君子曰：仁人之
言，其利博哉！李子一言而華夷胥感，夫天覆地載，莫不盡
其美，致其用。故澤人足乎魚；農夫不斬削，不陶冶而足器
械；工商不菑畬足菽粟。貿易通，則貨財殖；貨財殖，則人
民育；人民育，則德化弘。《易》曰：中孚豚魚吉。李子是
役也，夷人思報莫得，相率狀其事於十竹王子，願捐百金，
謀亭之於東莞，將以順夷情而彰公道。王子重躓之，檄有司
者聽其義舉，乃於邑演武場之南，樹坊立扁，題曰：卻金，
足稱休光矣。然未有碑也。歲壬寅，知縣蔡存微謂：扁以旌
廉，盛事敢，不有碑之，吾懼其口焉圮也。於是以其狀請諸
姚子，紀其事以貽不朽。嗟呼！余何可拒而沒李子之賢哉？
李子今征入為天官尚書郎，勛業駸焉未艾也，此奚足以盡之
邪？雖然，天下者，一邑之積也；一邑者，天下之推也，政
有大小，而道無二致，倘臻其極，則此舉權輿之也，豈惟李
子哉？維彼碑亭，起瞻壯睹，望之歸如，枚枚渠渠，賢者過
之詢之足以興，不肖者聞之則有泚顙而赧面者也。噫！蔡令
用意亦可嘉也。李弓木名愷，字克諧，別號抑齋，福建惠安
人。

　　　　　　大明嘉靖二十一年壬寅十一月冬至吉日。
賜進士第文林郎巡按廣東監察御史閩惠安劉會重修，東
莞縣知縣侯官李文奎督修，東莞縣知縣侯蔡存微謹立。

附錄二：卻金坊碑

（碑原置東莞縣光明路，現藏東莞市博物館）

賜進士出身征仕郎兩京刑科給事中王希文撰，賜進士南京工部屯田清吏司郎中番禺勞紹科書丹，賜進士出身奉政大夫禮部祠祭清吏司郎中進階朝列大夫五羊，卓延篆蓋。

皇明御宇，萬邦攸同，重譯頌聖，島夷獻賓。然來之不拒，則偽者日趨，遂窺壟斷。爰有權征，舶志量衡，易官互詰，課三之一，余許貿遷。叢委兌交，供億頓煩，利害均焉。嘉靖戊戌，惠安李抑齋公前宰番禺，俯臨稽舶，譯究夷狀，察其費浩獲微，而吾之得不償失，咸匪永圖。乃更制設規，聽其自核，敢有詐匿者抵法。甫旬日而竣事，又旬日而化居，犬羊有知，從臾忻戴，且玫私覿，以圖報稱。公麾之曰：彼誠夷哉，吾儒有席上之聘，大夫無境外之交，王人恥邊氓之德，茲奚其至我？夷酋奈治鴉看者再懇，再卻，乃以百金偕其使巴的呎之蕃司，欲崇坊以樹觀。侍御王十竹公判謂：忠信可行於蠻貊，而良心之在諸夷，未嘗泯也。遂不遇其請，行邑署篆呂瓊判中山君議於瀕沖，刻日鼎建，翬飛鼈奠，過者崇瞻，咸謂：公能垂不報之德，成不朽之功，而速化不可化之人，其何道也？時公膺召入銓部，亦罔攸日聞。既而邑丞祁門李君楣至，首訪殊典，久未鑱勒，謂文：昔叨掖垣，曾疏抑番舶，宜知巔詳，屬言以昭厥垂。文再拜，遜且撰曰：夷貢惟常平法，惟公官廉，惟彰善樹風，惟樹惠之廉，岩谷其曷能云？況李公政澤流溢，鄰封卻金，先聲譽騰，荒徼侏口，能言道，口且碑，奚文之贅？無已，其崇體之說乎？」夫國之體，紀綱也；政之體，本末也；士之體，廉節也；上下之體，名器也。四體立，而萬事理矣。自漢武開邊，夷貢始入中國，唐監以帥臣，開元波斯淫巧已極，王處休所謂：資忠履信，貽厥將來，其確論乎。開寶杭明，

崇寧綱遠，泉貨泄之外境，患滋甚焉。我聖祖監殷，著為厲禁，雖諸蕃稱貢，先驗剖符，官給鈔易，而暹羅、爪哇實則蠲之。法久弊蔭，律愈嚴，而奸愈巧，間或閉或通，閉則隘懸，通則失體，夫名以貢來，而實以私附，不責其非專，而且資之貿易，得其物不足之菽粟，而吾民且膏血焉。業已封舶，而中易其人夫，既任之而復疑之，非可使聞於夷邦也。縉紳名流，猥與衡石而鞭算之，不亦卑乎？異哉李公立說，計其大而略其微，薪其本而抑其末，尊復制典，不舉而五善集焉。故不拒其來，以示廣也；令其自核，以導忠也；不再稽疑，以懷信也；卻而不屑，以示威也；惠之不費，治之以不治也。澤廣則華尊，納忠則夷順，孚信則遠柔，威崇則紀立，治而置之，則名正體宣而法行，識者於茲一端，已佔其為台鋪器矣。惟王仁無外，宰相則論道以弘其法，銓部則為天下得人以行其仁也。李公小試其道，而化及夷邦，今茲天曹，又登庸俊良，俾宇內陰受其賜，階是而宰鈞持衡，則斡旋之速，又何如哉？若夫崇坊之舉，所以峻其防也，防夷以杜漸，防民以止趨，防奸以禁匿，使庶僚知所勸且儆焉。此則當道之公良，有司之職也。公奚與焉？又奚御焉？余既為茲說，質之郡伯藩臬諸名公，咸曰：立德立公，紀言紀事，可以備野史矣。乃登於石。

嘉靖二十年歲次辛丑秋七月東莞縣縣丞祁門李楠謹立。

從《容庚北平日記》
看學人日記的研究價值

麥淑賢

東莞市博物館

摘要：著名學者容庚先生的北平日記，記錄其師友的交
往，見證其治學的高峰，展示其生活的情趣，呈
現立體多面的學者形象，勾勒具有個性的學人群
像，留下民國城市生活的側面剪影。學人日記因
其學術價值與文獻價值而日益受到學界的關注和
重視。

關鍵詞：《容庚北平日記》 研究價值 交遊 治學生活

日記是一種獨特而又重要的文獻種類。從文體學角度
看,它是應用文中最為常用的文體之一；從史料學角度看,因
其親歷者身份,常被視為第一手史料；從文化學角度看，因其
內容包羅萬象，又具有百科全書性質。[1]而學人日記，可視
為以學人角度觀察並記錄的「編年史」「學術史」與「心靈
史」，既是個人書寫，又是時代的縮影，與官方文獻相比更
真實鮮活。本文以現代著名學者容庚先生的北平日記為例來
看學人日記的研究價值。

百年前，容庚先生離莞北上求學，寓京二十餘年間成
長為知名學者。容庚北平日記，涉及面廣，為研究其治學方

---

[1] 張劍：《中國近代日記文獻研究的現狀與未來》，《國學學
刊》2018年第4期，第121頁。

法、思想個性、生平事蹟提供了最重要的文獻資料，對了解當時學人群體的交遊關係、學術發展、生活方式乃至北京的經濟商貿、飲食文化、大眾娛樂等方面亦有所裨益，具有獨特的內涵和多元的價值。

一、容庚及北平日記

容庚（1894-1983），原名肇庚，字希白，初號容齋，後改頌齋，東莞莞城人。畢生致力於學術，尤精於金石之學，書畫、碑帖均有涉獵，編撰專著30餘種、論文90餘篇，成就卓著，嘉惠學林。

其一生可分為三個階段：一是東莞階段（1894-1922），幼承家學，治小學、攻篆刻，曾任東莞中學國文教員，教授「文字源流」，撰寫《雕蟲小言》，為其治學之始，又與容肇祖合編《東莞印人傳》，突破前人有傳無印的體例，後確立「補輯之志」，以金文為研究對象，費六年苦功完成《金文編》初稿。二是北平階段（1922-1946），1922年北上，破格入讀北京大學國學門，畢業後執教燕京大學、北京大學，主編《燕京學報》，兼任北平古物陳列所鑒定委員會委員、中央研究院歷史語言研究所特約研究員，發起成立我國首個考古學家組織──考古學社，逐步走上治學高峰；期間完善和出版《金文編》，使之成為繼《說文古籀補》之後在體例和編纂方法上有新突破的第一部金文字典；其後研究領域由古文字及器物，將銘文研究與器物考古相結合，編撰出版多部權威著作，確立其在金石學領域的學術地位，其中《武英殿彝器圖錄》以「撫拓文字與花紋並列，為著錄者開其端」，《商周彝器通考》是「對中國青銅器作系統理論闡發和科學分類的跨時代著作」。三是廣州階段（1946-1983），1946年南歸，先後任教於嶺南大學、中山大學，與商承祚創立中山大學古文字研究室，培養大批專業人才；其治學由

文字器物轉向書畫碑帖，編撰《叢帖目》《頌齋書畫小記》
等，其中《叢帖目》資料宏富、考證精審、編次明細，堪稱
集大成的帖學巨著。容庚晚年將畢生珍藏的青銅器、書畫、
碑帖、古籍善本等悉數捐予國家，澤被後世。

　　北平階段，即容庚自1922年夏赴京至1946年初南歸期
間。寓京24年間，容庚留下16冊日記。日記始於1925年1月
1日，止於1946年2月26日，期間缺記、漏記約占三分之一，
其餘均保存至今，並附1925-1932年通訊錄、1925-1930年和
1932-1934年收支一覽表等，作為歷史資料而言已屬難得。此
批日記，多寫在商務印書館發行的專用日記本——「自由日
記」或「國民日記」上。日記本具有鮮明的時代特色，除日
記用紙外，還附有要事表、通訊錄、收信表、發信表、郵政
寄費表、收支統計表、陰陽曆參照表等實用資料，並夾帶商
務印書館的相關廣告。其裝幀印製頗為講究，採用了燙金、
激凸等工藝。得益於先生哲嗣的大力支持，部分日記原件在
「容庚與東莞」系列展覽中首次公開展示。而日記內容則征
得先生哲嗣同意，經夏和順先生整理，於2019年以《容庚北
平日記》（以下簡稱「北平日記」）之名由中華書局出版，

圖一　部分容庚北平日記
（容庚先生家屬供圖）

圖二　商務印書館發行的
《自由日記》封面
（容庚先生家屬供圖）

並附上人名索引與書肆古玩店名索引以便讀者查閱。

二、北平日記記錄師友的交遊

　　容庚留京治學期間，因鄉誼業緣而結識大批良師益友，形成個人交際的「朋友圈」。其規模可謂龐大，從夏和順先生所整理的「人名索引」中即可一窺。其師友多是學術界、文化界、藝術界人士，其中不乏外籍學者。容庚與他們交往方式亦頗有文人相交的特質，或互相拜訪會談，或聚餐交流，或切磋鑒藏。

1、聚餐會友，談古論今

　　飯局，對中國人而言具有獨特的社交功能。民國時期，學人文人相會，聚餐也是常有方式之一，在品嘗美食過程中交流思想，暢談學術、評品藝術等等。容庚日記中，留有大量中西餐館的記錄，也是當時京城繁榮的飲食文化的縮影。在眾多食肆中，「譚家菜」尤為引人注目。「譚家菜」當時屬於私房菜，原是廣東南海人譚宗浚的家傳菜。清同治十三年（1874），譚宗浚得中榜眼，供職翰林院，就此移居北京。雖南人北上，但酷嗜美食的生活習慣不改。其子譚祖任，對美食的追求猶勝乃父，就連譚家的妻妾都精於烹飪，且不惜重金禮聘來的各派名廚問藝，汲取眾家之長，並最終形成了風味獨特的譚家菜。

　　譚祖任，字瑑青，幼承家學，擅詞章書法，富收藏，精鑒賞，好書畫，使得譚家高朋滿座，盛宴常開。容庚亦是其座上客，從1937年12月18日日記提到「六時往譚瑑青家聚餐」開始，此後赴譚宅聚餐的頻率大幅增加，1938-1944年（1942年全年缺日記）六年間共錄得八十次，年均十五次。

　　在北平日記中，1937至1941年間在譚宅聚餐者中同席者多為藝術圈中人，如黃賓虹、周懷民、汪慎生、孫海波等。

如1938年10月2日，「早至琉璃
廠，取傅山等扇面。訪孫海波。
十二時至譚宅聚餐。」又如1939
年5月21日，「訪周懷民、汪慎
生、孫海波、黃賓虹。十二時至
譚宅聚餐。」

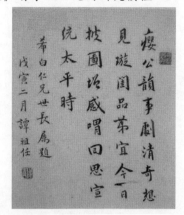

圖三　1938年譚祖任為容庚
　　　藏品題跋
（圖片選自《容庚捐贈書畫
特集・繪畫卷》）

　　他們的聚餐並非簡單的吃
飯，還兼及書畫珍賞與互換交
易。1938年2月4日「五時至譚
宅，參觀書畫展覽會並聚餐」
，2月12日「至譚宅聚餐，擬以
五十元購其劉石庵手卷」；1939
年2月23日的席上容庚又以《黃
牧甫印譜》交換金和《來雲閣詩》，這些記載均可作為佐
證。另外，容庚曾邀請譚祖任在其所藏的《迦音閣贅詩圖
卷》上題跋，而1941年4月1日日記載：「六時至譚宅餞行，
贈譚璪青以馮敏昌對」，由此可證明兩人之交往不限於飯局
上的主客應酬。

2、同好購藏，鑒賞切磋

　　容庚自幼受家庭影響，對古物收藏、書畫鑒賞有濃厚興
趣。他留京後因薪金收入略有盈餘，當時有出土文物在坊間
流轉，故開始購藏青銅器、碑帖書畫等。在容庚的師友中，
亦有不少同好者，如商承祚、於省吾、馬衡等等。於是，
同去搜羅古物、相互品評切磋，是他們共同的興趣和交往方
式。廠甸、琉璃廠、隆福寺書肆等地，是他們經常光顧流連
之所。

　　1932年7月28日，容庚在隸古齋購買了兩張齊侯壺全形
拓片，頗為高興。當天下午，容庚到唐蘭家中拜訪，並提及
齊侯壺。唐蘭告知，馬衡先生考證認為《周金文存》上所

附齊侯壺全形拓片為翻刻。回家後，容庚馬上對照查看，確認自己所買者為翻刻本。當天的日記頗能反映容庚性格的側面，他寫道：「微他一說，餘將大吃其虧，三十年老娘倒繃嬰兒矣」，語言帶有幽默，然後又提醒自己，「翻刻之人事真不少，購拓本者其慎之。」

3、對外交流，擴大視野

其時的北平，不僅是中國學界尤其是金石和考古研究的中心，也是國際學者必到的參觀訪學之地。燕京大學，創辦於1919年，由四所美國及英國基督教教會聯合在北京開辦，是近代中國規模最大、品質最好的大學之一。創始人為司徒雷登，長期擔任校長與校務長。1928年春，燕京大學與美國哈佛大學達成合作，成立了哈佛燕京學社。此後至1949年，哈佛燕京學社獲得美國霍爾基金會上百萬美元的支持，為中美學術交流、選派留學生提供資助與獎學金，成為民國時期中美學術交流的中心。

1926年至1941年間，容庚受聘燕京大學，並擔任哈佛燕京學社研究員，他因此結交了一批外國學者。這批外國學者重點研究中國或東亞歷史文化，如明義士、伯希和、福開森、顧立雅、葉慈、葉理綏、葛維漢、戴聞達、鳥居龍藏、梅原末治等等。與他們的交往，極大開闊了容庚的視野與見識，通過相互交流，促進其學術研究的成長並走向國際化。在北平日記中，留下他們之間交流的點滴，如日記中記有容庚與明義士（James Mellon Menzies）交往的細節，比如1926年的通信記錄，又比如1928年4月18日，容庚在明義士的陪同下第一次購買青銅器。

為了研讀日本學者的論文，為了能夠和外國學者順利交往，容庚在1926年至1929年曾一度學習過日文和英文，並修訂過《樂浪遺跡出土之漆器銘文》的譯文。

三、日記見證治學的高峰

容庚自1922年破格入讀北大國學門，畢業後執教燕京大學、北京大學，主編《燕京學報》，兼任北平古物陳列所鑒定委員會委員、中央研究院歷史語言研究所特約研究員，又發起成立我國首個考古學家組織——考古學社，並先後出版著作多部，逐步走上治學高峰。北平日記，真實地記錄了容庚多年的研究工作，並見證了這一段「光輝歲月」。

1、出版專著，一舉成名

容庚能一舉成名，得益於《金文編》。1925年夏，這部耗費九年苦功的專著終於在1925年夏天出版，成為第一部金文字典，繼《說文古籀補》之後在體例和編纂方法上皆有新突破。《金文編》面世一年後，容庚在日記中記錄了截至1926年7月12日《金文編》的結算數目，詳細列出送出、賣出及現存情況。在這個清單上大概可瞭解到《金文編》的讀

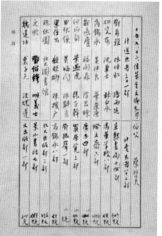

圖四　1926年7月12日結算《金文編》數目
（容庚先生家屬供圖）

者群體分佈，其中不乏當時學界名家，諸如梁啟超（任公）
、王國維（靜安）、陳垣（援庵）、馬衡（叔平）、黃節（
黃晦聞）、沈兼士、顧頡剛、錢玄同、劉半農等，還有外籍
學者福開森、明義士。此外，廈門大學、燕京大學、東南大
學、清華學校、直隸書局、景山書社等眾多機構亦出資購買
《金文編》。這從側面證明《金文編》的學術價值，在出版
後較短的時間內，其影響力已逐步形成，容庚從此在學界脫
穎而出。正如1941年《實報》記者侯少君在報導中寫道：「
《金文編》一書，搜羅雜眾，分類詳解，刊行之後，學術界
為之一驚，對該書歎贊不置，於是先生之名遂噪於京華。」

2、潛心研究，成果豐碩

　　北平日記中約有九成的內容都是反映容庚日常的研究工
作，或翻閱資料，或草擬論文，或編撰著作，或校改稿件。
多部著作，如《寶蘊樓彝器圖錄》《武英殿彝器圖錄》《秦
漢金文錄》《頌齋吉金圖錄》《商周彝器通考》等，均可在
其中瞭解其編寫進度。在這些簡略的記錄中，可以梳理出容
庚研究領域擴展的脈絡——由古文字而及器物，將銘文研究
與器物考古相結合。這些著作的陸續出版，進一步確立容庚
在金石學領域的學術地位，其中《商周彝器通考》是「對中
國青銅器作系統理論闡發和科學分類的跨時代著作」。

　　對於容庚的治學經歷和學術成績，當時的人們如何看
待呢？或許民國時期的媒體報導可為我們提供一些線索。
頗為巧合的是，在容庚日記中貼有兩處《實報》的剪報，
一是1940年5月26日刊登的《學人訪問記·容希白》（署名「
小尹」），一是1941年3月27日、28日刊登的《人物志·容希
白》（署名「少君」），采寫者均是侯少君。兩篇報導內容
大同小異，文中稱容庚「以金石文字學聞名於海內」，主要
介紹他的早期經歷及其近年來在古文字、青銅器、碑刻、書
畫方面的著作。侯少君對容庚頗為贊許，寫道：「雖然他有

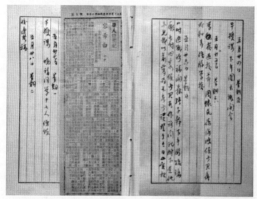

圖五　1940年5月26日容
　　　庚日記中所貼剪報
（容庚先生家屬供圖）

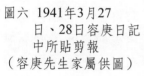

圖六　1941年3月27
　　　日、28日容庚日記
　　　中所貼剪報
（容庚先生家屬供圖）

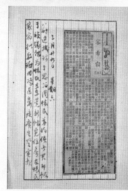
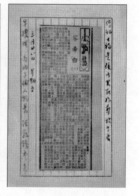

了這麼大的聲譽，但他仍是粗衣淡食，外表仍是儉樸之至。
這算是所謂『錦心無華冠』了。」

3、鍥而不舍，終成大家

　　容庚以中學生身份入讀北大國學門研究生，此後十數
年間逐漸成長為知名學者。他為何能取得成功？關於這個問
題，八十年前《實報》記者侯少君已經在思考，並試圖在報
導中對容庚的治學精神進行探討。他說：「（容庚）無論研
究哪一種學術，都抱著極懇摯的態度，得而後已，是一絲也
不能放鬆的」，「無論走到哪里，遇到與他主張不符或使他
疑問的地方，便要追根問底的直著嗓子辯駁一番。」

　　對於此，容庚本人如何認識呢？答案也許能從1940年

12月25日的日記中找到。當天他曾寫下這樣一段既謙虛又自負的話語:「並世諸金石家,戲為評騭:目光銳利,能見其大,吾不如郭沫若。非非玄想,左右逢源,吾不如唐蘭。咬文嚼字,細針密縷,吾不如於省吾。甲骨篆籀,無體不工,吾不如商承祚。操筆疾書,文不加點,吾不如吳其昌。若鍥而不舍,所得獨多,則彼五人似皆不如我也。」顯然,容庚認為與別人相比自身最大的優勢就是鍥而不舍。誠然,這四個字,正是其治學精神的寫照以及終身踐行的座右銘。在「文革」時期,儘管白天遭受身心折磨,晚上容庚依舊在燈下堅持研究著述,《叢帖目》《頌齋書畫小記》就是在此環境中誕生的。

此外,容庚對於治學保持著自省的態度。1943年9月5日恰逢容庚五十壽誕,他在日記中提及讀陳澧《東塾集》中《與陳懿叔書》有感,並由此反思近來為排遣心中鬱結而耗費不少時間在繪畫方面,他認為「予近來頗好書畫,亦當以此自戒,復歸考古,庶不至顧此失彼乎。東坡詩:『多好竟無成,不精安用夥。』當書作楹聯以銘座右。」經過反思,容庚此後雖然不忘書畫收藏與研究,但基本上回歸到古文字與青銅器考古研究的道路上來。即使執教廣州後不易獲得金石資料,但他依舊繼續增補《金文編》,並與助手北上查閱資料,為修訂《商周彝器通考》作準備。

四、日記展示生活的情趣

不苟言笑,嚴肅呆板,這可能是大眾對於學者的刻板印象。而實際上,他們除了醉心學術外,也有豐富多彩的業餘生活。在北平日記中,讀者可見容庚生動鮮活的日常細節和充滿情趣的個人愛好。他浪漫,與妻子同賞名花;他時尚,與親友出遊喜歡攝影;他愛運動,以溜冰、練八段錦、騎自行車等作為體育鍛煉。

1、遊名勝，賞名花，愛攝影

　　京中名勝古跡、古典園林、現代公園眾多，諸如故宮、頤和園、什剎海、陶然亭、大鐘寺、大覺寺、崇效寺、黑龍潭、中央公園、北海公園等地，都曾經留下容庚的足跡。此外，作為五朝古都，北平歷代花事繁盛，其中崇效寺牡丹、故宮太平花蜚聲已久。

　　據日記所載，1925年5月7日，容庚與同鄉陳宗圻、三弟容肇祖往崇效寺看牡丹。數年後，1932年5月8日，他與妻子徐度偉賞崇效寺牡丹，並遊陶然亭、中央公園。據劉文豐先生考證，晚清時期崇效寺以牡丹譽滿京城，尤又以墨、綠二種最為珍貴，其中墨牡丹是當時全國僅有的兩株之一。寺僧曾用牡丹花瓣和上白麵，加入白糖，煎製成香甜可口的「富貴餅」。至民國時期，崇效寺依然是「花開時節動京城」，社會各界爭相一睹國色天香。1935年北寧鐵路局甚至「特開觀花專車，遊蹤所至，莫不以一瞻崇效寺牡丹為幸」。新中國成立後，崇效寺改建為學校（今白紙坊小學），園中牡丹被移入中山公園花圃，但墨牡丹最終還是失傳了。

　　除崇效寺牡丹，觀賞故宮太平花也是一大盛事。太平花，原名豐瑞花，綻放時花團錦簇，色白如雪，幽香淡雅。其來歷頗有傳奇色彩，據說原產於四川都江堰青城山，先從野外傳到後蜀王宮，再到北宋都城汴梁，被宋仁宗賜名「太平瑞聖花」，後來輾轉至紫禁城，被乾隆賜名「太平花」。太平花，植於故宮絳雪軒和文華殿前，因其寓意太平盛世，清代時受到皇家青睞珍愛，民國後故宮博物院成立後每當花開時節也要舉行遊園會。1932年5月28日，容庚在日記中寫道：「作《頌敦考釋》畢。一時半與內子及唐立庵進城，觀故宮太平花。」雖然容庚的文字裏並未描繪太平花開的壯觀景象，但與妻子、摯友同遊，想必也是賞心樂事。

　　與親友出行遊玩，拍照留念是慣例。這對於容庚來說，

圖七　容庚所拍攝的燕京大學
（容庚先生親屬供圖）

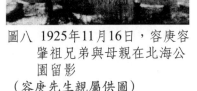

圖八　1925年11月16日，容庚容
　　　肇祖兄弟與母親在北海公
　　　園留影
（容庚先生親屬供圖）

亦不例外，他本人愛好攝影，據親屬初步統計，現在至少存
有數十張容庚攝影作品。1925年日記裏有多處照相的記錄，
尤其是容母鄧瓊宴來京小住期間，容庚多次陪同出遊，並為
母親拍照留念，由此也可感知他對母親的孝順。

2、看電影，聽京劇，會主演

在民國時期的北平，看電影、聽戲曲是市民主要的文
娛活動。在容庚日記中留下他與友人同看演出的大量相關記
錄，中外電影相關記錄不少於50處，觀看時間集中於1925
年、1926年，觀看地點多在真光電影院。真光電影院，落成
於1921年，仿羅馬式建築，位於東安門外大街，是當時是北
京首家按照當時國際流行式樣建成的規模較大的電影院。

　　在所有關於電影記載中，其中1926年5月18的日記頗有趣味，「鍾請往真光看電影《神鞭奇俠》，主角飛來伯贈參一合（盒），與母親。」其中所提及的飛來伯，即美國著名電影諧星DouglasE.Fairbanks，現一般譯作道格拉斯·範朋克(1883-1939)。1931年2月他訪問中國，受到影迷和平津文藝界人士的熱烈歡迎，梅蘭芳等人對其熱心接待，媒體記者連日追捧報導。容庚與鍾姓同鄉看電影，竟然見到主角還獲贈了禮物。

　　此外，容庚也喜好傳統曲藝，他看過京劇、粵劇、昆曲、評劇、大鼓的表演。在民國時期的北平，京劇最為流行，隨著優秀演員的大量湧現，呈現出流派紛呈的繁盛局面。所以容庚觀看京劇的次數也最多，城南遊藝園是他最常光顧的地方，其中1925年2月15日日記寫道：「三時同往城南遊藝園看戲，箱座已滿，掃興而返。」在他的日記中，也一併留下梅蘭芳、孟小冬、碧雲霞、雪豔琴、一斛珠、蘇蘭舫、琴雪芳、荀慧生、新豔秋、李盛藻等當時眾多名家藝人的表演劇碼。其中，1925年4-5月間，容庚日記中記錄了他觀看一斛珠表演的京劇《戲鳳》《翠屏山》《黛玉焚稿》《醉酒》。又在5月17日記裏留下言簡意賅的一行字「往女伶一斛珠家」，因何促成此次拜訪，拜訪具體談論何事，目前已難以瞭解，但從側面可以感知當時京劇的盛況。

3、好運動，喜溜冰，常騎車

　　容庚並非只會久坐齋室，埋頭苦幹，他注重勞逸結合，積極參與各種體育鍛煉。作為一名嶺南人，平生難見飄雪，所以容庚寓京後對溜冰頗有興趣。在1934年12月7日、11日、12日、17日、21日，日記中均有溜冰記錄。此外，容庚還專門拍攝過這樣一張照片，在他所任教的燕京大學裏，冬日湖面結冰、不少人在上面溜冰。

　　從1941年9月29日開始，容庚又開始練習八段錦，他在

圖九 民國冬日燕大校內湖面上溜冰的人
（容庚先生攝，親屬供圖）

日記中寫到「早起及寢時各習八段錦一次，意每日如是，未知能有恆否。」其實在北平時期，容庚最常有的鍛煉就是騎自行車，當然這是最方便的出行方式。他經常騎車走街串巷，拜訪同仁及學界友人。至晚年時，容庚依舊保持著這個運動愛好。1956年4月14日、15日，中山大學舉辦第一次教育工作者田徑、自行車運動大會，當時參與各項比賽者有四百餘人，60多歲的中文系教授容庚獲得八百公尺自行車比賽第一名。數天後（4月23日），《光明日報》上專門刊登此消息，題為《活躍在運動場上的

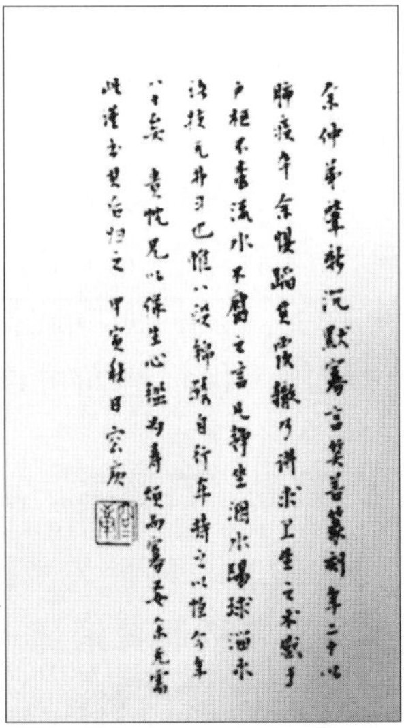

圖十 1974年容庚所書「保生心鑒」題跋
（圖片選自《容庚法書集》）

老教授》。

容庚為何如此喜歡運動？其實原因就是希望通過運動達到養生的目的。關於這點，容庚在1974年所寫的「保生心鑒」拓片題跋中有所說明，「餘仲弟肇新，沉默寡言笑，善篆刻，年二十以肺疾卒。餘懼重蹈其覆轍，乃講求衛生之術。感於『戶樞不蠹，流水不腐』之言，凡靜坐、泅水、踢球、溜冰諸技，無弗習也。惟八段錦、騎自行車，持之以恆，今年八十矣。」

結語

民國學人是中國學術史上較為特殊的群體，他們處於傳統與現代的時間交匯裏，又在東方與西方的交流碰撞中，他們個體的求學經歷、交往聯繫、學術研究乃至日常生活都呈現出時代面貌。這在容庚先生的個人日記中得到真實的還原。

容庚北平日記言簡意賅，語言平實，但信息豐富，上文僅結合其中部分內容，從師友交遊、治學狀況、生活情趣三方面闡述其研究價值，尚有更多內容等待挖掘和運用。

近代日記文獻的敘錄、整理和研究，具有學術價值、應用價值和社會意義，近年已受到學界的重視，相關工作正在有條不紊地開展。「在史料運用方面，學人日記當然是一個重要的史料來源，但日記記事的瑣碎性，敘事論史的不完整性，記述的情緒宣洩，值得研究者高度警覺。」誠然，日記作為一種文獻資料，自身亦有內在缺陷，作為研究者應合理慎重地使用，將其與年譜、著作等其他材料相互對照，從而揚長避短，將其文獻價值與研究價值最大化，形成更準確、更全面的認識。

（注：文中大部分圖片均由
容庚先生親屬提供，特此鳴謝！）

參考文獻：

周禮成：《美國影星範朋克的平津之行》，《中國檔案報》2017年12月8日。

張劍：《中國近代日記文獻研究的現狀與未來》，《國學學刊》2018年第4期。

容庚著，夏和順整理：《容庚北平日記》，中華書局，2019年。

夏和順：《1943年，容庚鬱悶地度過了五十歲生日》（「中華書局1912」公眾號）

夏和順：《逛琉璃廠，吃譚家菜——容庚與譚瑑青的交往》，《同舟同進》2019年第10期。

澎湃新聞：《容庚誕辰125周年：他與燕京大學的不解之緣》2019年9月5日。

劉文豐：《崇效寺裏花意濃》，《北京日報》2020年4月23日。

周松芳：《容庚日記中的譚家菜》，《書屋》2021年第2期。

新冠疫情下的港澳朱大仙水面醮

陳德好

香港地方志中心責任編輯

　　港澳地區水上漁民除信奉天后、洪聖、譚公等海神之外，還有一部分是信奉朱大仙。1920年代，一位以澳門為泊港的吳姓漁民，在粵東一帶作業時久病不癒，在其家人求拜惠州龍泉庵朱大仙後痊癒，吳氏家人便應諾建廟供奉朱大仙，本欲請朱大仙到澳門，機緣下先在大澳創建龍岩寺，主祀觀音、佛祖、朱大仙，其後每年在澳門籌建水面醮祈求水陸平安。自此，朱大仙信仰便在港澳地區水上漁民之間流傳，1980年代至1990年代是港澳漁業較興盛的時期，也是朱大仙信俗社群最繁衍的時期。當時在澳門、香港分別有三個和一個值理會各自籌建朱大仙水面醮，信眾戶數超過700戶漁民。但隨着漁業式微、人口老化，2008年澳門縮減至二個朱大仙水面醮，香港維持一個朱大仙水面醮，信眾戶數約600戶。籌建澳門最大型朱大仙水面醮的路環值理會，因為澳門內港舢舨碼頭上落手續繁複，於2009年遷往香港舉辦，此後澳門便僅保留一個朱大仙水面醮，而香港則變為二個朱大仙水面醮。

　　朱大仙水面醮每年舉行，醮期由祈杯而定，醮場建在停泊在澳門內港或香港仔避風塘的漁船上。2019年底新冠肺炎在武漢爆發，旋即漫延至全球各地，港澳地區也不能幸免於難。兩地政府因應疫情防控，制訂了不同的社會防疫措施和通關政策，而這些政策也影響着兩地朱大仙水面醮的發展。

澳門朱大仙水面醮設在澳門內港，通關政策和內港管理措施，由於只有不多於七分之一善信持有漁民證或排簿，可有限度地出入內港碼碼，更有一半以上善信非長居於澳門，因此水面醮被迫停辦了三年。香港的兩個值理會則適應防疫措施，在疫情舒緩期間堅持籌建朱大仙水面醮，開始作出人流管理和安全管理，並為可持續發展作出努力。本文嘗試探討疫情對兩地朱大仙水面醮帶來的影響和面臨的困境。

一、香港朱大仙水面醮

2020年1月香港發現第一宗新冠輸入個案，至2022年底已經歷了五波疫情，防疫措施也經歷了多次收緊和放寬，居民生活模式也發生了變化，同時香港的風俗也因疫情防控而產生變化。每年中秋舉辦的大坑和薄扶林舞火龍連續三年停辦；河上鄉洪聖誕2021年取消了神功戲和搶花炮，改為抽花炮，又在河上鄉首次舞起火龍驅除疫症；西貢大廟天后誕2020年取消了醮會，2021年見疫情稍緩，把原本三天的醮會改為兩天的科儀；每年農曆七月全港各處都舉辦大大小小的盂蘭盆會，這三年大部分主辦單位都被逼取消醮會，只設附薦牌位超渡和簽香油。

這三年間，香港的兩個朱大仙水面醮在遵守防疫措施下，堅持舉辦三天醮會，醮期如下：

主辦團體	佛祖朱大仙會	香港仔合勝堂功德會
2020年	原：三月初五至初八日（3月28-30）（3月22日通知改期） 改：閏四月初二至初四（5月24-26日）	五月初八至初十（6月28-30日）
2021年	四月初二至初四日（5月13-15日）	五月初一至初三日（6月10-12）
2022年	六月十七至十九日（7月15-17日）	六月初一至初三日（6月29日至7月1日）

　　2020年佛祖朱大仙會如期於正月十五日（2月8日）問杯，醮期原訂於三月初五至初八日（3月28-30），但3月中旬香港面臨第二波疫情，大會便於22日通知善信醮會延期，其後政府實施「4人限聚令」，禁止任何室內或室外的四人以上聚會。第二波疫情於4月下旬結束，大會於5月初決定重新問杯，醮期改為閏四月初二至初四（5月24-26日）。5月正值內地實施的南海休漁期（2017年起由5月1日至8月16日），漁民有更多時間和精力投入到醮會工作中，加上年初已預訂紙紮和衣紙，店鋪應是在3月時已作好了準備，所以僅半個月便能如期開壇。

　　雖然兩個水平面醮三年來不間斷，但疫情和防疫措施，對辦醮還是有一定影響的。首先，大會安排工作人員為善信探熱和提醒大家戴好口罩，因為醮船空間有限，工作人員時刻提醒善信不要聚集，盡量在上香後疏散到旁邊停泊的船隻或主醮船的空擴位置，大會和工作人員都對人流管理、安全

圖一　2021年佛祖朱大仙會舉辦的朱大仙水面醮醮場

管理等意識有所提高。其次，相對於疫情期間陸上進行的醮會，大部分都取消齋菜膳食安排，而兩個水面醮在嚴格遵守當時的堂食人數限制下，維持一日三餐的齋菜安排，並要求善信盡量分散落座；佛祖朱大仙會減少每圍人數，為免浪費食物，在不減少菜色的情況下，相對減少每份齋菜的份量；而香港仔合勝堂功德會則專門採購了可重用連蓋餐盤，把飯和齋菜預先裝到餐盤中，再由工作人員分發給善信，既衛生又環保。第三，佛祖朱大仙會因為2020年醮期被動地延至休漁期，亦因休漁期能召集更多青壯年漁民幫忙，所以2021年正月十五日（2月26日）祈杯問醮期時，得到朱大仙的同意，把往年一般在清明前後的醮期改在了休漁期期間。以上前兩點是大會因應疫情和防疫措施而作出的應變工作，也反映了大會那種為建醮而排除萬難的精神；最後一點則是適逢

圖二　2021年香港仔合勝堂功德會核心成員於朱大仙水面醮上合照

疫情而令大會對操作了近百年的醮期慣例，作出了轉變。

　　因應着信俗社群人口老化、漁業式微、漁船減少等因素，這兩個朱大仙水面醮的值理會的不斷求變。2012年佛祖朱大仙會以大會名義購置了一艘曬家船（住家艇），作為日後建醮搭建神壇之用，煮食和其他設施則繼續用漁船。由於這艘曬家船較狹窄，對於人流較多顯得較為擠逼，2022年年初兩名核心成員決定先墊支，以大會名義，在內地專門訂造一艘較寬敞的鐵製曬家船，作為永久醮船，而為了等這艘醮船完工來港，醮期延至7月15日開壇，醮船來港後的數天。這艘醮船設計較為寬敞，分上下兩層，下層中間船艙設有供奉神像和神位的神壇，船尾設廚房和洗手間，上層為善信休息的地方。大會訂造此醮船，便是作永久考慮，盡量把醮會所需要的設施和空間都納入設計中，不怕將來萬一善信沒有漁船可供建醮之用，醮船同時可收納醮會用品，更不排除將來用作永久供奉正宮和行宮的廟船。其實在2020年，香港仔合勝堂功德會十位核心成員也籌錢，以大會名義購買了一艘曬家船，作為供奉正宮、行宮的廟船，2021年曾用為建醮，但2022年不獲海事處批准，故建醮改回用漁船。

　　朱大仙醮會每年散醮時，會請全部善信一起祈杯，每戶代表祈杯十次，以最多勝杯的前兩位善信，分別供奉正宮和行宮一年。以近十年的觀察，每年散醮祈杯的善信人數，不斷下降，2018年香港仔合勝堂功德會約80戶善信，只有約10人參加祈杯，佔約八分之一；2019年佛祖朱大仙會約150戶善信只有不足40戶人參加祈杯，約佔四分之一。根據那些不參與祈杯的善信表示，因為其年紀漸大，擔心不能每日盡心侍奉正宮或行宮，而且逢年過節大眾善信都會到該年供奉正宮或行宮的善信家裏拜神，使得家裏的後輩也不太樂意；而一旦祈杯而結果輪到自己供奉正宮或行宮，便不能拒絕，所以索性不參加。兩個大會有見這不可逆轉的趨勢，都不約而同地打算用曬家船作為日後長期供奉正宮和行宮的場所，香

港仔合勝堂功德會已開始操作。相對於在岸上籌建廟宇，對他們來說，建造廟船的可操作性更大，但接下來，他們要向政府註冊成為廟船，則仍需要再接再厲。

這兩艘曬家船的建造或購買費用，是由部分善信墊支的，這些費用其後會向大眾善信募捐，但收益只佔很少部分；一部分在每年醮金（醮會總開支，每戶善信按實際支出攤分）餘額中撥出；而最大一部分則是收取遊艇泊位租金，一艘曬家船可接受2-3般私人遊艇按月租停泊。這些租金收入，可在償還墊支費用後，作為大會的恒常收入，將來可以減輕善信每年籌措醮金的壓力。

二、澳門朱大仙水面醮

澳門沙梨頭朱大仙水面醮，自1960年代起，便由沙梨頭值理會（今朱大仙菩薩會）主辦，至今已超過半世紀，是澳門現在唯一的醮會而且是水面醮，2017年被列入第一批澳門非物質文化遺產清單。

2020年1月澳門疫情初現，澳門政府隨即暫停往返香港九龍及屯門至澳門的海上航班，隨後也關閉了博彩經營場所和娛樂場所半個月。疫情初發，大家都未知疫情會如何發展，朱大仙菩薩會的澳門居民成員如期於正月十五日（2月8日）在會址祈杯，定醮期為五月初八至初九日（6月28-29日）。其後疫情持續，澳門政府於3月底開始對入境人士實施醫學觀察措施，4月更全面暫停往返港澳的公共交通工具。醮期在即，大會考慮到信善中的香港居民和離澳漁民、主持科儀的香港喃嘸較難入境澳門，所以決定取消該年的水面醮。2020-2022年間澳門也經歷了五波小規模爆發，政府防控仍相當謹慎，一直未對從香港入境人士免檢疫通關，所以2021年、2022年大會亦決定繼續停辦水面醮。

據了解，大會主要考慮的因素有二：一是社團核心成

員和大眾善信，不少人士並非長居於澳門，以2019年社團核心成員為例，18名成員，其中9名是居於香港或遠洋捕魚，而辦醮主力的6人中，便有3人長居於香港；善信中，以2019年該會向澳門海事及水務局申請出入內港碼頭批文的名單（到醮船參拜上香的會員及家屬名單），230人中約有130人是以香港身份證作為身份證明文件的，多於50%。綜合所見，不少於半數的社團核心成員和善信，並非以澳門為長居地。也就是說，至少有一半以上的參加醮會人士，需要在入境澳門時進行隔離醫學監測，時間因應當時疫情而有所改變，三年來澳門的入境檢疫最短也要7日酒店及3日居家，而回港雖然有回港易，但也需要居家隔離，對於在香港工作的善信來說，參加2天醮會卻需要前後差不多半個月的隔離，實在很困難。

　　二是醮場設在內港漁船上，但內港碼頭出入的防控檢查十分嚴謹。疫情以前，澳門內港舢舨碼頭基本上只供持漁民證或船排簿人士出入，其他人士需擔保，所以大會每年在醮期前都須要向澳門海事及水務局申請批文，才能讓善信上落內港舨舢碼頭，到漁船參加醮會。疫情以後，澳門政府加強內港防疫，內港南舢舨碼頭（當時唯一供船民上落的舢舨碼頭）僅為有需要人士提供有限度運作，漁船回澳，所有登岸人員須向海關出示有效的新冠病毒核酸檢測陰性證明，並只能從南舢舨碼頭入境；漁船船長也須提供該漁船之電子航跡記錄，如航跡顯示曾進入中高風險地區，船上人員則須進行14天醫學觀察，有關漁船則須錨泊在獨立檢疫區域內。這些防疫措施持續至2022年，影響着休漁期漁船回澳的意欲，2020年休漁期約有170艘漁船在澳門內港錨泊，2022年休漁期則只有100餘般漁船回澳錨泊。在內港防控措施下，即使準備用作建醮的漁船回澳後順利完成檢疫，而香港善信也願意接受澳門入境檢疫，但南舨舢碼頭也未必會開放給沒有持漁民證或船排薄的善信出入，這才是最關鍵的。2019年

登記善信戶數為71戶，但據理事長所述，只有約10戶仍從事
漁業和擁有漁船，即估計只有約七分一善信持有漁民證或船
排簿。疫情措施下，上落內港舨舳碼頭的批文會更難審批，
所以大會便放棄了籌辦水面醮。

澳門朱大仙水面醮受疫情影響，已停辦了三年，未來會
否繼續舉辦，仍未可知，究其最重要的影響因素，便是醮場
設在不能自由上落的內港漁船上。早在2010年時，大會已意
識到，現時港澳漁民和漁船都在不停地萎縮，澳門朱大仙信
仰社群尤為顯著，每年祈杯問漁船搭棚做醮場的時候都遇到
困難，所以用漁船作醮場實非長遠之計。他們曾想過是否可
以向澳門政府申請把醮場改到內港碼頭或一些空地，像澳門
媽閣廟、路環譚公廟那樣搭棚賀誕。若成功，一方面可以解
決將來可能沒有漁船作醮場的困境，一方面可以方便現時沒
有漁民證或船排簿的善信到醮場參拜，同時也可以吸引其他
岸上人士前來參拜，希望可以擴大信仰傳播圈。對於這個想
法，大會一直沒有採取實際行動，可能是漁民缺乏與政府部
門交涉的經驗，不知該如何行動，再者當時還沒有到十分急
切的地步，加上政府不同部門自2009年開始對水面醮提供經
費資助，令大會放緩了求變的步伐，或者這次持續了三年可
能甚至更長時間的新冠疫情，是一個讓澳門朱大仙水面醮產
生轉變的契機。

三、結　語

香港兩場朱大仙水面醮的主辦單位，在適應疫情環境和
防疫措施下，仍在堅持建醮，並為未來信俗的延續作出了努
力，支持他們的可能就是那種對信仰堅定的信念，以及穩中
求變的情神。太平清醮本是為了酬神祈福、清災解厄而籌辦
的，但香港在新冠疫情肆虐下，大部分集體祈福風俗活動如
醮會、舞火龍、神誕等卻因為限制人群聚集的措施，而被逼

停辦或簡化，令這些活動失去了原本的信俗意義。香港一部分民間信俗正在被動地、漸漸地向形式化、活動化、表演化發展，例如近年漸成旅遊節慶活動的大坑舞火龍、薄扶林舞火龍，疫情下更逼於政府防疫措施而根本無法施展其驅瘟的作用，即使未來復辦，又剩餘多少驅瘟的本意？另有一部分民間信俗，如大部分盂蘭勝會取消了大型醮會，但仍堅持立附薦牌位、頌經超渡的風俗，反璞歸真，更能體會盂蘭勝會祭祀祖先、超渡孤魂的本意。

　　作為澳門非物質文化遺產清單項目之一的澳門朱大仙信俗，信俗傳承人和社會各界都不希望它從此消亡。當然，澳門朱大仙水面醮若真的隨着漁民上岸而「上岸」，便會處於非遺傳承「變與不變」的爭議中。若變，澳門朱大仙信仰甚至澳門都會失去了「水面醮」的傳統，但至少信仰有可能再傳承一段時間；但堅持不變，參加水面醮的善信需要經過重重手續才能參拜，可能會失去很多年青善信，這十年間到澳門朱大仙水面醮船上參拜的中青年家屬，比香港朱大仙水面醮的比例為少，因此當年長善信老去，這個水面醮同樣面臨因善信香火逐漸減少而消亡的困局。所以在這個爭議和權衡中，大家不妨深思，澳門朱大仙水面醮到底要「傳統」還是「傳承」。

香港早期殖民政府與翻譯
（1841-1860）

羅　慧
香港大學饒宗頤學術館

　　英國與中國的往來貿易歷史始自清初。起初，對華貿易由英國東印度公司特許壟斷經營。1833年，該特許壟斷經營權被英國國會廢止。故1834年，英國始於澳門設立駐華商務監督（Superintendent of Trade），以協調中英商貿往來，維護在華英商利益。當時，中英之間因貿易乃至外交層面皆有不同程度的矛盾，終於在1839-1840年間因鴉片問題爆發劇烈衝突，即第一次鴉片戰爭。戰爭期間雙方曾試圖議和，其中談到香港割讓問題，在未達成任何實質協議的情況下，英國於1841年1月強行登陸香港。1842年8月，《南京條約》簽訂，清廷被迫同意割讓香港島給英國。1843年6月，中英代表在香港就《南京條約》換約，標誌著香港殖民政府的正式成立。1856年，「亞羅號」事件引發了長達四年的第二次鴉片戰爭。1860年，隨著戰爭的結束和《北京條約》簽訂，九龍半島界限街以南亦割讓給英國，劃歸香港殖民政府管轄，此政府結構亦隨之發生巨大的調整和變化。[1]

　　這一段時間（1841-1860），即為香港殖民地政府草創之期，其行政架構與人員構成，與後來頗有不同；而其間所用翻譯其人其事乃至相關制度，亦因而頗值得一說。

---

[1]　余繩武、劉存寬著，《19世紀的香港》（北京：中國社會科學出版社，2007），頁33-34。

第一節、香港殖民地的開端與翻譯：1841-1843

1841年1月，英國全權代表、駐華商務總監義律(Charles Elliot,1801-1875)提出《穿鼻條約》草案，其中一條為割讓香港；隨即在並在未取得清廷的確實同意之下強占香港島。1841年1月26日，英國艦隊在香港島水坑口(Possession Point，即今上環荷里活道公園一帶)登陸，升起英國旗。1841年1月29日，義律在與清廷代表琦善(1786-1854)第一次見面之後，匆匆返回香港；2月1日，在船上簽發面向居華外籍人士的公告("Proclamation")，稱經琦善已蓋印確認割讓香港島於英國，英方將在地組建香港政府，權由英國駐華商務監督署充任該政府職能。[2]自此，香港島即基本處於英軍和該「政府」的實際控管之下。[3]但琦善從未在《草約》上簽字，且事後清廷和英國政府均對該條約內容嚴重不滿致使戰事再起，從法律上講，真正的香港殖民政府則要到了1843年6月26日，中英雙方在香港交換《南京條約》，即該條約正式生效之日方正式成立。在這之前的兩年多時間內，特別是1842年8月29日、《南京條約》正式簽署之前，由於香港地位未定，這個所謂的「香港政府」是個頗為尷尬的存在。此外，直到1842年2月底，英國駐華商務監督署的辦公地點才在義律的繼任璞鼎查（又譯砵甸乍，Henry

---

[2] "Journal of Occurrences; Commercial Business; Negotiations; Cession of Hongkong; Treaty; Chusan; Public affairs.," *The Chinese Repository*, Vol. 10, No. 1 (Jan. 1841), p.63-64. 另見：Ian Nish Ed., *British Documents on Foreign Affairs: Reports and Papers from the Foreign Office Confidential Print. From the Mid-Nineteenth Century to the First World War. Series E, Asia, 1860-1914* (Frederick, Md.: University Publications of America, c1989-), Vol. 16, p. 232.

[3] 除了1841年2月20日至3月5日間英軍曾短暫撤離香港，其餘時間在香港均有駐軍。參見Geoffrey Robley Sayer, *Hong Kong, 1841-1862: Birth, Adolescence, and Coming of Age* (Hong Kong: Hong Kong University Press, Reprinted Edition, 1980), pp.100-101.

Pottinger,1789-1856）的命令下由澳門遷往香港，亦即是說，這個「香港政府」的總部前期所在地實際亦是在澳門。[4]大概因為如此，同時也因為英軍主力還被困在戰事中，這段時期的「香港政府」的檔案和資料是不齊全的。[5]但可以肯定的是，這段時間內，英國人在香港一直在推進行政機構、貿易、防務、市政建設等事務。[6]儘管開埠之初，香港人口稀少，[7]但由於其與生俱來的「華洋雜處」特性，使得這個城市的開端，即和翻譯活動聯繫在一起。

一、最初的公告

1841年2月1日，義律與英軍總司令伯麥(J. J. Gordon Bremer,1786-1850)聯合署名，在香港赤柱等地張貼告示，[8]宣佈「是以香港等處居民，現係屬大英國主之子民，故自應恭順樂服國主派來之官，其官亦必將保護爾等安堵，

---

[4]　Peter Ward Fay, *The Opium War, 1840-1842: barbarians in the Celestial Empire in the early part of the nineteenth century and the war by which they forced her gates ajar* (Chapel Hill: University of North Carolina Press, 1975), p. 328.

[5]　如香港政府年度施政報告*(Hong Kong Annual Administration Reports)*中，有關原始資料僅有1841年5月至1843年6月間的收支簡報；此外僅有時任香港殖民地財政司司長的馬丁(Robert　Montgomery Martin,1801-1868)於1844年7月提交的一份報告中還透露有少數信息。參見R. L. Jarman Ed., *Hong Kong Annual Administration Reports 1841-1941* (Oxford: Archive Editions, 1996), Vol. 1, pp.2, 5-15. 而1841-1842年間出版的政府憲報*(Hong Kong Gazette)*亦保存不全。

[6]　余繩武、劉存寬著，《19世紀的香港》（北京：中國社會科學出版社，2007），頁46-47。

[7]　據1841年5月15日《香港憲報》統計，當時香港有華人約7450人；轉引自：The Chinese Repository,Vol.10,No.5(May1841),pp.143-150.

[8]　[清]梁廷枏，《夷氛聞記》（北京：中華書局，1995），頁59-60：「先是，正月，義律、伯麥合出新偽示，張於新安赤柱，曉其居民。」

不致一人致害」。[9]該公告原由英文起草，但由於該告示乃
面向香港的華人居民，故可能只貼出了中文譯本。其譯者不
詳，很有可能是一直跟在義律身邊的英國駐華商務監督署中
文秘書及傳譯官(Chinese Secretary and Interpreter)馬儒翰(John
Robert Morrison, 1814-1843)。

　　除了張貼中文公告，據說，義律還曾在2月2日派馬達
加斯加號(Madagascar)戰艦到香港水域巡弋，隨船的英國駐
華商務監督署助理中文秘書、費倫(Samuel T. Fearon, 1819-
1854)則不時上岸宣讀公告。[10]由於當時香港華人居民中，
很多是說蜑家語的漁民。而派去的費倫在澳門長大，粵語
很是相當流利，故很有可能他宣讀的時候用的是粵語而非
英語。[11]考慮到舊時漁民大多未受教育、不能讀寫，故英國
人安排口頭宣讀安民告示的做法是頗符合現實需要的。但
效果仍是不大理想，據說當時「沒什麼中國人在聽，也不
大懂這意味著甚麼」。[12]

　　至於在赤柱等地張貼的書面告示，在香港本地社群中又
造成了怎樣的影響，由於缺乏資料，我們今天很難猜測了。
但這封告示張貼之後，旋即被鈔報給了廣東巡撫怡良(1791-
1867)。怡良主戰，本來就與主和的琦善不妥，故迅速奏報抄

9　　載《靖逆將軍奕會辦廣東軍務折檔鈔本（選錄）》，中國史學會主
　　　編，《鴉片戰爭》（上海：神州國光社，1954），第四冊，頁241
　　　；又見〈廣東巡撫怡良奏報英人強佔香港並擅出偽示等情折〉，見
　　　中國第一歷史檔案館編《鴉片戰爭檔案史料》（天津：天津古籍出
　　　版社，1992），第三冊，頁93-94；中國第一歷史檔案館，《香港
　　　歷史問題檔案圖錄》（香港：三聯書店，1996），頁58-59。

10　 Peter Ward Fay, *The Opium War, 1840-1842: Barbarians in the
　　　Celestial Empire in the Early Part of the Nineteenth Century and the
　　　War by Which They Forced Her Gates Ajar*, p. 277.

11　 關詩珮，〈翻譯與調解衝突：第一次鴉片戰爭的英方譯者費倫
　　　(Samuel T. Fearon,1819-1854)〉，《中央研究院近代史研究所集
　　　刊》第76期（2012年6月），頁75-76。

12　 Peter Ward Fay, *The Opium War, 1840-1842: Barbarians in the
　　　Celestial Empire in the Early Part of the Nineteenth Century and the
　　　War by Which They Forced Her Gates Ajar*, p. 277.

送了道光皇帝。道光帝閱後極為震怒，在抄件「是以香港等處居民現係屬大英國主之子民」一句邊劃以硃筆，[13]旋下旨將琦善鎖拿解京問罪並抄查其家產。[14]由於當時島上很可能仍有清軍駐守，[15]故這則消息是由清軍官兵、還是由香港居民帶出，亦不能得知。

二、 預備殖民政府的譯官

1841年1月，義律宣佈英國割佔香港，而他作為英國駐華商務總監，總理香港「政府」行政工作，即為事實意義上的「殖民地總督」。自此，在很長一段時間內，香港的總督一直由英國駐華商務總監兼任。

在1841年2月至1843年6月這段時間，香港「政府」並沒有建立起清晰的架構，正式委任的官員也很少；特別是在1842年8月29日、《南京條約》正式簽署之前，明確任命的「殖民地官員」僅有：總巡理府 (Chief Magistrate)威廉‧堅(William Hull Caine,1799-1871，1841年4月任命)[16]、代理行政官(Acting Governor)莊士敦(Alexander Robert

---

[13] 中國第一歷史檔案館，《香港歷史問題檔案圖錄》，頁58-59。

[14] 〈著將擅與香港地方之琦善即行革職抄家鎖拿嚴訊事上諭〉，見中國第一歷史檔案館《鴉片戰爭檔案史料》，第三冊，頁157-158。

[15] 道光二十年十二月二十八日(1841年1月28日)伯麥致大鵬協副將賴恩爵(1795-1848)的照會中，稱「是該島現係歸屬大英國主治下地方」，要求「速將該島各處所有賣國官兵撤回」，故知島上本有駐防；已知文獻中未見賴恩的回覆，但考慮到伯麥信函中亦無聲明要求清兵撤退的期限，短短兩天之內，清兵完全有可能還未撤走。見[日]佐佐木正哉編，《鴉片戰爭前中英交涉文書》（臺北：文海出版社，1976），頁75；另見〈廣東巡撫怡良奏報英人強佔香港並擅出偽示等情折〉，中國第一歷史檔案館編《鴉片戰爭檔案史料》，第三冊，頁94。

[16] "The Hongkong Gazette: Nos. 1 and 2, May 1st and 15th, 1841, Containing Official Notices of the Government and Population of the Island," The Chinese Repository, Vol. 10, No. 5 (May. 1841), p.286.

Johnston,1812-1888，1841年6月任命)[17]、船政道(Harbour Master & Marine Magistrate)威廉‧畢打(William Pedder，1841年7月任命)[18]、郵政署(Post Office)署長(T.G.Fitzgibbon，1841年8月任命)[19]、田土廳廳長(Land Officer)米里歇斯(George F. Mylius，1842年3月任命)[20]等。這些臨時官員多不通曉中文，而此時英國駐華商務監督署中的最傑出的譯官如馬儒翰、郭實臘（又作郭士立、郭實獵等，Karl Gützlaff,1803-1851）等，不是隨軍北上征戰，即忙於與清廷的談判，基本無暇顧及香港本地事務。而這段時間內能顧及香港本地翻譯需要的譯者，只有上文提到的那位據說曾在香港水域為義律宣讀《安民告示》的費倫。

費倫(Samuel T. Fearon,1819-1854)，即後來的倫敦國王學院(King's College London)的首任漢學教席(Professor of Chinese)[21]——應該說他並非一般意義上的漢學家，也未曾留下任何研究著述，其教職乃是來自其特殊的經歷和能力：據學者關詩佩考證，他來自一個活躍於遠東航運貿易的知名家族；其父費爾安(Christopher Augutus Fearon,1788-1866)是

[17] "Journal of Occurrences," *The Chinese Repository*, Vol. 10, No. 6 (Jun. 1841), p.351.

[18] Ho Pui-yin, *The Administrative History of the Hong Kong Government Agencies: 1841-2002* (Hong Kong: Colonial Secretariat, 2004), p.234.

[19] Ho Pui-yin, *The Administrative History of the Hong Kong Government Agencies: 1841-2002*, p.314.

[20] Ho Pui-yin, *The Administrative History of the Hong Kong Government Agencies: 1841-2002*, p.51.

[21] 關詩珮，〈英國倫敦國王學院(King's College, London)首任漢學教授費倫(Samuel T. Fearon,1819-1854)——兼論斯當東(Sire George Thomas Staunton)贊助人的角色〉，關西大學文化交涉學教育研究中心，出版博物館編，《印刷出版與知識環流——十六世紀以後的東亞》（上海：上海人民出版社，2011），頁123-154。另參 Uganda Kwan Sze Pui, "Translation and the British Colonial Mission: the Career of Samuel Turner Fearon and the Establishment of Chinese Studies in King's College, London." *Journal of Royal Asiatic Society of Great Britain and Ireland*, Vol. 24, No. 4 (Oct. 2014), pp.623-642.

出身海軍的前東印度公司大班(Supercargo)，在廣州、澳門
的外商圈子中十分有名望和影響力。費倫本人的童年及青年
時期在澳門度過，因而習得一口流利的廣東話及葡萄牙語，
對本地語言文化、民情風俗非常熟悉；[22]有資料顯示，他甚
至還能唱兩句廣東地方戲曲。[23]1838年11月，費倫被正式委
任為廣州總商會(Committee of the Canton General Commerce)
譯員，時年未滿二十歲，工作中表現不俗，證明他的筆譯能
力也還不錯。[24]1839年3月，林則徐在廣州查禁鴉片時，他更
曾協助英商與廣州行商溝通商議應對方案，與中方官員周旋
等。[25]戰爭爆發之後，費倫轉而服務於馬儒翰領導下的英國
駐華商務監督署中文秘書署，曾隨英艦伯蘭漢號(Blenheim)
參與了1841年1月的穿鼻海戰和1841年2-5月的虎門之役，並
因此獲頒榮譽勳章(Medal of Honour)。[26]

　　1841年5月，二十出頭的費倫在英國駐華商務監督署
中文秘書處文員之外，加任為香港臨時政府的巡理府傳
譯官及文員(Interpreter and Clerk of the Court)；[27]最遲至

---

[22] 關詩珮，〈翻譯與調解衝突：第一次鴉片戰爭的英方譯者費倫 (Samuel T. Fearon, 1819-1854)〉，《中央研究院近代史研究所集刊》第76期（2012年6月），頁48-54。

[23] Gideon Nye, *Peking the Goal, the Sole Hope of Peace Comprising An Inquiry into the Origin of the Pretension of Universal Supremacy by China and into the Causes of the First War: with Incidents of the Imprisonment of the Foreign Community and of the First Campaign of Canton 1841* (Canton: s.n., 1873), p. 21. 5

[24] 關詩珮，〈翻譯與調解衝突：第一次鴉片戰爭的英方譯者費倫 (Samuel T. Fearon, 1819-1854)〉，《中央研究院近代史研究所集刊》第76期（2012年6月），頁56-64。

[25] J. Elliot Bingham, *Narrative of the Expedition to China, from the Commencement of the War to Its Termination in 1842* (London: H. Colburn, 1843), Vol. I, pp.42-51.

[26] 關詩珮，〈翻譯與調解衝突：第一次鴉片戰爭的英方譯者費倫 (Samuel T. Fearon, 1819-1854)〉，《中央研究院近代史研究所集刊》第76期（2012年6月），頁77。

[27] 關詩珮，〈翻譯與殖民管治：香港登記署的成立及首任總登記官費倫Samuel T. Fearon (1819-1854)〉，《中國文化研究所學報》第54期（2012），頁102。

該年8月，又兼任公證人及死因裁判官(Notary-Public and Coroner)[28]。但由於費倫曾在廣州作戰時染上重病，[29]身體轉差，1842年5月，他曾要求離開香港，回英國休養一段時間。[30]1843年5月，回到香港的費倫被提名擢昇副巡理司(Assistant Magistrate of Police)。[31]從他這一時期履歷的零星記錄不難發現，他實際在香港的時間也是很有限的。而他作為香港臨時殖民政府任命的翻譯官，在本地所起的實際作用可能並不一定很明顯。但這一早期職位的產生，本身即足夠意味深長，從某種意義上講，費倫與他在香港預備政府中的職位，象徵著翻譯作為香港殖民地統治架構中不可或缺的內在組成。

三、服務政府的華人譯員：

香港開埠之後，隨著市政建設的推進，島上華人人口迅速增加，由最初的7500人，1842年3月即升至12361人。[32]雖然筆者目前未在任何官方檔案找到相關記錄，但從其他文獻資料可知，在香港殖民政府正式成立前，即已開始僱用華人為其服務。如：

---

[28] "Journal of Occurrences," *The Chinese Repository*, Vol. 10, No. 8 (Aug. 1841), p.479.

[29] Peter Ward Fay, *The Opium War, 1840-1842: Barbarians in the Celestial Empire in the Early Part of the Nineteenth Century and the War by Which They Forced Her Gates Ajar,* p. 304.

[30] Great Britain, Colonial Office Records (C. O.) 129/12/300, Fearon to F. W. Bruce, 23 Jul. 1845; 關詩珮，〈翻譯與調解衝突：第一次鴉片戰爭的英方譯者費倫(Samuel T. Fearon, 1819-1854)〉，《中央研究院近代史研究所集刊》第76期（2012年6月），頁78。按：據《中國叢報》1843年1月號刊發的居華外籍人士名錄，未見費倫之名，即最遲至此時，他還未回到中國。參見*The Chinese Repository*, Vol. 12, No.1 (Jan.1843),pp.14-17.

[31] *Hongkong Bluebook for the Year 1844,* p. 72.

[32] R. Montgomery Martin, "Report on the Island of Hong Kong: 24 July 1844." In: R. L. Jarman Ed., *Hong Kong Annual Administration Reports: 1841-1941*, Vol. 1, p. 11.

1.梁進德(Liang Tsen Teh, 1820-1862)

中方文獻記錄中又作梁植、梁秩等，[33]英文文獻中則多寫作「阿德」（A-teh），第一位華人宣教士梁發之子，生於1820年，1823年由馬禮遜(Robert Morrison,1782-1834)施洗為基督徒。梁發期望其子能學好英文，將來協助修訂中文《聖經》，故梁進德由1830年起，從美國傳教士裨治文(Elijah C. Bridgman,1801-1861)研習英文、希伯來文、《聖經》等，期間曾從其父赴新加坡生活。1839年5月底，林則徐差人到澳門將躲在美國商人家中的梁進德帶走，以優厚薪水聘其為口頭與書面翻譯(interpreter andt ranslator)，當時梁進德還不滿二十歲。[34]

在諸來華傳教士眼中，梁進德的教育「尚未完成」（"but half completed"）[35]，但已是林則徐的譯員中英語最好的一位，「能正確而流利地閱讀與翻譯各種一般文獻」[36]。此外，他在入林則徐幕之後，受命精進中國傳統文史知識。[37]在職期間，除新聞紙外，還參與唐寧(Charles Toogood Downing)《番鬼在中國》(Fan-quisin China)、莫瑞(Hugh Murray,1735–1791)《地理百科全書》(An Encyclopædia of Geography)的中譯工作。1840年10月林則徐離任后，仍私人雇用梁進德一段時間，並曾打算將他介紹給新任欽差大臣琦

---

[33] 季壓西、陳偉民，〈從林則徐到郭嵩燾：中國近代認識到排除語言障礙重要性的先行者〉，《中國近代通事》（北京：學苑出版社，2007），頁319。

[34] 蘇精，〈林則徐的翻譯梁進德〉，《中國，開門！馬禮遜及相關人物研究》（香港：基督教中國宗教文化研究社，2005），頁219-239。

[35] "The Third Annual Report of the Morrison Education Society," *The Chinese Repository,* Vol. 10, No. 10 (Oct. 1841), pp.576-577.

[36] Bridgman, "Crisis in Opium Traffic." *The Chinese Repository*, Vol. 8, No. 1 (Jun. 1839), p.77.

[37] "The Third Annual Report of the Morrison Education Society," *The Chinese Repository*, Vol. 10, No. 10 (Oct. 1841), pp.576-577.

善(1786-1854)。[38]

　　顯然，林則徐對梁進德的工作應當是相當滿意的。而為林則徐工作的經歷也無疑對梁進德頗多裨益。裨治文主編的《中國論叢》（Chinese Repository）在1843-1848年間先後刊載有三篇梁進德的文章，分別是《粤東同官錄》一書的評介[39]、《清會典·禮部·主客清吏司》撮譯[40]及一篇民間祭祀疏文的譯介[41]。這些英文作品或經過裨治文的修訂潤色，但亦體現了梁進德的中文傳統文史理解及英文寫作的綜合能力。

　　離開林則徐之後，梁進德轉向政商活動。除在1842年曾短暫的在香港任警察署翻譯外，1844年受僱於廣州行商潘仕成(1804-1873)；後由潘仕成轉薦，入欽差大臣、兩廣總督耆英(1787-1858)幕，至1846年。另一方面，又隨裨治文及美國使團，作為美方翻譯參與1844年《望廈條約》談判、1854年與太平天國交涉及《南京條約》修約談判等；亦在1847-1852年間隨與裨治文在上海參與中文《聖經》修訂工作，時長五年。[42]1860-1862，梁進德任職於英人李泰國(Horatio Nelson Lay,1832-1898)轄下的中國海關，逝世前官至潮海關副稅務

38　蘇精，〈林則徐的翻譯梁進德〉，《中國，開門！馬禮遜及相關人物研究》（香港：基督教中國宗教文化研究社，2005），頁227-231。

39　"Yuetung Tung Kwan Lu 粤東同官錄,or a Catalogue of the Officers in the Province of Kwangtung or Canton," The Chinese Repository, Vol. 12, No. 10 (Oct. 1843), pp. 505-513.

40　"Embassies to the Court of Peking, Indicating the Way They Come, the Period of Time, and the Number of Persons Composing Them," The Chinese Repository, Vol. 14, No. 4 (Apr. 1845), pp. 153-156.

41　"A Perspicuous Form of Prayer, Returning Thanks to Heaven in Fulfillment of Vows 答天酬原文疏," The Chinese Repository, Vol. 17, No. 7 (Jul. 1848), pp. 365-366..

42　蘇精，〈林則徐的翻譯梁進德〉，《中國，開門！馬禮遜及相關人物研究》（香港：基督教中國宗教文化研究社，2005），頁234-236。

司。[43]

2.朱清(Choo Tsing)

　　還有一位馬禮遜施洗的最後一位信徒的朱清，也曾服務於香港政府。此人據說秀才出身，曾在1819-1832年間斷續駐倫敦傳道會馬六甲佈道站，教授後以創立上海墨海書館聞名的英國傳教士麥思都（Walter　　　Henry Medhurst，1796-1857）中文，也曾任英華書院中文/官話教授，教授《書經》、《明心寶鑒》等中國經典，集體禮拜中以官話對眾朗讀中文聖經或其他傳教書刊內容，也指點學生的中文寫作。[44]1832年，他在返回中國，求得馬禮遜為其施洗，並任其中文助手；[45]1834年，他因受到梁發在廣州散發傳教書刊案牽連，逃逸而去。[46]1844年10月，英國聖公會傳教士施美夫(George　Smith,1815–1871)和麥克祺(T. M. M'Clatchie,1813-1855)在廣州的伯駕住處又遇見了他；施美夫的記錄暗示，朱清曾赴香港投奔馬儒翰，因而得以被香港政府僱用，但在馬儒翰病逝後兩個月內（按：即1843年10月），不明原因地被解僱，因而窮困潦倒。[47]他受僱於香港

---

[43]　麥沾恩(G. H. McNeur)著，胡簪雲譯，《梁發傳》（China's First Preacher，香港：基督教輔僑出版社，1955），頁114。另參蘇精，〈林則徐的翻譯梁進德〉，《中國，開門！馬禮遜及相關人物研究》，頁236-237。

[44]　蘇精：〈英華書院的教師朱清〉，《中國，開門！馬禮遜及相關人物研究》，頁261-268。

[45]　Eliza A. Morrison, *Memoirs of the Life and Labours of Robert Morrison* (London: Orme, Brown, Green, and Longmans, 1839), Vol.2, pp. 463-464.

[46]　Walter H. Medhurst, *China: Its State and Prospects, with Special Reference to the Spread of the Gospel; Containing Allusions to the Antiquity, Extent, Population, Civilization, Literature, and Religion of the Chinese* (London: John Snow, 1838), p.298.

[47]　George Smith, *A Narrative of an Exploratory Visit to Each of the Consular Cities of China, and to the Islands of Hong Kong and Chusan, in Behalf of the Church Missionary Society, in the Year 1844, 1845, 1846* (London: Seeley, 1847), p. 8.

政府時之工作內容，施美夫並未記錄；但亦應是中文教學或
協助翻譯工作。

除了梁進德與朱清外，很可能還有其他的華人翻譯或中
文教師通過非正式的僱用方式服務於這一時期的香港政府。
考慮到梁進德和朱清同樣具有基督教背景，在1840年代前
後曾進入中國傳教的教會組織留下的海量檔案和個人回憶錄
中，或還存其他相關記載，有待進一步鈎沉。

第二節、早期殖民政府中的譯員：1843-1861

1843年6月22日，中英在香港舉行《南京條約》換文儀
式，這也是香港殖民地政府正式成立之日。[48]換約儀式結束
之後，璞鼎查根據英女王簽署之《香港憲章》(Hong Kong
Charter)，宣誓就任香港總督；同時，璞鼎查仍兼任英國駐華
全權公使及商務監督，並總領五個通商口岸所設立之英國使
館。[49]這種香港地區總管、對華商務與外交之權柄集於一人
的安排，歷經璞鼎查（1843-1844年在任）、戴維斯（1844-
1848年在任）、文翰（Sir Samuel George Bonham[1803-1863]
，1848-1854年在任）、包令（Sir John Bowring[1792-1872]
，1854-1859年在任）四任總督，直到第二次鴉片戰爭期間，
額爾金伯爵八世(James Bruce, 8th Earl of Elgin,1811-1863)在
1857年受命出任英國駐華全權公使才宣告終止。[50]而1860年
簽訂的《中英北京條約》定明九龍割歸英屬香港管轄之
餘，亦確保了英國人得以在北京設立公使館；這才使得英
國駐華外交中心徹底搬離香港，香港殖民政府的職能才得

48　Charles Collins, *Public Administration in Hong Kong* (London: Royal
　　Institute of International Affairs, 1952), p.43.

49　Frank Welsh, *A History of Hong Kong* (London: HarperCollins
　　Publishers, 1993), pp. 156.

50　Frank Welsh, *A History of Hong Kong*, pp. 156, 190, 198, 207.

以獨立。[51]

一般來說，英國海外殖民地總督歸殖民地部(Colonial Office)管轄，而駐華商務署、駐華使館這樣的涉外部門則屬於外交部(Foreign Office)下的編制；這一時期的總督，因而受到兩個不同部門的雙重領導。而這種特殊的雙重領導制，也使得這一時期香港政府的人員配備，特別是譯官的配備方面，受到了相當影響。

一、香港總督/英國駐華商務監督中文秘書

香港殖民成立之後，英國駐華商務監督署總部繼續設在香港，該署下的中文秘書及譯官，亦常駐香港。嚴格來說，這些譯者屬於駐華外交人員，故他們均不算是香港政府的公務人員，亦不被納入歷年的香港政府年度報告《藍皮書》(Blue book)收錄的香港政府〈公務人員編制〉("Civil Establishment")的統計。[52]但由於到這段時期港督身份及職責的特殊性，在論述這一時期的香港政府的翻譯活動、特別是譯官配備情況時，亦需要將他們納入討論範圍。

從現有資料看，或是由於五口通商之後需要在廣州等地派駐使節、分薄了原本就稀缺的翻譯人員資源，英國駐華商務監督中文秘書處的編制與鴉片戰爭爆發之初相比似乎有所縮減，通常僅在中文秘書(Chinese Secretary)之下，設助理中文秘書(Assistant Chinese Secretary)一名，偶有額外譯員(Supernumerary Interpreters)或實習譯員(Student Interpreters)；此外，有時亦僱用華人書手或傳譯(Chinese

---

[51]　Frank Welsh, *A History of Hong Kong*, pp. 208-210.

[52]　參見1844-1859年之*Hongkong Bluebook*。

Writersor Interpreters).[53]其中重要的譯者有：

1.　馬儒翰

　　香港殖民地政府正式成立之後，當時駐華商務監督中文秘書馬儒翰被任命為香港政府之中文秘書(Chinese secretary to the government of Hongkong)，[54]後身兼署理輔政司及財政司(Acting Secretary and Treasurer)[55]、立法局(Legislative Council)與行政局(Executive Council)議員。[56]

　　馬儒翰是傳教士馬禮遜之子，出生於澳門，死後亦葬於澳門，終年僅二十九歲。馬儒翰幼年時，馬禮遜即計劃將其培養為中國學者，為對華傳教服務。故他十二歲起開始隨父親輾轉澳門、廣州、馬六甲等地，並努力學習中文，通廣東話和官話；甚至還涉略活字、石板印刷術及滿文。馬儒翰成長迅速，十六歲時即為在華英商聘為譯員。二十歲時，馬禮遜病逝，馬儒翰即繼承父職，出任英國駐華商務監督中文秘書兼翻譯，工餘勤於著述，內容涵蓋中國地理、語文、政治時事、中外關係、商業貿易、時事、文獻翻譯等內容，其對中國之深刻理解深受英人尊敬。義律對其尤為器重及信任，在郭實臘等其他譯員之上，除文書翻譯多倚仗馬儒翰之外，在對華具體事務上也經常咨詢他的意見。馬儒翰亦因此參與

---

[53]　"List of All Persons Serving on the Fixed Establishment of the Superintendency and Consulates in China on the First Day of January 1852," Great Britain, Foreign Office Record (F. O.) 17/187/01, Bonham to Palmerston, 1 Jan. 1852; *An Anglo-Chinese Calendar for the Year of Our Lord 1856: Nearly Corresponding to the Year in the Chinese Cycle Era 4493, or the 53d Year of the 75th Cycle of Sixty; Which is the Sixth Year of the Reign Hienfung* (Canton : No. 2, Mingqua's Hong, 1856), p. 85.

[54]　"Hongkong Official Notices," *Chinese Repository,* Vol. 12, No. 7 (Jul. 1843), p. 383.

[55]　"Government Notification," *The Friends of China and Hong-Kong Gazette*, Vol. 2, No. 68 (6 Jul. 1843), p.67.

[56]　"Hongkong government notifications," *Chinese Repository*, Vol. 22, No. 8 (Aug. 1843), p. 445.

情報蒐集、乃至參贊劃策的工作。[57]義律奉命回國之後，璞鼎查與中國官員交涉的文書、照會等的翻譯，亦主要落在馬儒翰身上；《南京條約》的中譯本，他亦出力最大。香港開埠之後，他本應有更多表現的機會。惟他於1843年8月底離世，其時距離香港政府正式成立僅三個月，未能多有建樹。

2.　　郭實臘

馬儒翰突然逝世之後，香港殖民政府以極高規格為之舉哀，[58]璞鼎查更將他的死亡形容為「國家不可彌補的損失」("anirreparable　national　calamity")[59]。這固然彰顯了英國方面對譯者的重視，但同時也反映了英國缺乏翻譯之才的隱憂。當時《五口通商附粘善後條款》的談判和翻譯尚未完成，由羅伯聃(Robert Thom, 1807-1846)勉強接替，但羅伯聃的中文程度不如馬儒翰。這種情況下，璞鼎查不得不把當時身在舟山的郭實臘召回香港，由他填補馬儒翰留下的空缺；據1843年9月14日《中國之友暨香港憲報》(The Friend of China and Hongkong Gazette)上刊發的一則〈政府委任公告〉("Government Appointments")，郭實臘接任的職務與馬儒翰完

57　Lindsay and May Ride, "John Robert Morrison", *An East Indian Company Cemetery: Protestant Burials in Macau* (Hong Kong: Hong Kong University Press, 1998), pp. 235-237. 蘇精：〈馬儒翰——青出於藍的中國通〉，《中國，開門！馬禮遜及相關人物研究》（香港：基督教中國宗教文化研究社，2005），頁169-201；王宏志，〈第一次鴉片戰爭中的譯者——下篇：英方的譯者〉，《翻譯史研究2012》（上海：復旦大學出版社，2012），頁1-32。

58　"The Memory of the Righteous. A Funeral Sermon Preached on the 10th of Sept. 1843, on the Occasion of the Death of the Hon. J. Robt. Morrison, Member of the Legislative Council of Hongkong and Chinese Secretary to H. M.'s Government in China," *Chinese Repository*, Vol. 22, No.9 (Sep. 1843), pp. 456-464.

59　"Obituary," *The Asiatic Journal and Monthly Miscellany*, Vol. 2, Series 3 (London: Wm. H. Allen & Co., Nov.-Apr. 1844), pp. 439-440.

全相同，即「英國駐華商務監督署及香港政府中文秘書」。[60]
郭實臘一直在這個職位上，直到他1851年8月9日逝世。[61]

儘管名為「香港政府中文秘書」，郭實臘的名字一直
不見於《藍皮書》；[62]但同樣，就現存的早期《藍皮書》來
看，「香港政府中文秘書」或類似的職銜或許從未正式存在
過。[63]郭實臘的這一公開職務和實際編制之間的落差，或許
只是一種財務安排上的考慮，也就是說從某種程度上，這反
映了當時英國駐華商務監督署首席譯官，是兼有為港督乃至
香港政府提供翻譯服務的實際任務的。但與他的前任馬儒翰
乃至後來的幾位接任者不同，郭實臘一直被視為「在香港政
府始終是一個局外人，從來沒有成為香港殖民社會的一部
分」；[64]他也一直未能如馬儒翰般獲得過香港立法局、行政
局這樣的任命。[65]這和他不是英國公民，一直未能取得英國
政府的完全信任有關。[66]

郭實臘原為普魯士來華傳教士，是天生的語言天才，
早年即通曉數門歐洲語言；1827年來到亞洲，獨立傳教於
在印尼、馬來西亞等地，亦很快學會了多種東南亞語言；他
在東南亞傳教期間對中國發生興趣，並因此在數年間掌握了

[60] "Government Appointment," *The Friends of China and Hong-Kong Gazette*, Vol. 2, No. 78 (14 Sep. 1843), p.118.

[61] "Journal of Occurrences," *The Chinese Repository*, Vol. 20, No. 7 (Jul. 1851), pp.511-512.

[62] G. B. Endacott, *A Biographical Sketch-Book of Early Hong Kong* (Hong Kong: Hong Kong University Press, 2011), p. 107.

[63] 參見1844-1930年之*Hongkong Bluebook*。按，歷年香港政府《藍皮書》中，1848、1855-1857、1859-1861年份報告，筆者多方查找均未得寓目，或今已不存，待考。

[64] Jessie Gregory Lutz, *Opening China: Karl A. Gützlaff and Sino-Western Relations, 1827-1852* (Grand Rapids, Michigan: William B. Eerdmans Publishing Company, 2008), p. 114.

[65] 參見1844-1851年之*Hongkong Bluebook*。

[66] Jessie Gregory Lutz, *Opening China: Karl A. Gützlaff and Sino-Western Relations, 1827-1852*, pp. 114-115.

中文，能讀寫，並精通官話、粵語、閩南語、潮州話、客家
話等。為了傳教方便，他取中國名字，穿中國服飾，更入
籍福建郭氏宗族，善於與華人百姓打交道。[67]1831年來到澳
門之后，他不惜一切代价深入中國深海和內地，曾以翻譯及
醫官身份，多次隨英國商船甚至鴉片船北上，沿途伺機傳
教；他的傳教熱情得到了同行的尊敬，但他不擇手段的行事
作風和性格也惹來不少非議。[68]1834年，迎娶英籍妻子瑪麗
(MaryWanstall,?-1849)，後者婚後不久即在澳門開辦主華人
女子慈善學校。[69]同年，郭實臘作為譯官受僱於英國駐華商
務監督署，地位僅在馬儒翰之下。[70]

　　鴉片戰爭爆發之後，他先後服務於義律和璞鼎查，隨
英軍曾到廈門、定海、寧波、上海、鎮江等地。戰爭中，中
英雙方官方文件往來的翻譯由馬儒翰負責，郭實臘主要負責
口譯，但也偶爾翻譯一些中方的公告。[71]雖然身為「外籍人
士」而未能獲得英國人的完全信任，但他出色的語言天賦和
對中國社會的深入了解顯得尤為可貴，對英軍在情報搜集乃
至戰略決策方面，都給了很大幫助；甚至曾一度擔任英軍佔
領下的定海「知縣」，成功地穩定了當地的局面。[72]

　　郭實臘到香港任職之後，先後有馬理生(Martin

[67]　Jessie Gregory Lutz, *Opening China: Karl A. Gützlaff and Sino-Western Relations, 1827-1852*, pp. 38-53.

[68]　JJessie Gregory Lutz, *Opening China: Karl A. Gützlaff and Sino-Western Relations, 1827-1852,* pp. 69-85.

[69]　Jessie Gregory Lutz, *Opening China: Karl A. Gützlaff and Sino-Western Relations, 1827-1852*, pp. 61-65.

[70]　Jessie Gregory Lutz, *Opening China: Karl A. Gützlaff and Sino-Western Relations, 1827-1852*, pp. 90-92.

[71]　王宏志，〈第一次鴉片戰爭中的譯者──下篇：英方的譯者〉，《翻譯史研究2012》（上海：復旦大學出版社，2012），頁17。

[72]　Jessie Gregory Lutz, *Opening China: Karl A. Gützlaff and Sino-Western Relations, 1827-1852*, pp. 99-110. 王宏志，〈第一次鴉片戰爭中的譯者──下篇：英方的譯者〉，《翻譯史研究2012》，頁17-24。

C. Morrison,1827-1870，老馬禮遜第四子、馬儒翰之弟)[73]、威妥瑪(Thomas F. Wade,1818-1895)[74]等英籍人士在他手下任助理中文秘書；此外，他的辦公室中還有十來位華人為其服務，其中包括為他在香港所創立的傳教組織福漢會(ChineseUnion)中的重要成員。[75]這個小團隊的主要工作是翻譯中英雙方的往來通訊，其所涉內容廣泛，除中英交涉之傳統重心貿易相關外，還涉及基督教在華宣教問題；此外，他們還定期將《京報》及其他中文出版物譯成英文。[76]

除了為英國政府對華事務服務外，郭實臘也深入在各方面為香港本地事務貢獻其語言天分。他長期協助香港政府與華人有關事務。例如，早期巡理府曾提議香港歐裔人士可將其私聘的華人看更去面見郭實臘，由他判斷其人是否清白可靠；郭實臘更屬志願提供服務。[77]此外，郭實臘亦為經港貨船編訂統計年鑒，為港督提交給倫敦的年度報告提供資

---

73 "Establishments of H. B. M. Plenipotentiary and Superintendent of Trade in China." *The Chinese Repository*, Vol. 14, No. 1 (Jan. 1845), p.17; "Establishments of H. B. M.'s Minister Plenipotentiary and Chief Superintendent of British Trade in China." *The Chinese Repository,* Vol. 15, No. 1 (Jan. 1846), p.8.

74 "Her Britannic Majesty's Superintendency and Consular Establishments in China." *The Chinese Repository*, Vol. 17, No. 1 (Jan. 1848), p.9; "Consular Establishments in China." *The Chinese Repository*, Vol. 18, No. 1 (Jan. 1849), p.9; "Diplomatic Establishments in China." *The Chinese Repository,* Vol. 19, No. 1 (Jan. 1850), p.15; "Diplomatic Establishments in China." *The Chinese Repository,* Vol. 20, No. 1 (Jan. 1851), p.16.

75 Jessie Gregory Lutz, *Opening China: Karl A. Gützlaff and Sino-Western Relations, 1827-1852*, pp. 111-112. 福漢會的重要亞裔成員。參見：蘇精，〈郭實臘與其他傳教士的緊張關係〉，《上帝的人馬：十九世紀在華傳教士的作為》（香港：基督教中國宗教文化研究社，2006），頁61-63。

76 Jessie Gregory Lutz, *Opening China: Karl A. Gützlaff and Sino-Western Relations, 1827-1852*, pp. 111.

77 James William Norton-Kyshe, *The History of the Laws and Courts of Hong Kong from the Earliest Period to 1898* (Hong Kong : Vetch and Lee, 1971), Vol. I, p.42.

料。[78]他還倡議在香港興建面向公眾開放的，以蒐集和研究本地植物；該倡議在他身後才得以實施，即香港植物公園（今名香港動植物公園）。[79]

郭實臘的中文水平在當時堪稱一絕，甚至經常被中國人誤認為本地人。[80]他一生中文著述、譯著甚夥，據統計有61種之多。[81]但他的翻譯也並非毫無爭議，據說在1848年，倫敦傳道會傳教士、著名漢學家理雅各(James Legge,1815-1897)即曾寫信給《德臣西報》(China　Mail)，信中強烈攻擊了郭實臘所譯的一份香港政府致中國貨船水手公告中的某句「誤譯之處」；[82]兩人爭執的重心很快轉移至郭實臘的傳教方法上，故這單公案並未產生多大影響。[83]但在涉及中英兩國的重要交涉之中，郭實臘至少有一次翻譯失誤造成了較為嚴重的後果。

前文提到，廣州民眾對英國人入城居住一直十分抵觸，甚至為此多次聚眾鬧事，故英國人雖然得到耆英准許英國官民入城居住的保證，但一直遲遲未能得償所願。[84]1849年4月，港

---

[78]　Jessie Gregory Lutz, Opening China: *Karl A. Gützlaff and Sino-Western Relations, 1827-1852*, pp. 111-112.

[79]　何佩然，《城傳立新——香港城市規劃發展史（1841-2015）》（香港：中華書局，2015），頁7-8。

[80]　季壓西、陳偉民，《來華外國人與近代不平等條約》（北京：學苑出版社，2007），頁372-373。

[81]　Alexander Wylie, *Memorials of Protestant Missionaries to the Chinese: Giving A List of Their Publications, and Obituary Notices of the Deceased* (Shanghae: American Presbyterian Mission Press 1867), pp. 56-63.

[82]　Jessie Gregory Lutz, *Opening China: Karl A. Gützlaff and Sino-Western Relations, 1827-1852*, pp. 111-112. 按：該處引自倫敦傳道會檔案中1848年11月29日理雅各致倫敦傳道會秘書梯德曼(ArthurTidman)之信函。

[83]　Jessie Gregory Lutz, *Opening China: Karl A. Gützlaff and Sino-Western Relations, 1827-1852*, pp. 111-112. 另參：蘇精，〈郭實臘與其他傳教士的緊張關係〉，《上帝的人馬：十九世紀在華傳教士的作為》，頁57-61。

[84]　季壓西、陳偉民，《來華外國人與近代不平等條約》，頁538-539。

督文翰履新，但兩廣總督徐廣縉(1797-1869)仍以民意為由拒絕
英國人進入廣州城居住，幾番文書往來之後，文翰為避免進一
步衝突，於4月9日起草了一份致徐廣縉的照會，說：

> The question rests where it was, and must remain
> in abeyance. The discussion of it cannot, at present,
> be farther prosecuted between Your Excellency and
> myself.[85]

意即「所談問題（即入城問題）到此為止，先把它擱置
起來；閣下同我有關此事的探討，目前無法繼續下去」。[86]
然而郭實臘將其翻譯成了：

> 所議之款，今如前未定，必須存候也。現在
> 本大臣與貴大臣，更不得辯論此事矣。[87]

嚴格說這一段文字英文原文已經表述不夠清晰，而這
一段譯文，更被徐廣縉乃至廣州全城民眾理解為「現經議定
以後，再不辯論進城之事」[88]。之後，徐廣縉及其繼任葉名
琛(1809-1859)繼續利用該照會中文本抵制英國人的入城要
求，認為英國人出爾反爾，背信棄義。[89]而英國人自己也很
快意識到了這一問題，英國首相巴麥尊(Henry John Temple,
3rd Viscount Palmerston, 1784-1865)也曾訓斥文翰的行文表述

85　F. O. 17/154, Bonham to Palmerston, No. 45, Apr. 9, 1849.

86　黃宇和編著，《兩次鴉片戰爭與香港的割讓：史實和史料》（臺
北：國史館，1998），頁51。

87　[日]佐佐木正哉編，《鴉片戰爭後の中英抗爭：資料篇稿》，（
東京：近代中國研究委員會，1964），頁144。黃宇和編著，《兩
次鴉片戰爭與香港的割讓：史實和史料》，頁51。

88　〈道光二十九年(1849)癸丑〔四月十五日，即公元五月七日〕：徐
廣縉等奏英人進城之議已寢折〉，見：[清]文慶等編，齊思和等整
理，《籌辦夷務始末（道光朝）》（北京：中華書局，2014），第
6冊，頁3185。

89　季壓西、陳偉民，《來華外國人與近代不平等條約》，頁541-544。

「譯成外文時很容易就帶有現在中國人所理解的意思,即英國政府將永不再談入城問題」。[90]但英國人惱羞成怒之餘並不善罷甘休,終於借在1856年借風馬牛不相及的「亞羅號」事件為藉口再度提出入城要求,是為第二次鴉片戰爭之導火線。[91]當然,第二次鴉片戰爭的爆發故有其深刻的因由,並非「入城」問題這麼簡單,但郭實臘的翻譯,多少也對這場戰事的發生,起到了推波助瀾的作用。[92]

儘管如此,英國人仍認同郭實臘的語言天分和他對中國文化的了解,認為他為英國在華利益作出了很大貢獻。儘管郭實臘不是本國人,他的性格和行事作風廣招非議,他甚至與殖民地政府、英國傳教團體常有衝突,但他仍安穩地履行他身為「英國駐華商務監督署及香港政府中文秘書」的職務直至去世。[93]他的喪禮港督文翰和港府高級官員皆出席;[94]至今,香港仍有以他命名的街道,即中環吉士笠街(Gutzlaff Street)。

3.麥華陀

郭實臘的繼任是麥華陀(Walter Henry Medhurst, Jr., 1822-1885)。麥華陀是著名的倫敦傳道會傳教士、漢學家麥都思(Walter Henry Medhurst, 1796-1857)之子。麥都思1816-1843年間在南洋傳教,前後長達二十餘年,1843年之後來到上海,創立有著名的墨海書館(The Lond on Missionary Society Press)

---

[90]　黃宇和編著,《兩次鴉片戰爭與香港的割讓:史實和史料》,頁51。

[91]　J. Y. Wong, "The Arrow Incident: A Re-appraisal", *Modern Asian Studies*, Vol. 8, Issue 3 (May 1974), pp. 373-389. 另參見黃宇和,《孫中山:從鴉片戰爭到辛亥革命》(臺北:聯經出版事業股份有限公司,2006),頁113-134。

[92]　黃宇和編著,《兩次鴉片戰爭與香港的割讓:史實和史料》,頁51-52。

[93]　Jessie Gregory Lutz, *Opening China: Karl A. Gützlaff and Sino-Western Relations, 1827-1852*, pp. 114-116.

[94]　Jessie Gregory Lutz, *Opening China: Karl A. Gützlaff and Sino-Western Relations, 1827-1852*, pp. 115.

。[95]麥華陀即在巴達維亞（今印尼雅加達）出生，十六歲時隨父前往澳門接受教育，因而通荷蘭語、馬來語及中文。[96]鴉片戰爭爆發時，他被委任為英國駐華商務監督署文員，在中文秘書馬禮遜轄下工作。[97]戰爭中，他的語言能力得到了璞鼎查的重視，1841年10月至1842年12月間，他駐守舟山，任英軍翻譯，因而得到表彰。[98]五口通商之後，他先後任英國駐上海領事館傳譯官(Interpreter,1843-1848)[99]、廈門領事館代理副領事(Acting Vice Consular,1848-1849)[100]等。1851年8月（即郭實臘逝世後）起，被調任為英國駐華商務監督署中文秘書，任期至1854年11月、他被升調為福州領事館總領事(Consul)為止。[101]之後他還曾擔任英國駐杭州、漢口領事

95 麥都思之生平及著述參見Alexander Wylie, *Memorials of Protestant Missionaries to the Chinese: Giving A List of Their Publications, and Obituary Notices of the Deceased*, pp.25-41。墨海書樓之歷史與貢獻參見任莎莎，〈墨海書樓研究〉（濟南：山東師範大學碩士學位論文，2013）。

96 P. D. Coates, *China Consuls: British Consular Officers, 1843-1943* (Hong Kong: Oxford University Press, 1988), p.12.

97 "List of H.B.M. forces," *The Chinese Repository*, Vol. 10, No. 10 (Oct. 1841), p.58.

98 C.A. Harris, rev. T. G. Otte, "Medhurst, Sir Walter Henry (1822-1885)". In: H. C. G. Matthew and Brian Harrison Ed., *Oxford Dictionary of National Biography: in Association with the British Academy, from the Earliest Times to the Year 2000* (Oxford, New York: Oxford University Press, 2004), Vol. 37, p.687.

99 Helen Bryant and Huimin Lo, *British Diplomatic and Consular Establishments in China: 1843 -1949*, Pt. 2: 1793 -1949 (Taipei: SMC Pub., 1854), p. 345.

100 Helen Bryant and Huimin Lo, *British Diplomatic and Consular Establishments in China: 1843 -1949*, Pt. 2: 1793 -1949, pp. 7-8.

101 C.A. Harris, rev. T. G. Otte, "Medhurst, Sir Walter Henry (1822-1885)". In: H. C. G. Matthew and Brian Harrison Ed., *Oxford Dictionary of National Biography: in Association with the British Academy, from the Earliest Times to the Year 2000,* Vol. 37, p.687.

等。[102]

　　麥華陀在香港工作僅有三年左右，他在這段時間內之工作表現等亦缺乏文獻記錄。這大概也與這三年內，中英之間並無發生較大衝突有關。

4.威妥瑪

　　麥華陀之後，繼任英國駐華商務監督署中文秘書一職的是威妥瑪。

　　威妥瑪出生於一個蘇格蘭軍官家庭，有著不凡的語言天分，曾入讀劍橋大學，研讀外國語言，後承父業入伍，領中尉銜。1842年6月，他隨遠征軍抵達香港。由於他在來華的途中堅持自學漢語，且進展不俗，甫抵埠即被委任為艦隊翻譯。但他北上不久即病倒，被送回香港，之後又返回英國修養。[103]在香港，他曾與璞鼎查會面，後者提議他可去日後新開的港口領事館作翻譯。[104]1845年，他再度來華，但此次決意放棄軍旅生涯，轉而尋求領事館或香港殖民地政府的翻譯職務，以期能專著於漢語學習。中文頗精的港督德庇時先是任命他為見習傳譯官(Student　Interpreter)，一年後將其升任為香港最高法院編外中文傳譯(Supernumerary　Chinese Interpreter to the SupremeCourt of Hong Kong)。[105]1847年，威妥瑪轉隸英國駐華商務監督署，任職助理中文秘書，[106]並

102　C.A. Harris, rev. T. G. Otte, "Medhurst, Sir Walter Henry (1822-1885)". In: H. C. G. Matthew and Brian Harrison Ed., *Oxford Dictionary of National Biography: in Association with the British Academy, from the Earliest Times to the Year 2000*, Vol. 37, pp.687-688.

103　James C. Cooley, Jr., *T. F. Wade in China: Pioneer in Global Diplomacy, 1842-1882* (Leiden: E. J. Brill, 1981), pp.8-9.

104　James C. Cooley, Jr., *T. F. Wade in China: Pioneer in Global Diplomacy, 1842-1882*, p.8.

105　James C. Cooley, Jr., *T. F. Wade in China: Pioneer in Global Diplomacy, 1842-1882*, p.9.

106　Helen Bryant and Huimin Lo, *British Diplomatic and Consular Establishments in China: 1843 -1949*, Pt. 2: 1793 -1949, p.631.

在這一崗位上工作至1852年。[107]1853-1854年間，任上海領
事館副領事，時值小刀會起義軍佔領上海，海關被迫關閉；
英、法、美三國駐上海領事與上海地方官員達成協議，共管
中國海關，威妥瑪作為三國司稅(Custom House Inspector)中
唯一精通中文的人，獨自承擔了其中大小事務，開英國人主
掌中國海關之先河。[108]1855年，他返回香港，升任英國駐華
商務監督署中文秘書，服務於包令，直至第二次鴉片戰爭全
面爆發；1857年，額爾金(James Bruce, 8th Earl of Elginand
12th Earl of Kincardine,1811-1863)受命出任駐華公使，領軍
來華，邀請威妥瑪作為其翻譯和顧問，隨軍北上。[109]威妥
瑪因而參與《中英天津條約》、《中英北京條約》的談判
和簽署；[110]隨後威妥瑪成為英國駐華公使中文秘書(1859-
1866)。[111]1867-1869年間，他蟄居上海，編修針對駐華外交
人員的培訓教材。[112]1871年，他被擢昇為駐華全權公使，並
任職至1882年被召回英國為止。[113]

---

[107] "Consular Establishments in China." *The Chinese Repository*, Vol. 18, No. 1 (Jan. 1849), p.9; "Diplomatic Establishments in China." *The Chinese Repository*, Vol. 19, No. 1 (Jan. 1850), p.15; "Diplomatic Establishments in China." *The Chinese Repository,* Vol. 20, No. 1 (Jan. 1851), p.16; "List of all Persons Serving on the Fixed Establishment of the Superintendency and Consulates in China on the First Day of January 1852," F. O. 17/187/01, Bonham to Palmerston, 1 Jan. 1852.

[108] James C. Cooley, Jr., *T. F. Wade in China: Pioneer in Global Diplomacy, 1842-1882*, pp. 13-19. 季壓西、陳偉民，《來華外國人與近代不平等條約》，頁324-329。

[109] James C. Cooley, Jr., *T. F. Wade in China: Pioneer in Global Diplomacy, 1842-1882*, pp.20-22.

[110] James C. Cooley, Jr., *T. F. Wade in China: Pioneer in Global Diplomacy, 1842-1882,* pp.23-32.

[111] James C. Cooley, Jr., *T. F. Wade in China: Pioneer in Global Diplomacy, 1842-1882*, pp.34, 42-55.

[112] James C. Cooley, Jr., *T. F. Wade in China: Pioneer in Global Diplomacy, 1842-1882*, pp.54-55

[113] James C. Cooley, Jr., *T. F. Wade in China: Pioneer in Global Diplomacy, 1842-1882*, pp.81, 134.

　　威妥瑪在華逾四十載，雖參與了大量軍事政治活動，但他的熱情始終在研究漢語和中國文化、翻譯中文文獻、編寫翻譯教材上，其中最為人知的學術成果當屬他創造的威妥瑪拼音法(Wade-Giles　System)及1870年出版的北京官話教科書《語言自邇集》(YÜ YEN TZŬ ÊRH CHI, A progressive course designed to assist the student of colloquial Chinese)，至今影響深遠。[114]退休之後他把積累的四千餘卷中國書籍捐贈給劍橋大學，他本人亦成為劍橋大學首任漢學教授。[115]至於他早期在香港的工作歲月，由於英國駐華商務監督署中文秘書的工作相對「清閒」，加上歷任港督、特別是包令的支持，他更能將精力投入中文學習上。自1856年起，他在包令的同意下開始研究來華譯學生(Student Interpreter)教學的改革方案，並提出了初步的報告和建議。雖然這項計劃由於戰爭未能立刻實施，但在戰後被英國政府採納，並獲得成功。[116]值得一提的是，來華譯學生計劃(Student Interpreter Programme)也刺激了香港殖民地政府高級公務員培訓計劃，即著名的官學生計劃(Cadet Scheme)的產生。[117]

　　英國駐華商務監督署中文秘書處中的譯者，除以上四任中文秘書外，另有兩位在中國近代史上留名，值得一提。

　　一、馬理生：如前文所述，馬理生是馬禮遜第四子、馬

---

[114]　關詩珮，〈翻譯政治及漢學知識的生產：威妥瑪與英國外交部的中國學生譯員計畫(1819-1854)〉，《中央研究院近代史研究所集刊》第81期（2013年9月），頁1-52。

[115]　James C. Cooley, Jr., *T. F. Wade in China: Pioneer in Global Diplomacy, 1842-1882*, p. 136.

[116]　James C. Cooley, Jr., *T. F. Wade in China: Pioneer in Global Diplomacy, 1842-1882*, pp. 25-27.

[117]　關詩珮，〈翻譯政治及漢學知識的生產：威妥瑪與英國外交部的中國學生譯員計畫(1819-1854)〉，《中央研究院近代史研究所集刊》第81期（2013年9月），頁1-52。

儒翰的異母弟弟，出生於澳門。[118]他幼年失怙，其兄馬儒翰去世時，亦還只是十幾歲的少年。馬儒翰去世前，曾與英國外交部達成協議，將令馬理生學習中文，當他能勝任翻譯之工作時，即給助理中文秘書之職。[119]馬理生跟隨羅伯聃學習中文了八個月，因羅伯聃1844年前往寧波就任首任英國駐寧波領事館總領事，馬理生雖尚未成為英國外交部正式僱員，亦跟隨前往。1845年，他的名字正式出現在英國駐華外交人員名錄中，初在郭實臘手下做了兩年的助理中文秘書，[120]之後則前後在福州（任期1847-1849）[121]、廈門（任期1850-1851)[122]擔任領事館傳譯官。郭實臘死後，他曾短暫調回香港，在麥華陀手下任助理中文秘書；[123]1853年再度外放為英國駐華領事館傳譯官，先是駐守廈門，[124]1854年調往廣州，直至

---

[118] 馬禮遜遺孀之回憶錄中並未提及馬理生的出生地。然馬理生出生於1827年，當時馬禮遜在廣州工作，其夫人按例不能進入廣州城，留在澳門，故知馬理生一定出生於澳門。參見 Eliza A. Morrison, *Memoirs of the Life and Labours of Robert Morrison*, pp.377-400.

[119] P. D. Coates, *China Consuls: British Consular Officers, 1843-1943*, p.10.

[120] "Establishments of H. B. M. Plenipotentiary and Superintendent of Trade in China." *The Chinese Repository*, Vol. 14, No. 1 (Jan. 1845), p.17; "Establishments of H. B. M.'s Minister Plenipotentiary and Chief Superintendent of British Trade in China." *The Chinese Repository,* Vol. 15, No. 1 (Jan. 1846), p.8.

[121] "Her Britannic Majesty's Superintendency and Consular Establishments in China." *The Chinese Repository*, Vol. 16, No. 1 (Jan. 1847), p.11; "Her Britannic Majesty's Superintendency and Consular Establishments in China." *The Chinese Repository*, Vol. 17, No. 1 (Jan. 1848), p.10; "Consular Establishments in China." *The Chinese Repository,* Vol. 18, No. 1 (Jan. 1849), p.12.

[122] "Diplomatic Establishments in China." *The Chinese Repository*, Vol. 19, No. 1 (Jan. 1850), p.15; "Diplomatic Establishments in China." *The Chinese Repository,* Vol. 20, No. 1 (Jan. 1851), p.16.

[123] "List of all Persons serving on the Fixed Establishment of the Superintendency and Consulates in China on the First Day of January 1852," F. O. 17/187/01, Bonham to Palmerston, 1 Jan. 1852.

[124] Helen Bryant and Huimin Lo, *British Diplomatic and Consular Establishments in China: 1843 -1949, Pt. 2: 1793 -1949*, p. 7-8.

1856年。[125]1855年，曾短暫回港，代理中文秘書。[126]第二次鴉片戰爭之後，又曾任福州、煙台、九江等口岸領事。[127]

二、李泰國：李泰國在中國歷史上，以清朝政府首任海關總稅務司（任期1855-1863年）最為著名。他是李太郭的長子。李太郭在華時，一直希望兒子畢業後能來中國，但他於1845年即在廈門領事的任上意外病逝，當時李泰國僅是十二歲的少年。[128]由於父親死後家庭財務陷入困境，李泰國未能完成中學學業。[129]兩年後，在英國外交部的安排下，十五歲的李泰國抵達香港，從郭實臘習中文。[130]1849年，他以一篇「重申禁煙令」("A Fresh Warning against Opium")的譯文通過商務監督署的考試，從而成為該署中文秘書處的一名編外譯員(Supernumerary Interpreter)。[131]1851年，他主動要求調往香港警務處及最高法院，以求獲得更多的翻譯實踐機會；他的申請很快獲得批准，因而得以在警務處及最高法院工作一年，期間曾「負責辦理香港巡理府與九龍中國當局之間的一切來往公文，此外還翻譯了巡理府所發的一切公告」。[132]1852年，他被調任至廣州，但在數周之後即被調回香港，繼續擔任中文秘書處助理職務，直至1854年他被派往英

[125] Helen Bryant and Huimin Lo, *British Diplomatic and Consular Establishments in China: 1843-1949, Pt. 2: 1793-1949*, p. 33.

[126] Helen Bryant and Huimin Lo, *British Diplomatic and Consular Establishments in China: 1843-1949, Pt. 2: 1793-1949*, p. 623.

[127] Helen Bryant and Huimin Lo, *British Diplomatic and Consular Establishments in China: 1843-1949, Pt. 2: 1793-1949*, pp.123, 67, 213.

[128] Jack J. Gerson, *Horatio Nelson Lay and Sino-British Relations, 1854-1864*, pp.8-14.

[129] Jack J. Gerson, *Horatio Nelson Lay and Sino-British Relations, 1854-1864*, p.15.

[130] Jack J. Gerson, *Horatio Nelson Lay and Sino-British Relations, 1854-1864*, pp.18-20.

[131] Jack J. Gerson, *Horatio Nelson Lay and Sino-British Relations, 1854-1864*, pp.21-22, 253.

[132] Jack J. Gerson, H*oratio Nelson Lay and Sino-British Relations, 1854-1864,* pp.23-26.

國駐上海領事館，並開始他在上海海關的事業為止。[133]

　　以上幾位英國駐華商務監督署中文秘書處重要譯者中，除了早逝的馬儒翰和情況特殊的郭實臘外，均曾有在中國其他通商口岸領事館的工作經歷。此外，還有不少早期英國駐華外交官員，雖未曾在香港任職，但也曾在香港短期受訓或接受中文水平考試，如在第二次鴉片戰爭中扮演關鍵角色的英國駐廣州領事、郭實臘的表妻舅巴夏禮(Sir　Harry SmithParkes,1828-1885)，就曾在少年時期於香港跟從馬儒翰學習過很短一段時間（1842年）；在他正式開始領事外交生涯前，也需現在香港通過中文測試。[134]而這些主要服務於英國對華外交的優秀譯者，在一些特別的情況，也時被要求支援香港本地的一些翻譯服務，特別是校對政府公告等公開發表的中文譯文方面。[135]

二、早期香港殖民政府建制中的譯官及中文文員

　　香港殖民政府政制沿襲英國直轄殖民地的傳統模式，總督之下，置咨詢性質的行政局(Executive　Council)，制定法律的立法局(Legislative　Council)，司法機構以及各種行政部門。[136]香港總督代表本地最高權威，在行政或立法都有絕對

[133]　Jack J. Gerson, *Horatio Nelson Lay and Sino-British Relations, 1854-1864,* pp.26-29, 34-.

[134]　Stanley Lane-Poole, *The Life of Sir Harry Parkes, Sometime Her Majesty's Minister to China & Japan* (London: MacMillan and Co., 1894), Vol. 1, pp, 1-41.另參金瑩中文節譯本《巴夏禮在中國》（桂林：廣西師範大學出版社，2008），頁1-43。

[135]　James William Norton-Kyshe, *The History of the Laws and Courts of Hong Kong from the Earliest Period to 1898,* Vol. I, p.595.

[136]　丁新豹，〈歷史的轉折：殖民體系的建立和演進〉，載王賡武主編，《香港史新編》（香港：三聯書店，1998），上冊，頁86；另參Charles Collins, *Public Administrationin Hong Kong*, pp.46-51.

權力，在司法方面也有相當話語權。[137]

　　在這段時間內，香港政府自身的規模不大：行政局和立法局均一直只有數名成員，而行政職能部門則在正式成立之前的架構之上逐步完善，漸次設有輔政司(Colonial Secretary)、庫務司(Colonial Treasurer)、考數司(Auditor General)、船政道、郵政署、田土廳、總醫官(Colonial Surgeon)、華民政務司(Registrar General/Protector of Chinese)等。[138]政府部門公務人員總數（含港督），亦由1844年的50人，慢慢增加至1958年的102人。[139]而同期香港人口總數，則由1844年的19000，[140]暴增至1858年的85000。[141]香港的新增人口中，絕大部分是從廣東前來尋找發展機會的華人。此外，。相比之下，政府公務人員編制的變化是相當保守的。

　　作為英屬殖民地政府，香港政府的官方語言自然是英語。行政局、立法局議員在很長一段時間內都只有英籍人士；而早期香港政府的公務人員中，亦以歐裔人士為主。[142]這些歐裔僱員中通曉中文者固然極為稀少，絕大多數的政府部門中亦沒有配備譯官。這樣一個名副其實的「小政府」，為應付香港這一自由港的基本運作，採取了聘用歐籍譯官、

---

[137] 余繩武、劉存寬著，《19世紀的香港》，頁128-130；另參G. B. Endacott, *Government and People in Hong Kong, 1841-1962: A Constitutional History* (Hong Kong: Hong Kong University Press, 1964), pp.19-38。

[138] R. Montgomery Martin, "Report on the Island of Hong Kong: 24 July 1844." In: R. L. Jarman Ed., *Hong Kong Annual Administration Reports: 1841-1941,* Vol. 1, p. 9.

[139] 參見1844-1858年之*Hongkong Bluebook*。

[140] R. Montgomery Martin, "Report on the Island of Hong Kong: 24 July 1844." In: R. L. Jarman Ed., *Hong Kong Annual Administration Reports: 1841-1941*, Vol. 1, p. 9.

[141] "Copy of A Despatch from Governor Sir John Bowring to the Right Honourable Sir Edward B. Lytton, Bart., M.P., 29th March 1859." In: R. L. Jarman Ed., *Hong Kong Annual Administration Reports: 1841-1941,* Vol. 1, p. 248.

[142] 見1844-1858年之*Hongkong Bluebook*。

華人譯官及中文文員(ChineseClerk)等綜合方式應對殖民統
治中所必須解決的語言溝通問題。此外，由於當時大量來
自英國殖民地的南亞裔人士隨英國人來到香港，擔任士兵、
守衛、商人等職；而這些人當中，也並非所有人都通曉英
語；[143]早期香港政府編制中亦相應設置專門翻譯。

　　這一時期，僅有船政廳(Harbour Master's Office/Marine
Magistrate's Office)、香港最高法院(Supreme Court)、巡理
府，正式設有傳譯官(Interpreter)的職務。船政廳主管船務、
港口、商品進出口乃至移民管理等事宜，[144]而這段時期內，
主管船政廳的船政道(Harbour Master)同時兼任海事裁判司
(Marine Magistrate)，即該部門也有主管相關法律事務裁決的
功能。[145]也就是說，這些傳譯官的職責，皆與持用不同語言
的族裔所發生的法律糾紛有關。

1. 政府行政部門和翻譯人員

　　雖然這一時期香港政府在法院以外的行政部門沒有專設
翻譯，但也有一些被稱為「中文文員」("Chinese Clerk")的
職員，或亦參與一定的中英翻譯工作。[146]當時聘有中文文員
的部門包括包括測量署(Survey or General's Office)及登記署
(Registrar General's Office)，其中測量署僅錄得在1844-1847
年聘有一名中文文員；而登記書1845-1847年設中國文員二
名，其中1847年有一名叫李亞坤（音譯，Le Akun）在中文
文員外兼任「筆譯」之職(Clerk and Translator)，1848或1849

---

143 丁新豹、盧淑櫻，《非我族裔——戰前香港的外籍族群》（香
港：三聯書店（香港）有限公司，2014），頁148-151。

144 Ho Pui-yin, *The Administrative History of the Hong Kong Government
Agencies: 1841-2002*, p.234.

145 James William Norton-Kyshe, *The History of the Laws and Courts of
Hong Kong from the Earliest Period to 1898*, Vol. I, p.6.

146 L. P. Chung, "Public Administration Translation in Hong Kong: A
Sociolinguistic Perspective" (Ph.D. Dissertation, University of Hong
Kong, 2011), pp.77-78.

年起下降至一名。[147]顯然，測量署需要與華裔勞工打交道，特別在城市建設的早期、需要政府組織大量基礎建設工程的時候；登記署則需要直接面對廣大的華人居民，尤其在開埠早期進行人口普查登記的時候。[148]在未有譯官編制的情況下，這些中文文員起著相當重要的作用。而在最高法院、巡理府這樣有正式譯官的司法機構，中文文員可能更多是為譯官提供初級翻譯或相關文書之類的輔助性工作。

　　同時，早期香港政府亦長期聘用不少華人充作收銀(Shroff)、工頭(Overseeer)、苦力(coolie)、採買(comprador)等雜役。這些華人多能說幾句「廣東英語」，某種意義上，也可以說他們是為另類的「非正式翻譯」，承擔著協助英籍官員與華人居民之間的溝通。[149]

　　這些人之中最值得一提的是，1844-1847年測量署中有一為名叫Keokitch的中文文員(Chinese Clerk)。這是一位經歷傳奇的日本人。1832年，一艘名為「寶順丸」的日本內航貨船在前往江戶（今東京）的路上遭遇風暴，在海上漂流了十四個月之後到達美國西海岸，船上仍有三名船員幸存，即山本音吉(Yamamo to Otokichi，又名John Matthew Ottoson, 1818-1867)、久吉(Kyukichi)、岩吉(Iwakichi)。Keokitch即是久吉，其姓氏似已不傳。這三人在美國被救起，並在當地接受了英語教育。1835年，三人先被送往英國，再至澳門。當時在澳門的郭實臘收留了這三個日本人，並向其學習日語，期間更因此完成了世界第一部《聖經·約翰福音》日譯本。1837年，三人與其他一些漂流在外的日本人一起返回日本，但無法上岸。之後這

147　參見1844-1858年之 *Hongkong Bluebook*。另參：L. P. Chung, "Public Administration Translation in Hong Kong: A Sociolinguistic Perspective", pp.77-78.

148　關詩珮，〈翻譯與殖民管治：香港登記署的成立及首任總登記官費倫Samuel T. Fearon (1819-1854)〉，《中國文化研究所學報》第54期（2012），頁117-120。

149　L. P. Chung, "Public Administration Translation in Hong Kong: A Sociolinguistic Perspective", pp.78-80.

三人似乎分道揚鑣。其中最為著名的音吉先是作為譯員參與日英和親条約的簽訂，後成為首位移居新加坡的日本人，最終歸化英籍，而留下最多資料。[150]而久吉的事跡則一直不詳，似乎長期在廣東一帶為英國人服務，除了香港政府測量署外，他還曾在英國駐華商務監督署任中文文員。[151]

　　久吉的中文水平至今已無從得知。至於英語水平，據衛三畏的1836年的一封信函所記，衛氏當年所見的久吉只能說「破碎的英語」（"broken English"）；[152]但久吉為香港政府服務已是近十年之後，或已有較大進步。但無論如何，以日本人作為溝通中英之間的「中文文員」，今天看來是相當匪夷所思之事。某種意義上說，這也是當時香港翻譯人才嚴重匱乏之又一個「另類旁證」。值得一提的是，在久吉之後的十多年內，測量署亦再無設置中文文員一職；[153]有關的翻譯需求，或改為倚仗署中的華人監工(Chinese Overseer of Surveying Coolies)代勞。

2.　　通曉中文的政務官

　　除去司法系統中的正式譯官，行政部門中層級較低的中文文員，殖民地政府還有一些「中國通」英籍政務官，天然承擔起翻譯的任務。第二任港督戴維斯自然是著述頗豐的著名漢學家，又大力提倡中國學，在港籌建英國皇家亞洲學會香港分會(Royal Asiatic Society Hong Kong Branch)；[154]但由於

150　參見〈にっぽん音吉漂流の記〉，2014年4月1日，http://www.town. aichi-mihama.lg.jp/docs/2013100806067/;"True Life Adventures of Otokichi (1817-1867)", http://www.jmottoson.com/Otokichi-Story.htm.

151　*The Hongkong Almanack, and Directory for 1850* (Hong Kong: Noronha's Office, 1850), p.6.

152　Frederick Wells Williams, *The Life And Letters Of Samuel Wells Williams, LL.D., Missionary, Diplomatist, Sinologue* (New York, London: G.P. Putnam's sons, 1889), pp.83-84.

153　參見1844-1858年之*Hongkong Bluebook*。

154　戴維斯生平及漢學成就參見: G. B. Endacott, *A Biographical Sketch-Book of Early Hong Kong*, pp. 23-29; May Holdsworth and Christopher Munn Ed., *Dictionary of Hong Kong Biography* (Hong Kong: Hong Kong University Press, 2012), pp. 117-120.

是否通曉中文從來不是港督的必要要求，本文在此不贅。港督之下，這些「中國通」英籍政務官往往處於相當關鍵的職位。

　　例如前文提到曾任巡理府傳譯官及文員、副巡理司的費倫，他大約於1845年1月起實際出任首任登記司，兼華人稅款徵收官(Registrar General and Collector of Chinese Revenue)。[155]在這一職位開設之前，即1844年8月21日，立法會通過〈香港登記署成立法例〉("Ordinance for Establishinga Registry of the Island of Hong Kong and Its Dependencies")，宣佈將成立登記署；所有年滿二十一歲的男性市民，需按華洋之別，每年度依法前往登記署登記個人資料並繳納登記稅，方可獲得合法居留權；該法例將由1844年11年1日生效。[156]法例實施前夕，即1844年10月31日，香港華洋居民群起罷市及暴動，反對該法例之實施，是為香港開埠以來最大的騷亂。其中原因則頗為弔詭：外籍居民對他們需繳納華人五倍的稅款極為不滿，而華人的極度不滿，原因則是出在錯誤的譯文上：刊登有關法例的中文告示，把本來按年度繳納的稅款，誤譯成按月繳納；而這樣一筆開支，對原本收入微薄的貧苦大眾造成難以承受的負擔。[157]當時尚為副巡理司的費倫帶領警方，謹慎又果斷地控制了局勢；而這很大程度上歸功於他擅廣東話、與華人保持良好關係、兼對

---

[155]　按：此為港督戴維斯舉薦的費倫履新之期，但實際任命則要等到1846年，費倫已往英國休假之後才由英國政府簽發。參見：關詩珮，〈翻譯與殖民管治：香港登記署的成立及首任總登記官費倫Samuel T. Fearon (1819-1854)〉，《中國文化研究所學報》第54期（2012），頁117；James William Norton-Kyshe, The History of the Laws and Courts of Hong Kong from the Earliest Period to 1898, Vol. I, p.294.

[156]　"Government Notification Hong Kong, No. 17 of 1844", *The Friends of China and Hong-Kong Gazette*, Vol. 3, No. 177 (19 Oct 1844), p.544.

[157]　E. J. Eitel, Europe in China: *The History of Hong Kong from the Beginning to the Year 1882* (London: Luzac & Company, Hong Kong: Kelly & Welsh, 1895), p.223. 關詩珮，〈翻譯與殖民管治：香港登記署的成立及首任總登記官費倫Samuel T. Fearon (1819-1854)〉，《中國文化研究所學報》第54期（2012），頁113-115。

香港本地民情認識深厚，故能成功說服華人相信政府願意體察民情，故而平和散去。[158]費倫亦因此大功得以晉升總登記司。他在走馬上任之後，亦不辭勞苦，除了在辦公室接待數以萬計的民眾外，他還或不時需親身走訪大量僱用華工的洋行，或盤山涉水深入港島南部鄉村逐家拜訪，收集資料。他的努力卓有成效，以短短半年完成二萬逾單登記，並提交了詳盡的人口資料報告。[159]他本人的語言能力於此居功至偉；但或也正因為他本人足以應付與華人的溝通，當時財政緊張的香港政府才未為登記署專設譯官，而僅以中文文員輔佐。費倫在該年7月即休病假回英，[160]也可能是如此繁重的工作壓垮了身體。

費倫的病假一休就是兩年，但香港政府一直為他保留著總登記司的職位，直到他1847年出任倫敦國王學院首任漢學教席。[161]費倫在國王學院教學期間，相較學術研究，更著重訓練的實用性，為英帝國培養翻譯、外交人才及說本地方言的殖民政務官，因此開拓了英國漢學的新篇章。[162]

與費倫情況相似的還有高和爾，亦是由譯官轉職司法職務（助理警司）再晉升總登記司暨撫華道。但與費倫不同

---

[158] C. O. 129/ 7, John F. Davis to Lord Stanley, 6 Nov. 1844; John F. Davis to Lord Stanley, 28 Dec. 1844. 關詩珮，〈翻譯與殖民管治：香港登記署的成立及首任總登記官費倫Samuel T. Fearon (1819-1854)〉，《中國文化研究所學報》第54期（2012），頁113-117。

[159] C. O. 129/ 12, "Report Census", 24 Jun. 1845. 關詩珮，〈翻譯與殖民管治：香港登記署的成立及首任總登記官費倫Samuel T. Fearon (1819-1854)〉，《中國文化研究所學報》第54期（2012），頁117-119。

[160] James William Norton-Kyshe, *The History of the Laws and Courts of Hong Kong from the Earliest Period to 1898*, Vol. I, p.86.

[161] James William Norton-Kyshe, T*he History of the Laws and Courts of Hong Kong from the Earliest Period to 1898*, Vol. I, p.128.

[162] 關詩珮，〈英國倫敦國王學院(King's College, London)首任漢學教授費倫(Samuel T. Fearon, 1819-1854)——兼論斯當東(Sire George Thomas Staunton)贊助人的角色〉，關西大學文化交涉學教育研究中心，出版博物館編，《印刷出版與知識環流——十六世紀以後的東亞》，頁123-154。

的是，高和爾的仕途顯然要坎坷得多。他顯然不如費倫深受
英國政府信任，但他同樣是因其出色的語言能力和與本地華
人溝通交往的能力而受重用。1856年，在宣佈高和爾被任命
為總登記司暨撫華道的一份用中英雙語發佈的政府公告中，
即明言華人居民如有無法理解香港法例條文，或需尋求法律
意見幫助者，皆可寫信直接約見高和爾，或直接去他辦公室
拜訪。[163]這本是一件促進華洋友好的安排，但另一方面也為
高和爾帶來更多的角色和利益衝突的機會。[164]且由於他行事
另類而深受華人支持，反而令不熟悉華人語言文化的英國人
益加猜忌，最終導致禍事。但無論如何，費倫和高和爾的經
歷，皆反映出當時優秀的英籍譯官容易被提拔至高層行政官
員這一晉升趨勢；而這也呼應了當時英國政府內部，對殖民
地官員應多採用掌握當地語言文化的本國人的認識傾向。[165]

第三節、早期香港司法機構中的翻譯制度： 1843-1861

一、 早期香港的司法機構和翻譯人員配置

　　香港殖民地司法體制的建設進程，始於1841年4月30
日，即是英軍首次登島的三個月之後，義律任命威廉·堅為
總巡理府；同年7月，又任命威廉·畢打為船政道暨海事裁判
司。1843年香港開埠之後，巡理府與船政廳遂成為香港殖民

---

[163] "Government Notification No. 131, By Colonial Secretary, 4 December 1856", *The Hongkong Government Gazette*, New Series, Vol. 2, No. 75 (6 Dec 1856), p.2.

[164] James William Norton-Kyshe, *The History of the Laws and Courts of Hong Kong from the Earliest Period to 1898*, Vol. I, p.410.

[165] C.O.129/12, "Report Census", 24Jun. 1845.關詩珮，〈翻譯與殖民管治：香港登記署的成立及首任總登記官費倫Samuel T. Fearon (1819-1854)〉，《中國文化研究所學報》第54期（2012），頁117-119。

政府最早正式成立的司法機構。1844年，最高法院正式成立。[166]如上一章所述，在這一時期香港殖民地政府中，僅此三個機構正式設有傳譯官(Interpreter)的職務，以解決持用不同語言的族裔所發生的法律糾紛。

船政廳成立於香港殖民地正式誕生之前，但該司在成立的頭幾年一直沒有專設譯官；自1846年起，方設有「印度語傳譯官」("Indian　Interpreter")一名；1850年代末期，始設一名中文傳譯官。[167]這些傳譯官應需提供船務、進出口乃至海事司法相關的所需一應傳譯服務。

最高法院作為本地最高司法機關，僅設傳譯官一至二人。譯官所涉獵的語言種類，卻涉及中文、西班牙語、葡萄語、馬來語、印地語、緬甸語等數種之多；當譯官多於一人的情況下，每位傳譯官所負責的語言種類並不固定，但大致上呈現一人主要負責中文，另一人負責其他語言的分工傾向。[168]推測這是由於當時翻譯人才匱乏，最高法院傳譯官所提供之翻譯服務，只能取決於其本人所擅長之語言種類；而這也反映了中文一直為該司翻譯工作之最重。

巡理府傳譯官所涉獵的語言與最高法院基本相同。至於編制情況，在1840年代，亦與最高法院區別不大，設傳譯官一至二人，一人主要負責中文，另一人負責西班牙語、葡萄牙語及其他東南亞語言，亦常見一名傳譯官同時兼司最高法院與巡理府傳譯官之職的情況。[169]然自1851年起，除負責西班牙語、葡萄牙語及其他東南亞語言的譯官之外，巡理府開設增設中文傳譯官；1852年的政府報告《藍皮書》中，巡

---

[166]　陳弘毅、文基賢、吳海傑，〈殖民地時代香港的法制與司法〉，載王賡武主編，《香港史新編》，上冊，頁459-460。

[167]　1855-1857年之《藍皮書》筆者未得寓目；筆者所見《藍皮書》中海事裁判司中文傳譯官的記錄，最早者為一名叫秦舊才（音譯，Chun-koe-Choy）的華人，1857年獲任命。（*Hongkong Bluebook 1858*, p.114.）

[168]　參見1844-1858年之*Hongkong Bluebook*。

[169]　參見1844-1852年之*Hongkong Bluebook*。

理府之職員名錄中正式開始出現「第一中文傳譯官」("First Chinese Interpreter")及「第二中文傳譯官」("Second Chinese Interpreter")之職銜；[170]1855年起，又增設了「第三中文傳譯官」("Second Chinese Interpreter")。[171]這種編制上的變化，與香港華人人口的急劇增多有關，也與本地華人翻譯人才的崛起有關。此外，最高法院、巡理府亦各設一名中文文員（華人），[172]職責或是為譯官提供初級翻譯或相關文書之類的輔助性工作。

二、 早期司法機構中翻譯人員的來源

1. 通曉漢語的英籍譯官

最高法院和巡理府，特別是最高法院，在任命中文傳譯官時更傾向於選用歐裔、特別是英籍人士。這段時期曾擔最高法院中文傳譯官的歐裔人士，有高和爾(Daniel Richard Caldwell,1816-1875；任期1844-1847)、德耶穌(J. A. de Jesus；任期1846)、威妥瑪(任期1846)、瑪姬士(J. M. Marques，任期1847-1848)、迪克(Thomas Dick，任期1858-1859)；巡理府方面，則有高和爾(任期1844-1846)、德耶穌(J. A. de Jesus；任期1845-1846)、李泰國(任期1851)、羅扎里奧(R.A.Rozario,1815-1880；任期1858-1866)等。[173]

以上諸人中，確定為英籍人士者有高和爾、威妥瑪、李

---

[170] 參見1844-1858年之*Hongkong Bluebook*。

[171] 1855-1857年之《藍皮書》筆者未得寓目；此處據Carl T. Smith, "English-Educated Chinese Elites in Nineteenth-Century Hong Kong". In: M. Topley Ed., *Hong Kong: the Interaction of Traditions and Life in the Towns* (Hong Kong: Hong Kong Branch of the Royal Asiatic Society, 1975), p.73; L. P. Chung, "Public Administration Translation in Hong Kong: A Sociolinguistic Perspective", pp.64-65.

[172] 參見1844-1858年之Hongkong Bluebook。

[173] 參見1844-1866年之*Hongkong Bluebook*。另參L. P. Chung, "Public Administration Translation in Hong Kong: A Sociolinguistic Perspective", pp.62-76.

泰國和迪克。[174]如前文所述，威妥瑪和李泰國為香港司法系統服務的時間非常短，而迪克之生平資料亦缺乏記載。可以說，高和爾是其中最為重要的譯官，也非常有爭議性的人物。

　　高和爾，早年經歷不詳。一般認為他出生於大西洋上的英國屬地聖赫勒拿島(St.Helena)，極有可能是當地常見的非、歐裔混血兒；後來又正式迎娶了一位華裔妻子，這在當時的英國人中顯得極不尋常。來香港之前，他曾在新加坡生活過相當不短的一段時間，並曾在新加坡和廣州的英國洋行供職，大約因此掌握了馬來語、印地語、葡萄牙語和中文。後來偶爾結識後來成為香港首任總巡理府的威廉‧堅，在堅的推薦下開始為英國殖民地工作，故1843年起，成為香港政府巡理府傳譯官，從事口譯工作；1844年最高法院成立之後，又兼任最高法院傳譯官。[175]1847年，因英國政府審計處認為他的工資過高，加之本人的債務問題，他主動請辭；但不久就被委任為助理警司(Assistant Superintendent of Police)；直到1855年，這是他最主要的職務，此外還有一些其他政府兼職；[176]此間，由於他的語言、特別是中文能力「不可或缺」(indispensable)，[177]他仍兼為法院、特別是最高法院的翻譯，提供馬來語、印地語、葡萄牙和中文方面的口譯服務，但其中最重要的仍是中文。[178]1856年，他升任總登記官(Registrar General)及撫華道(Protector of Chinese)，更兼香港政府「總譯」(General Interpreter)，至1862年被解職，其在香港政府的公務生涯方劃上句號。[179]

　　高和爾在香港政府任職十五年，仕途並不一帆風順，

---

[174]　參見James William Norton-Kyshe, *The History of the Laws and Courts of Hong Kong from the Earliest Period to 1898*, Vol. I.

[175]　G. B. Endacott, *A Biographical Sketch-Book of Early Hong Kong*, pp. 95-96.

[176]　G. B. Endacott, *A Biographical Sketch-Book of Early Hong Kong*, pp. 96-97

[177]　G. B. Endacott, *A Biographical Sketch-Book of Early Hong Kong*, pp. 97-99

[178]　參見1844-1846年之*Hongkong Bluebook*。

[179]　G. B. Endacott, *A Biographical Sketch-Book of Early Hong Kong*, pp. 96-97

但每每能因其傑出的語言能力，而「起死回生」，重獲重用。[180]嚴格說來，他因並不懂中文讀寫，無法從事書面翻譯，總體上與郭實臘等英國駐華商務監督署中文秘書相比還是次了一等。[181]但他能除了能說一口流利的廣東話外，還通曉客家話、潮州話、閩南話和福州話等南方方言，則是當時香港政府公務員中獨一無二的。[182]殖民地法庭一直十分依賴他提供的傳譯服務，每當他停職或休假時，但凡涉及華人的案件，法庭常常因為找不到翻譯而無法審案。[183]但另一方面，他並不完全為英國政府乃至香港外國僑民社群所信任，這與他疑似混血兒的出身有關，更是由於他熟識本地文化，與三教九流的華人均能交好，甚至還冒天下之大不韙正式迎娶了一位華裔妻子。[184]而他與著名黑社會頭目、華商黃墨洲(Wong Ma Chow)的友誼和生意往來令他獲得大量有關海盜的情報，為英方殲滅香港水域的海盜、偵破其他案件立下大功的同時，也令在華外籍群體對其忠誠和正直有所猜忌。[185]1857年，律政司(Attorney-General)安斯德(又譯安士迪，Thomas C. Anstey,1816-1873)指控高和爾犯有與黃墨洲勾

[180] 關詩珮，〈翻譯與殖民管治：早期香港史上的雙面譯者高和爾 Daniel Richard Caldwell (1816-1875)〉，《現代中文文學學報》第10卷（2012），頁174-194。

[181] G. B. Endacott, *A Biographical Sketch-Book of Early Hong Kong,* pp. 96-97

[182] E. J. Eitel, "Chinese Studies and Official Interpretation in the Colony of Hong Kong". *The China Review,* Vol. 6, No. 1 (1877), p.5.

[183] James William Norton-Kyshe, *The History of the Laws and Courts of Hong Kong from the Earliest Period to 1898*, Vol. I, pp.223, 293, 327, 361, 371.

[184] Uganda Sze-pui Kwan, "Transnational Mobility, Translation, and Transference: The Cultural Identities of British Interpreters in Two Colonial Asian Cities (1840-1880)". In: Uganda Sze-pui Kwan and Lawrence Wang-chi Wong Ed., *Translation and Global Asia: Relocating Networks of Cultural Production* (Hong Kong: The Chinese University Press, Research Centre for Translation, CUHK, 2014), p. 270.

[185] 關詩珮，〈翻譯與殖民管治：早期香港史上的雙面譯者高和爾 Daniel Richard Caldwell (1816-1875)〉，《現代中文文學學報》第10卷（2012），頁174-194。

結海盜、私營妓寨、以權謀私、貪贓枉法等多項重罪。此事在英國政壇掀起很大的風波，前後擾攘數年之久，最終高和爾因被裁定「與黃墨洲勾結」罪名成立而革職。[186]

高和爾雖被革職，其仍深受在港華人的愛戴。而對於香港政府，他仍繼續了其「不可或缺」的影響力和服務：在港督麥當奴(Sir Richard Graves MacDonnell,1814-1881；任期1866-1872)開設賭牌之後，華人賭館爭相以高薪聘請他為顧問，以疏通官府；之後，他亦私組華人團練，偵查罪犯；在法庭缺乏華洋通譯之時，他還常被傳喚幫忙，直至他1875年逝世。[187]這樣的結局，無疑是相當諷刺的。這也是當時中英文化碰撞下一個尷尬而弔詭的典型事例：高和爾因其對中國語言文化的了解和接納一人獨跨司法和執法二個重要部門，亦讓他同時來往背景複雜的危險人物和政府要員，從而搖擺於合法和非法之間的嫌疑境地。合格而可靠之翻譯人才的缺乏，及其後果之嚴重，亟待解決。

2. 通曉多種語言的土生葡人譯官

在這段時間內曾出任最高法院和巡理府傳譯官者，姓名疑似為土生葡人的有德耶穌、瑪姬士及羅扎里奧；其中，德耶穌是「西班牙語、葡萄牙語、漢語、馬來語、印地語及緬甸語」的通譯，瑪姬士及羅扎里奧則是中文傳譯。[188]此外，還有一名叫做蘭卡(E. L. Lanca)的疑似葡籍人士於1847-1849

---

[186] Christopher Munn, "Colonialism 'in a Chinese Atmosphere': The Caldwell Affair and the Perils of Collaboration in Early Colonial Hong Kong". In: Robert A. Bickers and Christian Henriot Ed., *New Frontiers: Imperialism's New Communities in East Asia, 1842-1953* (Manchester: Manchester University Press, 2000), pp. 12-37; 鄭宏泰、高啟，《白手興家：香港家族與社會，1841-1941》（香港：中華書局香港有限公司，2016），頁17-24。

[187] G. B. Endacott, *A Biographical Sketch-Book of Early Hong Kong*, p. 99.

[188] 參見1844-1858年之*Hongkong Bluebook*。另參：L. P. Chung, "Public Administration Translation in Hong Kong: A Sociolinguistic Perspective", pp.62-76.

年間同時出任最高法院馬來語與印地語傳譯(Interpreter　　　of Malay and Hindustani)，及巡理府第三文員暨馬來語與印地語傳譯(Thrid Clerk and Interpreter of Malay and Hindustani)。[189] 這幾位服務香港政府的時間都較短，最長僅數年；而瑪姬士是其中服務時間最短的一位，只在1847年政府報告中見其名錄，但他或為其中中文最好的一位。

　　瑪姬士，又名馬吉士，全名為 José Martinho Marques (1810-1867)。[190]其人出生於澳門，為當地望族馬葵士(Lourenço　Marques)家族成員。曾就讀於澳門聖若瑟修院(St. Joseph　Seminary)，師從當時著名的葡籍漢學家、傳教士江沙維神父(Padre Joaquim Afonso Gonçalves,1781-1834)。他精通漢文，能說流利廣東語和官話。畢業後擔任澳門政府的譯官，翻譯了許多中葡來往的官方文件。他亦先後受聘擔任法國使館翻譯。[191]他最著名的成就是他用中文編譯的《外國地理備考》，全書十卷，合二十萬字，介紹了19世紀中葉最新、最完備的世界地理知識。該書由著名學者陳澧(1810-1882)校訂，先後被輯入《海山仙館叢書》和《小方壺齋輿地叢鈔》這兩部大型叢刊。魏源認為該書「尤為雄偉，直可擴萬古之心智」，魏氏所著《海國圖志》中內容，亦大量取自此書，對晚清士人影響極大，甚至及於日本明治維新。[192]此

---

[189]　*Hongkong Bluebook 1849*, pp.98, 108.

[190]　James William Norton-Kyshe, *The History of the Laws and Courts of Hong Kong from the Earliest Period to 1898*, Vol. I, p.130.

[191]　Kaijian Tang, *Essays on Jesuit History during the Ming and Qing Dynasties* (Leiden ; Boston: Brill, 2016), p.235.劉羨冰，《雙語精英與文化交流》（澳門：澳門基金會，1994），頁38。

[192]　劉羨冰，《雙語精英與文化交流》，頁38；趙立彬，〈澳門與全球化視野下近代中國思想觀念的變革〉，《珠海、澳門與近代中西文化交流：「首屆珠澳文化論壇」論文集》（北京：社會科學文獻出版社，2010），頁150。

外，他還有《音樂要素》、《中葡字典》（未刊）等著。[193]
以瑪姬士之語言能力，應是香港政府所急需的，尤其是該年
香港政府一直依賴的高和爾請辭的情況下，但瑪姬士也很快
即因為薪水過低而返回澳門。[194]這種情況，或與英國人對與
自己國籍、語言、信仰、文化均盡不同的土生葡人，雖滿意
其服務，但仍未完全相信其忠誠度有關。[195]

3.　　通曉英語的華人譯官

1847年，唐亞植(Achick,T.K.，即Tong　Achick；又名
唐廷桂，1828-1879)，被任命為巡理府中文傳譯官(Chinese
Interpreterin Chief Magistrate's Office)。[196]他在這個職位上工作
至1851年，因濫用職權、勾結海盜的罪名被解僱。[197]唐亞植
的任命發生在高和爾第一次請辭、巡理府中文傳譯官出缺期
間，也可能與當時香港剛發生過華人罷市的特殊情況有關，
但無論如何，他開創了華人出任香港政府譯官之先河。[198]

唐亞植離開香港政府之後，其巡理府中文傳譯官的職
位隨即由其弟唐亞區(Tong-ah-Kü，又名唐廷樞，1832-1892)
接替；同年巡理府亦增設第二中文傳譯官(Second　Chinese

---

[193] JosJosé Pedro Braga, *The Portuguese in Hongkong and China: Their Beginning, Settlement and Progress during One Hundred Years* (Macau: Instituto Internacional Macau & University of Macau, 2013), Vol. 1, p.157. 劉羨冰，《雙語精英與文化交流》，頁38。

[194] José Pedro Braga, *The Portuguese in Hongkong and China: Their Beginning, Settlement and Progress during One Hundred Years,* Vol. 1, p.157.

[195] 葉農，〈19世紀后半葉澳門葡萄牙人移居香港考〉，《世界民族》2010年第6期，頁51-59。

[196] *Hongkong Bluebook1847,*p.110.

[197] James William Norton-Kyshe, *The History of the Laws and Courts of Hong Kong from the Earliest Period to 1898*, Vol. I, p.294.

[198] 關詩珮，〈翻譯與殖民管治：早期香港史上的雙面譯者高和爾 Daniel Richard Caldwell (1816-1875)〉，《現代中文文學學報》第 10卷（2012），頁174-194。

Interpreter)，亦由華人黃勝(Wong Shing,1827-1902)擔任。[199]
從此，巡理府的中文譯官，包括1855年增設的第三中文傳
譯官(Third Chinese Interpreter)，幾乎全部由華人擔任。[200]唐
亞區任職至1856年辭職之後，巡理府第一中文傳譯官連續
數年出缺(1856-1862)。[201]1852-1861年間，巡理府的第二、
第三中文傳譯官有伍亞發(Ng-ah-pat，1852-1856年間任第
二中文譯官)、伍文秀（Ng Mun-sow，即Asow，1855-1856
年間任第三中文傳譯官，1856-1857年間任第二中文傳譯
官"、何亞來(Ho Alloy，又名何神芝，1857-1859年間任第
三中文傳譯官，1860-1863年間任第二中文傳譯官)、范亞榮
(FanAwing，1859-1862年間任第三中文傳譯官)。[202]考慮到何
亞來於1863年即升職為第一中文傳譯官，[203]這段時期內，巡
理府內的華人譯員們顯然已形成了三級晉升的體系。究其緣
由，則可能是因為當時巡理府作為初級法庭，需直接處理大
量本地案件，而對翻譯人員有著最為迫切的需求。[204]

　　與巡理府廣納華人翻譯人才不同，最高法院在任命華人
譯官上並不積極。1844-1861年間，僅有二名華人曾被任命
為最高法院中文傳譯官：韋亞光(Wei A-kwong，又名

[199] *Hongkong Bluebook 1852*, p.104.

[200] L. P. Chung, "Public Administration Translation in Hong Kong: A Sociolinguistic Perspective", pp.65-67.

[201] 參見1852-1858年之*Hongkong Bluebook*。另參: LL. P. Chung, "Public Administration Translation in Hong Kong: A Sociolinguistic Perspective", p.65.

[202] 參見1852-1863年之*Hongkong Bluebook*。另參L. P. Chung, "Public Administration Translation in Hong Kong: A Sociolinguistic Perspective", p.65; Carl T. Smith, "English-Educated Chinese Elites in Nineteenth-Century Hong Kong". In: M. Topley Ed., *Hong Kong: the Interaction of Traditions and Life in the Towns*, pp.65-96.

[203] *Hongkong Bluebook 1863,* p.168.

[204] 陳雅晴，〈亦趨亦離：早期港英殖民政府的華人譯者(1843-1900)〉，《翻譯史研究2015》（上海：復旦大學出版社，2015），頁273。

韋光，1825-1879)，在1855年被任命，僅任職了兩個月；[205]
容閎(Yung Wing，1828-1912)在1856年高和爾第二次請辭期
間被任命，然很快即在公眾輿論壓力下辭職。[206]由於在法律
系統中，最高法院較巡理府層級更高，這也反映了這段時期
華人譯者在香港政府發展的天花板。[207]

　　至於船政廳，至1958年之《藍皮書》始見錄得一位名為
（音譯，Chun-koe-Choy）的華人中文傳譯官。[208]

　　這些華人譯官之具體職責，主要是為法院庭審提供英語
與廣東話、客家話、潮州話等方言的口譯，但有時也需進行
筆譯工作，如為華人的書面證詞起草英語譯本、書寫中文告
示等，工作十分繁重且重要。[209]他們的具體翻譯水平如今已
很難考證，但港英當局一直未能十分信任他們的能力和忠誠
度，則是毫無疑問的。例如在1850年最高法院的一次涉及華
人的庭審中，因高和爾缺席，唐亞植頂替口譯之職，遭到了
首席陪審員（按：當時陪審員均非華人）的質疑，但亦該陪
審員亦無法說明理由。法官竟表示理解，並同時要求法庭的
其他譯者覆核唐亞植的翻譯是否有誤。此事亦為唐亞植最終
被逐埋下伏筆。[210]華人之不受信任，可見一斑。另一方面，

[205] Carl T. Smith, "English-Educated Chinese Elites in Nineteenth-Century Hong Kong". In: M. Topley Ed., *Hong Kong: the Interaction of Traditions and Life in the Towns,* p.73; L. P. Chung, "Public Administration Translation in Hong Kong: A Sociolinguistic Perspective", p.71.

[206] Carl T. Smith, "English-Educated Chinese Elites in Nineteenth-Century Hong Kong". In: M. Topley Ed., *Hong Kong: the Interaction of Traditions and Life in the Towns,* p.73; L. P. Chung, "Public Administration Translation in Hong Kong: A Sociolinguistic Perspective", p.71.

[207] 陳雅晴，〈亦趨亦離：早期港英殖民政府的華人譯者(1843-1900)〉，《翻譯史研究2015》，頁278-279。

[208] *Hongkong Bluebook 1858*, p.114

[209] 陳雅晴，〈亦趨亦離：早期港英殖民政府的華人譯者(1843-1900)〉，《翻譯史研究2015》，頁275-278。

[210] James William Norton-Kyshe, *The History of the Laws and Courts of Hong Kong from the Earliest Period to 1898*, Vol. I, p.294.

他們的薪資，亦比歐裔譯官要低得太多。[211]

　　值得注意的是，這幾位華人譯官都曾於教會學校接受過教育。其中韋亞光畢業於新加坡的美國傳導會華人學校(The American Board School for Chinese)。[212]唐亞植（廷桂）、唐亞區（廷樞）、黃勝和容閎，均是馬禮遜紀念學校(Morrison Education Society School，初創立於澳門、1842年遷往香港)的第一批學生。[213]伍亞發曾就讀於1847年由澳門遷至廣州的美國長老會寄宿學校(American Presbyterian Boarding School)。[214]伍文秀曾就讀於馬六甲時期的英華書院；[215]何亞來（神芝）、范亞榮則曾就讀於1843年遷往香港後的英華書院。[216]顯然，正正是教會學校提供的英語教育令他們得以有能力、有機會在香港政府尋求發展機會；此外，極有可能也為他們的求職提供了人脈支援。[217]但這些第一代的香港華人精英的政府譯員生涯很短暫，服務時間最長的何亞

---

[211] 陳雅晴，〈亦趨亦離：早期港英殖民政府的華人譯者(1843-1900)〉，《翻譯史研究2015》，頁278。

[212] Carl T. Smith, "English-Educated Chinese Elites in Nineteenth-Century Hong Kong". In: M. Topley Ed., *Hong Kong: the Interaction of Traditions and Life in the Towns*, p.71.

[213] Carl T. Smith, "English-Educated Chinese Elites in Nineteenth-Century Hong Kong". In: M. Topley Ed., *Hong Kong: the Interaction of Traditions and Life in the Towns*, p.73; L. P. Chung, "Public Administration Translation in Hong Kong: A Sociolinguistic Perspective", p.72. 李志剛，《基督教早期在華傳教史》，頁218-219。

[214] Carl T. Smith, "English-Educated Chinese Elites in Nineteenth-Century Hong Kong". In: M. Topley Ed., *Hong Kong: the Interaction of Traditions and Life in the Towns,* pp.72-73.

[215] Carl T. Smith, "English-Educated Chinese Elites in Nineteenth-Century Hong Kong". In: M. Topley Ed., *Hong Kong: the Interaction of Traditions and Life in the Towns*, pp.73-74.

[216] Carl T. Smith, "English-Educated Chinese Elites in Nineteenth-Century Hong Kong". In: M. Topley Ed., *Hong Kong: the Interaction of Traditions and Life in the Towns*, p.74.

[217] 陳雅晴，〈亦趨亦離：早期港英殖民政府的華人譯者(1843-1900)〉，《翻譯史研究2015》，頁273-275。

來也僅有六年。他們在離開政府之後，往往在商界大展拳腳，甚至離開香港，轉向逐漸被逼逐漸對外開放的清朝政府尋求發展機遇。[218]出身於馬禮遜紀念學校的唐廷桂、唐廷樞、容閎、黃勝，後來更皆成為對晚清洋務運動影響深遠的重要人物，留名青史。對於這些華人譯官而言，服務香港政府的經歷更像是他們未來人生的「先修學校」，為他們的大好前程奠定了基礎。

4. 其他翻譯人員

船政廳自1846年起，常設一名印度語傳譯官(IndianInterpreter)。在這段時期內，擔任該職的一直是易卜拉欣(Ibrahim)；從姓名及職稱上看，他很有可能是來自印度的穆斯林。[219]這大約是因為應付當時英國軍隊和商船中大量的印度裔士兵和水手。

三、小 結

由以上討論不難看出，香港殖民地政府創立之初，亦即五口通商之始，英國在華當局所面臨的翻譯人才短缺的情況，是相當嚴重的。在這種情況下，最出色的、最有聲望的譯者（特別是英籍譯者），會被任命為香港總督/英國駐華商務監督中文秘書；在這些譯者成為香港總督/英國駐華商務監督中文秘書之前，則往往需要從英國駐華商務監督的助理中文秘書甚至中文文員做起，或在其他通商口岸領事館中作為譯官歷練。隨著時局的發展，以麥華陀、威妥瑪、馬理生等人的為例，他們在出任香港總督/英國駐華商務監督中文秘書

---

[218] Carl T. Smith, "English-Educated Chinese Elites in Nineteenth-Century Hong Kong". In: M. Topley Ed., *Hong Kong: the Interaction of Traditions and Life in the Towns,* p.73; L. P. Chung, "Public Administration Translation in Hong Kong: A Sociolinguistic Perspective", pp.70-74.

[219] 參見1844-1858年之 *Hongkong Bluebook*。

之後的升遷路線，多為轉為領事外交職務，派駐通商口岸；其中威妥瑪更是成為了英國全權駐華公使，這對於一個譯者而言，或許是職業發展的頂點。

相較英國駐華商務監督中文秘書處或駐華外交系統中的知名譯者「星光燦燦」相比，香港政府內部的譯者水平似有不及。有限的幾位通漢語的英籍譯者，多供職於法院，其他行政部門更是無暇顧及。而即便在最需要翻譯人才的司法部門，合格譯員也是比較缺乏的。其中最「不可或缺」的人物高和爾，竟也不懂中文讀寫。而這樣的譯者，亦是「譯而優則仕」，哪怕品行有虧、名譽欠佳，也能升任高級行政官員。在逼不得已的情況下，香港政府不得不招攬土生葡人、乃至華人以充譯官之職，但又出於種種心理，對他們待遇頗為刻薄，其中又以華人為甚，以致這些「非我族類」的譯者流失率居高不下。[220]加之華人人口急劇增加，其中大部分以小本商人、體力勞動者、赤貧戶以及海盜等一些背景不清白的低下階層居多，治安混亂下，對管治構建相當壓力，[221]另一方面也為司法帶來更多翻譯上需要面對的困境，急待解決。

如此缺乏相互了解和溝通的渠道之下，華洋群體之矛盾可想而知，殖民地管治之艱難可想而知。事實上，直到第二次鴉片戰爭期間，這種矛盾到達了頂峰。[222]香港政府翻譯人才的缺乏，固然不是這些矛盾的主要起因。但在這種嚴峻的社會問題之下，有限的翻譯資源仍然向商務監督署乃至領事部門傾斜，則正正說明了英國攫取香港的本來目的，主要是為加強英國和整個遠東的戰略地位，使香港成為它在這一地

220　陳雅晴，〈亦趨亦離：早期港英殖民政府的華人譯者(1843-1900)〉，《翻譯史研究2015》，頁269-279。

221　曾銳生，《管治香港：政務官與良好管治的建立》（香港：香港大學出版社，2007），頁2。

222　曾銳生，《管治香港：政務官與良好管治的建立》，頁1-6。

區進一步擴張的據點；[223]即英國殖民地大臣史丹利爵士(Lord Stanley,1799-1869)所指示的「不是著眼於殖民，而是為了外交、軍事和商業目的」[224]。早期香港總督因而都把主持對華交涉作為他們的首要任務，至於香港殖民地自身的發展，相比反倒是次要的問題。[225]

---

[223] 余繩武、劉存寬著，《19世紀的香港》，頁131。

[224] C. O. 129/ 3/ 3, Lord Stanley to Sir Henry Pottinger, 3 Jun. 1843.

[225] 余繩武、劉存寬著，《19世紀的香港》，頁131。

新界大埔墟市的興替
與大埔海漁業的關係

黃永豪

香港中文大學—中山大學歷史人類學研究中心研究員
香港科技大學華南研究中心名譽研究員

一、前　言

　　關於新界大埔太和市(現時普遍稱為大埔新墟)和大埔墟(現時普遍稱為大埔舊墟)[1]的興替,當地流傳的故事是某天大埔泰亨鄉的文湛泉(文湛泉的生平,詳見後文)在大埔墟欲購買一尾生猛的石斑魚,但遭到仗勢者的阻止,令他屈氣難消,因而決心另建新的墟市,遂召集鄉鄰,發起籌建工作,結果成功建立太和市。[2]光緒十八年(1892)太和市設立後(太和市立墟日期的商榷,詳見下文),大埔墟的經濟急速衰落,今天只留下一間始建於清初的天后宮,已無墟市痕跡。

　　這個故事是否確有其事並不重要,但這故事有兩個重點值得注意,第一是泰亨鄉紳文湛泉(1826-1902)由於在墟市中

---

[1]　靳文謨修;鄧文蔚纂,康熙《新安縣志》,卷3,〈地理志·墟市〉,稱為「大埔頭墟」,王崇熙纂;舒懋官修,嘉慶《新安縣志》,卷2,〈輿地圖·墟市〉,改稱「大步墟」。本文為便於討論,稱為大埔墟。。兩本方志皆載於張一兵校點,《深圳舊志三種》(深圳市:海天出版社,2006)

[2]　邱東,《新界風物與民情》(香港:三聯書店(香港)有限公司,1992),頁19-21,〈七約同人建新墟〉。

受到不公平的對待，決心另立墟市；第二是事件起因在於兩方爭奪一尾生猛的石斑魚。這個故事展現漁業對大埔墟和地方族群具有重要的意義，研究者往往注意第一點，集中探討泰亨文氏是如何成功抗衡原來經營大埔墟的族群，而忽略了第二點，即漁業在新舊兩墟市興替過程中的影響。換言之，以權力的角度來探討商業活動，而沒有從歷史脈絡和經濟因素來剖析商業的變化。

最早深入探討大埔墟市變遷的是吳倫霓霞，她主張太和市之所以能夠迅速取代大埔墟的經濟和社區地位，是由於控制大埔墟的龍躍頭鄧氏的地位和勢力逐漸衰弱，而泰亨文氏組織區內勢力日漸強大的村落，成功抗衡龍躍頭鄧氏，創立太和市。英國租借新界後，鄧氏失去了清朝南頭縣官府的支持。再加上九廣鐵路的修築，大埔墟失去了原來的優越自然地理位置。[3]卜永堅支持上述的論點，他主張太和市的興起是泰亨文氏組織七約抗衡龍躍頭鄧氏的結果。[4]兩人皆主張地方族群力量的變化，令到鄧氏失去控制當地墟市的優勢，是兩墟市更迭的主要原因。

筆者認為上述的研究取向以控制的或權力的角度來說明新舊兩墟市經濟地位的轉變，是欠缺說服力的。首先，建立新墟市是一回事，新墟市如何在商業競爭中排擠了舊墟市卻是另一回事。兩墟市之間的商業競爭是怎樣的？為甚麼鄧氏所控制的大埔墟在商業競爭中失去優勢？再者，這論點若要成立，必須回答以下的一個重要問題，就是甚麼因素導致泰亨文氏可以在光緒年間與其他村落組成了七約，創立太和市？換言之，這些村落的經濟和社會力量是如何日漸強大的，最後動搖了原有的社會和經濟體制？

上述研究取向的另一項重大缺失，是以岸上人的角度

3　吳倫霓霞，〈香港新界墟市之興起與衰落〉，《漢學研究》，第3卷第2期，頁633-653。

4　卜永堅，〈墟市研究〉，載廖迪生等編，《大埔傳統與文物》(香港：大埔區議會，2008)，頁50-64

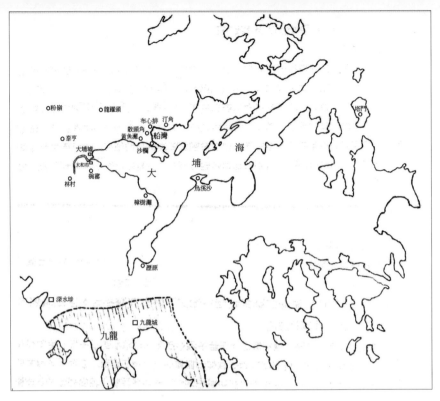

圖1 大埔墟、太和市和七約部份村落位置圖

來探討大埔新舊墟市的變遷，忽視了水上資源的影響。大埔
海在地理和交通上有點兒像地中海。大埔新舊兩墟市、龍躍
頭鄧氏、泰亨文氏和七約各村落皆位於大埔海的沿岸(見圖1)
。大埔海漁業資源豐富，是大埔海沿岸各村落之間以及與區
外交通的重要水道，這些因素與大埔海沿岸的商業活動和族
群發展有密切的關係。文湛泉在大埔墟購買一尾生猛石斑魚
受辱的故事反映大埔海漁業對於當地的墟市活動有重要的意
義。但是，大埔海的漁業資源和交通因素對於沿岸各族群和
大埔墟市的影響卻一直備受忽略。

　　筆者認為地方族群社會地位的變動，以及地方墟市的興
衰，是一個整體與動態的歷史，背後涉及商品的流動、交通
路線的變化和環境的變遷，各項因素是互相影響的。農業資
源對新界的歷史固然有很重要的影響，但是漁業資源的角色
也不容忽視。新界的歷史並不只是岸上人和農業的歷史，漁
業和區外的交通不斷改變地方社會的發展。

　　本文的研究問題是大埔海的交通因素和漁業發展對於大

埔墟市的興替有怎樣的影響？本文嘗試把大埔新舊墟市和七約放在歷史脈絡和經濟發展的角度回答上述的問題。

二、大埔海與大埔墟

　　大埔古稱大步。有關「大步」一名最早的記載見於成書於元朝大德八年(1304)的《大德南海志》。[5]明朝萬曆年間編纂的《粵大記》中〈廣東沿海圖〉的第二十四圖中記載「大步頭」（今大埔頭）的位置。[6]可見在元明時期現時大埔所在的地區已經名為「大步」。康熙及嘉慶《新安縣志》的内文及輿圖，則見有「步」、「埗」、「埔」三字混用的情況。可以推斷在清朝以前大埔原稱大步，清朝初年通稱大步或大埔，到了清朝中葉以後則普遍採用今名。

　　「步」用於地名，多指碼頭。柳宗元的《永州鐵爐步志》指：「江之滸，凡舟可縻而上下者曰步。」[7]《水經注》記載：「步，即水渚也」。[8]由此可見大埔的得名與當地是碼頭或曾是碼頭有很大的關係，反映這裏曾經有一所大碼頭，具有重要的交通功能。

　　由於資料缺乏，再加上清初的遷海對社區的重大破壞，現時對於清朝以前大埔的歷史所知不多。遷海是指清朝初年強逼沿岸人口向內遷移的政策。清朝順治十八年（1661），清政府採納降清的明鄭將領黃梧的建議，頒發「遷海令」，

5　陳大震、呂桂孫纂修，《大德南海志》(上海：上海古籍出版社，2002)，卷7，頁2：「元貞元年，屯門寨巡檢劉進程、張珪建言：東莞縣地面大步海內生產鴉螺珍珠。又張珪續言：本縣地名後龍岐及青螺角、荔枝莊共二十三處，亦有珠母螺出產。」

6　郭棐，萬曆《粵大記》(北京：書目文獻出版社，1990)，卷32，頁541。

7　董誥等輯，《欽定全唐文》(上海：上海古籍出版社，1995)，卷581，柳宗元，〈永州鐵爐步志〉。

8　酈道元著、王先謙校，《水經注》(成都：巴蜀書社，1985)，卷39，〈贛水〉。

以切斷沿海居民與鄭成功的連繫。法令主要內容是命令東南沿海省份的濱海區域居民後遷若干里，在福建為30里，在廣東為50里，越界者死。及後在康熙二年（1663）和康熙三年（1664）實行第二次和第三次遷海，居民需要再向內陸遷離30里。新安縣管治下的現時香港所在大部分土地都位於遷移的地域之內，新安縣亦因為轄區土地十之八九成了界外之地而被裁撤，歸併入東莞縣。康熙七年(1668)廣東巡撫王來任及總督周有德分別上奏朝廷指出遷海的弊病，請求朝廷復界。翌年，朝廷下令展界，復設新安縣，容許部份地區居民返回原居地。康熙二十二年（1683）清軍平定台灣後正式全面復界。[9]

遷海對於新界的社會、經濟和族群所產生的重大影響主要有兩方面。一方面是原居此地的族群的力量出現變化。究竟有多少村落在復界後並沒有返回故鄉，是無法有確切的資料；而返回故鄉的族群受到不同程度的影響。例如科大衛(DavidFaure)認為在明朝初年，整個新界地區只有四個大宗族：河上鄉侯氏、龍躍頭鄧氏、錦田鄧氏和泰坑文氏。龍躍頭鄧氏在新界東部擁有大量的土地。清初遷海時，龍躍頭鄧氏受到打擊。復界後，龍躍頭鄧氏勢力有所衰落。[10]另一方面是大量新族群移居新界，這些被稱為「客家」的族群居住的地理環境和生活資源一般及不上鄧氏和文氏等在明朝年間已經在新界定居的大族。

大埔舊墟是在這種背景下設立。現時有關大埔舊墟和太和市建立的歷史的資料十分缺乏，最詳盡的資料要算是光緒十八年的《大埔示諭》。這示諭是豎立在大埔舊墟旁邊的一塊石碑，但是，原址已找不到這塊石碑，只能依靠香港古物

---

9 蕭國健，《清初遷海前後香港之社會變遷》(臺北：臺灣商務印書館，1986)，頁92-150。

10 科大衛，〈補羅香林教授之有關新界大族研究〉，載珠海文史研究所學會編，《羅香林教授紀念論文集》(台北：新文豐出版股份有限公司，1992)，頁517-528。

及古蹟辦事處早年抄寫的記錄。根據這示諭的內容，在康熙十一年(1672)，即在復界後不久，鄧氏呈准新安縣知縣在孝子祠旁邊建鋪招賈，設立大埔墟。孝子祠建於明朝中葉，根據康熙和嘉慶年間纂修的《新安縣志》的記載，明朝隆慶年間(1567-1572)，鄧師孟父親被海盜擄掠，鄧師孟家貧，無法支付贖金，便以身贖父，待父親安全離開後，投海自殺。[11]萬曆十五年（1587）新安縣知縣邱體乾纂修《新安縣志》，記錄其事。鄧氏族人在萬曆二十三年(1595)建立孝子祠祭祀鄧師孟。鄧氏宣稱墟市的收益是用作孝子祠的香火。但是，康熙《新安縣志》記載鄧孝子祠已經倒塌。換言之，最遲在康熙二十二年(1683)，即《新安縣志》編纂之時、立墟後不久，鄧孝子祠已經日久失修。

　　究竟建立大埔墟的鄧氏是那一支？這裏須說明鄧氏的分支情況。寶安鄧氏始祖鄧符協於宋代定居岑田(即今錦田)。再傳四代分為五大房：鄧元英、鄧元禧、鄧元禎、鄧元亮及鄧元和。當中鄧元禎一系聚居在元朗屏山一帶。而鄧元亮一系除第二房（鄧杞）遷居東莞石井外，其餘各房分佈於新界的龍躍頭、錦田、廈村、大埔頭、萊洞等地。龍躍頭鄧氏和大埔頭鄧氏的開基祖的活躍年代大致相同，兩房鄧氏的擴張時代大致相近，只是龍躍頭鄧氏相對大埔頭鄧氏的力量較強。[12]科大衛(David Faure)主張龍躍頭鄧氏建立孝子祠，因而把大埔墟變成龍躍頭鄧氏集體擁有的財產；[13]夏思義(Patrick-

[11]　見康熙《新安縣志》，卷10，〈人物志・鄉賢〉；嘉慶《新安縣志》，卷19，〈人物・鄉賢〉。但是，鄧氏卻記載鄧師孟只是僕人，與主人於途中同為賊人所擄，他冒認是主人的兒子，願意留在船上為人質，讓主人前往籌集贖款，待主人獲釋後，他即投海自盡。見〈龍躍頭鄉簡介〉，載謝德隆主編，《粉嶺龍躍頭鄉十年一屆太平清醮：癸巳年醮會特刊》(新界：龍躍頭鄉公所，2013)，頁34。

[12]　卜永堅，〈墟市研究〉，頁52。

[13]　David Faure, *The Structure of Chinese Rural Society: Lineage and Village in the Eastern New Territories, Hong Kong* (Hong Kong: Oxford University Press, 1986), pp. 153-155, pp. 232-233.

Hase)則主張因為鄧師孟來自大埔頭鄧氏，因此是大埔頭鄧氏控制大埔墟；[14]而吳倫霓霞則主張龍躍頭鄧氏控制大埔墟。由於沒有進一步的資料，筆者無法推斷是鄧氏那一房控制大埔墟。

　　大埔墟位於林村河口北岸、大埔海的西北端，大埔墟的位置反映這墟市重視大埔海的水上交通和漁業經濟。大埔海是一個東面開口的布袋型的港灣，港灣的北、西和南面皆有高山屏障，並有多條水量豐富的河流連接，豐沛的淡水與海水的交滙頗適合珠蚌的生長。早在五代南漢(917-971)時期，大步海已經是廣東重要的採珠場。這段歷史讀者皆耳熟能詳，由於篇幅關係，本文在此不再詳述。兩宋、元明之間，採珠政策廢復不定。明朝萬曆三十三年（1605），朝廷下令停止採珠，亦禁止民間私採，大埔海的採珠事業逐漸衰微。清朝曾屢次恢復在大埔海採珠，但皆因收益不大而放棄。在1950年代，香港政府曾經鼓勵商人再次在大埔海發展採珠業。到了1960年代，因為船灣淡水湖填海工程導致水質迅速惡化而放棄。除了採珠業，大埔海亦是漁業資源豐富的地區。黃佩佳在1930年代稱：「新界海產之膾炙人口者，有元朗橫洲之蟹及蠔、大埔之鮮魚、長洲之魚卵及大澳之白花膠，其最著者也。」[15]在冷藏技術未普及之時，大埔之鮮魚當然絕大部份是當地魚獲。可見在1960年代以前，大埔海一直是漁業資源豐富的海域。

　　大埔墟位於大埔海的西北端，區內交通可以分為陸路和水路。在陸路方面，主要有三條路線，第一條路線是從大埔墟步行前往上水和粉嶺一帶，甚至可以前往深圳墟；第二條路線是經由林村谷前往元朗墟；第三條路線是經由碗窰往西南前往荃灣或往南前往沙田，到達沙田後可以前往九龍城。

14　夏思義，〈對〈抗租與迎神〉一文的回應〉，《華南研究資料中心通訊》，2000年4月，第19期，頁7-10。

15　黃佩佳著；沈思編校，《新界風土名勝大觀》(香港，商務印書館(香港)有限公司，2016)，頁96。

在水路方面，康熙《新安縣志》記載烏溪沙渡往來烏溪沙與大步頭，嘉慶《新安縣志》除了記載烏溪沙渡外，更記載瀝源渡往來瀝源與大步頭。[16]由於此地地理位置十分重要，直至嘉慶、道光年間(1821-1850)清朝在大埔頭設有汛台，駐兵防守。至於區外的交通，經由大埔海，新界東部的居民和物產可以往來惠州的淡水等地。

當地族群與天后廟的關係反映大埔海對當地族群具有重要的意義。在大埔和粉嶺有4所歷史悠久的天后廟，分別是粉嶺龍躍頭天后廟、大埔林村天后廟、大埔泰亨村天后宮和大埔舊墟天后宮，顯示粉嶺和大埔地區的大族或人口眾多的族群皆重視大埔海的漁業或水上交通。有兩個事例可以說明。第一個事例是一名鄧氏村民因為要上契，在康熙三十年(1691)和康熙三十四年(1695)分別在大埔墟天后廟和粉嶺龍躍頭天后廟許願，告許洪鐘一口；另一個事例是康熙三十九年(1700)鬱蔥圍(即現今的龍躍頭麻笏圍)鄧氏婦人因為兒子往省應試，祈求兒子功名顯達和路上平安，在粉嶺龍躍頭天后廟告許洪鐘一口。[17]鄧氏兒子很可能就是在大埔墟乘船前往廣州應試。這兩個事例皆顯示龍躍頭鄧氏十分重視天后的庇佑。鄧師孟的故事顯示他極有可能是在海上的途中被海盜所擄的，而後人設立鄧孝子祠的地方很可能是當日海盜停駐的地方。

三、太和市的建立

接下來，本文將會詳細說明太和市設立的過程。根據《

---

[16]　王崇熙纂；舒懋官修，嘉慶《新安縣志》，卷七，〈建置略〉，「津」；靳文謨修；鄧文蔚纂，康熙《新安縣志》，卷之三，〈地理志〉，「津」。

[17]　科大衛、陸鴻基、吳倫霓霞合編，《香港碑銘彙編》(香港：香港歷史博物館，1986)，頁651，「大埔舊墟天后宮：鐘」；頁652，「粉嶺龍躍頭天后廟：鐘」；頁653，「粉嶺龍躍頭天后廟：鐘」。

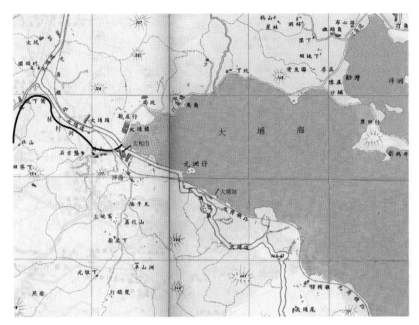

圖2　大埔墟、太和市和泮涌位置圖

大埔示諭》記載，清嘉慶年間(1796-1820)，泰亨文氏要求在
林村河河口南岸的文屋村開舖招商，但遭鄧氏控告，新安縣
衙門判決文氏可以建屋，但不許用作商舖出租(太和市、大埔
墟以及附近村莊位置見圖2)。

　　須要說明文氏及文屋村的背景，讀者才會明白為何官
府會有這樣的判決。泰亨文氏始祖文蔭約在明朝初年移居屏
山，後遷往大埔陶子峴(位於下碗窰村附近)，以造碗為生，
及後再遷往(陶子峴以北約五六百公尺、大埔海海旁)泮涌，
建立「文家莊」，養鴨務農。其後遷居泰亨祠堂村定居，
人口漸多，先後建立中心圍和灰沙圍，成為大埔區內一大氏
族。[18]泮涌以北約200公尺的林村河岸邊就是文屋村所在的位
置，推斷文氏在從陶子峴、泮涌到泰亨的遷居過程中，逐漸

---

[18]　文寅發，〈泰亨源流與大埔七約〉，載大埔七約鄉公所重建委員
會編輯組編，《大埔七約鄉公所重建落成揭幕典禮特刊》(香港：
大埔七約鄉公所重建委員，1990)，頁21。

控制了泮涌、文家莊和文屋村等地方。由於文屋村是文氏的居住地，所以，新安官府雖然不批准文氏建立墟市，但必須容許文氏在當地建屋。同治十二年（1873），文氏以文屋村毀於颶風為理由，再次申請建墟。

　　為甚麼泰亨文氏屢次企圖在文屋村建立墟市？從村村和碗窰前往大埔墟，須先經過文屋村，然後乘船渡河，上岸後再前往大埔墟。據當地居民的追述，村民在文屋村等候船隻期間，若遇到合適的物品，往往就在文屋村岸邊進行交易，不須再前往大埔墟交易。久而久之，文屋村慢慢發展出一個小市集，岸邊有些房屋成為了暫時存放貨品的倉庫。所以，筆者認為泰亨文氏要求官府准許在文屋村建立墟市，只是把現存的小市集的規模擴大。而官府不准在文屋村起鋪建墟，卻又准許在文屋村興建房屋，是無法阻止泰亨文氏在商業上侵蝕大埔墟的利益。

　　到了光緒十八年(1892)，新安縣官員出示《大埔示諭》，重申不准文氏在文屋村建立墟市。但是，就在官府頒布《大埔示諭》的同年，七約宣稱得到新安官府的批准，在文屋村設立新墟市，日後稱為太和市(又稱為大埔新墟)。「約」是聯盟的意思。七約是指由泰亨文氏所發起，與大埔區內許多村落結成的聯盟，成員包括泰亨約、粉嶺約、樟樹灘約、林村約、翕和約、汀角約和集和約，除了泰亨約和粉嶺約屬於本地村落外，其餘五約是復界後成立的客家聚落。在開墟初期，每一約在墟市內各有4間店鋪，七約並且在建立墟市之時，在墟內興建文武二帝廟，作為七約辦公的地方。七約宣稱太和市是在光緒十八年(1892)農曆七月開市(這點留待下文討論)。[19]

---

[19]　太和市對外宣稱是光緒十八年(1892)農曆七月初八日。1972年8月17日大埔七約鄉公所慶祝太和市開墟八十週年，主席馬世安在活動上宣稱：「因擇於一八九二年七月初八日，在富善街文武廟前，興工建築鋪戶，宣告太和市正式開墟。」《華僑日報》，1972年8月17日。

圖3　從大埔墟眺望太和市。《華僑日報》1958年10月21日。

　　太和市立墟和《大埔示諭》存在不少令人費解的問題。根據《大埔示諭》的記載,在嘉慶年間(1796-1820)鄧氏已經呈請新安官府,反對文氏設立太和市。這得到了官府的支持,否決了文氏建墟的請求。到了同治十二年(1873),文氏再以文屋村受到風災,向官府請求批准建立墟市,起鋪招商。為甚麼新安縣衙門要等到光緒十八年(1892),即19年後,才頒布這示諭?而且,新安縣衙門在頒布這示諭的同一年卻又批准文氏設立太和市,政策上有極大的矛盾。現時文氏及七約的村民皆宣稱他們的祖先是得到新安知縣批准建立太和市。一般的說法是他們的祖先在申請建墟之時,新安知縣曾到當地視察,他們的祖先故意繞道,引領視察的官員走了大半天才到達文屋村,讓官員誤以為文屋村與大埔墟相距甚遠,於是批准建立太和市。究竟太和市是否得到官府的批准?筆者認為不大可能。首先,新安知縣既然已經發出了《大埔示諭》,不可能在同一年容許文氏在大埔某地建立新墟市,不管這新墟市的規模如何;其次,大埔墟與太和市皆位於林村河河口、大埔海海邊,隔海相對,兩墟市在目視的範圍內,不管繞了多少時間,只要站在文屋村,便會看到遠方的大埔墟(見圖3);再者,文氏及七約從來沒有拿出任何證據支持他們的說法。

　　其實只要仔細分析《大埔示諭》，便可以得到初步的答案。《大埔示諭》反對文氏在文屋村建立墟市的理由是大埔墟的土地原本就是鄧氏向官府承墾的稅地，而大埔墟的收入是用來供奉鄧孝子祠的。值得注意的，是《大埔示諭》當中最關鍵的字句：「嗣後爾等毋得恃強立舖，攙奪墟息，以致孝子祠無祀。倘有恃強違抗，本縣定即差拘訊究。」這意味有人正準備「恃強立舖」，而官府事先發出警告，必定會「差拘訊究」，目的是要阻止「恃強立舖」的舉動。

　　要探討七約是否將會「恃強立舖」，須要剖析七約是何時成立的。張瑞威主張七約成立於同治十二年(1873)。[20]筆者對這意見是有所保留的，因為這種說法有不少不合理的地方。太和市設立的同年，七約在市內興建文武二帝廟，作為七約的辦公地方。若七約成立於同治十二年(1873)，則在同治十二年(1873)至光緒十八年（1892）之間的19年間，七約在甚麼地方共同議事？如果文氏組成七約是要對抗鄧氏，設立新墟市，又為甚麼七約成立後19年間一直沒有再嘗試挑戰鄧氏對墟市的控制？分析七約各村民是如何講述七約的成立和太和市開墟的日期便可以找出答案。七約在文武廟內成立七約鄉公所，辦理各鄉事務。1953年，七約把七約鄉公所遷出文武二帝廟，在墟旁的戲院街自建會所。1959年，在香港政府的推動下，大埔鄉事委員會成立，接掌七約鄉公所的原有鄉務。現時找到的七約鄉公所最早的公開刊物是1990年的《大埔七約鄉公所重建落成揭幕典禮特刊》[21]，該刊物內刊載七約鄉公所各成員追述七約的成立和太和市開墟的日期有所分歧。有主張七約成立於光緒年間而太和市開市於光緒十八年(1892)，有主張七約成立於光緒十七年(1891)而太和市開市於光緒十八年(1892)，亦有主張七約成立於光緒十八

---

[20]　張瑞威，〈傳統社會〉載廖迪生等編，《大埔傳統與文物》，頁37。

[21]　大埔七約鄉公所重建委員會編輯組編，《大埔七約鄉公所重建落成揭幕典禮特刊》(香港：大埔七約鄉公所重建委員，1990)。

年(1892)，而隱約指太和市則在同一年開市。[22]大埔鄉委員

22　第一說見於邱東，〈大埔墟及其交通之沿革〉，欠頁數：「至光
　　緒年間，有周顧法紀者，操縱市場……遂由文湛泉、馬文合、沈
　　文炳及各鄉耆老，倡議另建新墟……翌(十七)年秋，在今之富善
　　街，興建文武廟及廿八間店鋪……遂擇吉於光緒十八年，歲次壬
　　辰，七月初八日(公元一八九二年八月廿九日)，舉行隆重開光啟
　　市，同時在廟內，設立公所辦理鄉事，維持秩序。」亦見於黃廷
　　良，〈七約及太和市成立史略〉，欠頁數：「當時，鄉民買賣，
　　常遭干預，引致不滿。因此，遂有泰亨約文湛泉、林村約沈文
　　炳、翁和約馬安基等各鄉耆，創議開設新墟，並聯同樟樹灘約、
　　集和約、汀角約及粉嶺約，合組而成七約……時，當局以新舊兩
　　墟，相距咫尺，未能批准。後經幾許艱辛，始獲准設市。因此，
　　改稱太和市。隨由文湛泉及翁和約上碗窰村之馬文合祖，慷慨送
　　地、出錢，在現之富善街，與七約大眾，戮力設立市集……倘有
　　意建鋪，而能力不足者，可向七約登記，請求代建……自光緒十
　　七年起，經年完成。其後，擇定光緒十八年七月初八日(公元一
　　八九二年八月廿九日)，同時舉行文武廟開光暨市集啟市慶典。
　　」兩人皆認為七約成立於光緒十七年前的光緒年間；第二說見於
　　邱東，〈樟樹灘約〉，欠頁數：「樟樹灘與大埔尾兩村，自遜清
　　光緒十七年(公元一八九一年)起，合稱樟樹灘約。時，泰亨文湛
　　泉，碗窰馬文合等鄉耆，發起組織七約，為響應其號召……共同
　　參與，組成七約。並設太和市，建文武二帝神廟，各項有關工
　　作，歷經年餘，先後俱告完成，遂擇吉於光緒十八年(公元一八九
　　二年)，歲次壬辰，七月初八日，同時舉行啟市開光。」亦見於陳
　　觀優，〈汀角約之起源〉，欠頁數：「汀角約……於公元一八九
　　一年，為響應泰亨、林村、集和、翁和、樟樹灘與粉嶺各鄉之號
　　召，由汀角鄉耆俞坤成及各村父老，共同參與，聯合組成七約。
　　隨即展開興建太和市、文武二帝廟等工作。翌年，市與廟同時竣
　　工，擇吉於光緒十八年七月初八日，舉行啟市開光，儀式隆重。
　　」最後一說見於〈太埔七約鄉公所大樓落成誌〉：「溯我七約創
　　立之始，迺先賢文湛泉、馬文合、沈文炳與各鄉耆等所倡議，聯
　　同泰亨、林村、翁和、集和、汀角、樟樹灘與粉嶺等各鄉共組
　　而成。時為遜清光緒十八年歲次壬辰七月初八日，公元一八九二
　　年八月廿九日。嗣後建設太和市及文武廟，並假廟內處理鄉事。
　　」亦見於黃源章，〈大埔鄉事委員會之歷史溯源〉：「清光緒十
　　八年(一八九二年)初秋，組成大埔鄉治的七約……遂由泰亨文湛
　　泉、翁和約馬文合、林村約陳文昭、水窰沈文炳等，發起關建
　　大埔新墟……籌備期間，每約科集資金白銀十兩，由七約辦事處
　　統理其事……。」這兩篇記載皆隱約暗示太和市開墟於光緒十八
　　年，但在時間上絕不可能是在當年的農七月初八日啟市。由此可
　　見，《馬氏譜諜》所記載：「光緒十九年癸巳歲二月廿五日甲寅
　　日興工平基立太和市。七月初八戊子日開廿市。」有其可信性。

會各成員對於七約和太和市成立日期意見分歧，反映各人仍在建構七約和太和市的歷史。可以肯定的，是七約在太和市成立前的光緒年間已經成立，最有可能的日期是光緒十七年(1891)。這樣，結合《大埔示諭》的警告訊息，太和市的建立便有了相對合理的解釋了。筆者推斷這是由於鄧氏發現文氏已經籌組七約，著手開始部署建立墟市，於是要求新安縣衙門發布明確的示諭，壓制文氏的行為，結果官府在光緒十八年（1892）頒布《大埔示諭》。這反映鄧氏已經無法單憑自己的力量來壓制文氏的舉動，須要借助官府的力量，企圖在最後關頭阻止文氏建墟，但最終失敗了。

從文屋村最終發展成太和市的漫長過程，說明文湛泉(1826-1902)在大埔墟購買石斑魚一事而導致他決心建立太和市的故事有頗大的虛構成份，目的只是為了爭奪墟市的行動賦予道德高位，合理化文湛泉的舉動。

四、瓷業和漁業的興盛

當地瓷業和漁業的興盛解釋了為甚麼七約要在光緒年間建立太和市。本文將以七約中最接近大埔海的村落展開討論。碗窰村是七約中客家族群經濟最好的一個村落，在太和市建墟的角色受到忽略。夏思義主張文湛泉領導七約成立太和市。他指文湛泉是整個大埔地區權高勢大的政治人物，他的財富大多靠向人貸款而賺取，並於光緒十年(1884)大力參與修復泰坑文帝廟，他是兩位最高額捐款人之一。[23]但是，其他的記載則反映出文湛泉的角色被誇大了。吳倫霓霞指七約的成立和太和市的建鋪的領導者以文氏為首，其次則為碗窰的馬氏。馬氏一方面支持文氏聯絡其他客籍村人，另一方

---

[23] Patrick H. Hase, *The Six-Day War of 1899: Hong Kong in the Age of Imperialism*. Hong Kong: Hong Kong University Press, 2008, pp. 174-178.

面又捐錢出地，太和市建立時所需的土地，其中一半是由馬氏所捐出。[24]吳倫霓霞文中的馬氏就是馬文合。大埔鄉事委員會的刊物指太和市是由泰亨約文湛泉、翕和約馬文合、林村約陳文昭及沈文炳發起籌建。籌備期間，每約集資白銀10兩。迨進行購地建市，始發覺所籌集資金不及地價的十分之一，後來得到文湛泉和馬文合等業主慷慨損贈土地，才能解決問題。[25]從馬文合捐出文屋村的土地，太和市才能開墟建鋪，碗窰馬文合在建墟過程中的角色不在文湛泉之下。

　　根據馬氏族人的追述，早在六百多年前，即在明朝年間，文、謝兩氏已在碗窰燒製陶瓷器。文氏即泰坑文氏的先祖。清朝康熙初年的遷海，文、謝兩姓相率離開碗窰。展界後，僅得文氏重返大埔碗窰舊地。康熙十三年（1674），文氏將碗窰窰場轉讓予馬氏。馬氏為原籍福建的客家氏族，後來遷往長樂（今五華縣），再移居大埔碗窰。馬氏接手經營碗窰後，恢復陶瓷生產，開啓了大埔碗窰製瓷的後期。碗窰製瓷可以分為前後兩期，前期的碗器由上碗窰村窰場生產，上碗窰村的窰場建造的年代甚早，現在已經無法考證建造的年代；下碗窰村窰場的建造年代較晚，大約在200年前，即嘉慶(1796-1820)後期至道光(1821-1850)初年，由馬文合所設立。[26]

　　碗窰的陶瓷生產為馬文合帶來巨大的財富，並且幫助他建立社會地位。碗窰有兩所重要的廟宇，一是位於上下碗窰交界地方的樊仙宮，另一是位於上碗窰的武帝廟。上碗窰武帝廟在道光九年(1829)重修，廟內記載該次重修的《福德祠碑》碑文第一名捐款者是「信監馬文合」，捐款1,000

24　吳倫霓霞，〈香港新界墟市之興起與衰落〉，頁647。

25　黃源章，〈大埔鄉事委員會之歷史溯源〉，載大埔七約鄉公所重建委員會編輯組編，《大埔七約鄉公所重建落成揭幕典禮特刊》，欠頁數；陳觀優，〈大埔鄉事委員會之歷史溯源〉，《大埔鄉事委員會第十九屆執行委員就職典禮特刊》(香港：大埔鄉事委員會，2007)，頁33。

26　蔣順洪，《香港大埔碗窰陶業淺探》(香港：珠海書院文史研究所學會，1973)，頁6-7。

文，而店鋪有永來店、陳和號、和合碗船。筆者找不到馬文合的生平，他自稱「信監」，很可能取得監生的資格。至於樊仙宮，由於該廟在1976年被燒毀，現時已經無法考證該廟興建的年代。樊仙宮為兩進式建築，第一進左右兩邊牆壁，皆嵌有重修紀念的碑石，左邊是光緒二十三年(1897)和1964年重修的碑石，右邊則是1925年和1944年重修的碑石。第一進和第二進之間的天井正中簷下有一木匾：「乾隆歲次庚戌蒲月穀旦，樊仙宮，眾信弟子同立」。筆者推斷樊仙宮建於乾隆庚戌(1790)，興建之時的規模和結構是否像現時一樣是沒有資料解答。匾下兩柱之兩側有一對木對聯：「同治七年仲秋吉旦……沐恩弟子新益利船敬奉。」第二進內堂兩柱的正面，有一對木對聯：「道光戊戌年季冬月穀旦……沐恩信紳馬文合敬奉。」殿中神壇上有一塊木匾：「道光戊戌年季冬月穀旦……沐恩信紳馬文合敬奉。」神殿兩柱之側有一對聯：「同治戊辰（1868）陽月穀旦，仙骨披風流，蒲雞化神，億萬家共荷甄陶滂澤；廟模宣雲錦，松龍異昔，千百世永瞻赫曜英靈」。[27] 從永來店、陳和號、和合碗船以及新益利船的捐款和送贈對聯，可以推斷在道光年間(1821-1850)碗窰的陶瓷生產頗為興盛，基於這段時期陶瓷是由馬文合所創立的下碗窰村窰場所生產，所以陶瓷興盛為馬文合帶來巨大的財富，幫助他建立社會地位，因此他不單捐款重修武帝廟，並於道光戊戌年，即道光十八年(1838)，送贈對聯和木匾給樊仙宮書。筆者沒有資料可以考證樊仙宮在道光十八年(1838)和同治七年（1868）是否曾進行重修，但可以肯定的，是碗窰的陶瓷生產自道光年間興盛，為當地帶來巨大的經濟收益，所以馬文合、和合碗船、新益利船等願意捐款重修武帝廟和敬送對聯和木匾。

　　馬文合在道光年間有兩項舉動值得注意的，第一件事例是他送贈大埔墟天后宮一副對聯。大埔墟天后宮在1937年經

27　蔣順洪，《香港大埔碗窰陶業淺探》，頁16。

歷風災，廟宇受到破壞，現時已無法考證建於何時。廟內現存康熙三十年(1691)龍躍頭鄧氏族人所敬送的洪鐘一口，可以推斷在這之前該廟已經建成。該廟的碑記記載在道光十四年(1834)曾進行重修。[28]筆者在《香港碑銘彙編》找到在道光十四年(1834)重修後，馬文合敬送該廟一副對聯，書有「信紳馬文合」。[29]廟宇重修，外人送贈物品，並且被放置在廟內的顯著位置，一定是事前得到廟宇經營者的邀請或首肯。所以，馬文合向由鄧氏所控制的大埔舊墟天后宮送贈對聯，是向鄧氏表示友好，並且得到鄧氏的同意。

　　第二件事例是馬文合在道光十七年(1837)送贈給船灣天后廟的一對石柱。據當地村民的追述，船灣三宮廟於清初建成，有超過三百年歷史，並於一百六十多年前重修。但在1936年的風災被夷為平地，已經無法考證其始建的年代。村民宣稱三宮廟原由三座廟宇並列組成，分別為協天宮、天后宮及孔聖宮。[30]村民在2019年進行重建。在重建之時，在原址發掘出陶瓷香爐和香案殘件，陶瓷香爐鑄有「天后宮」三字，足以證明當時是祭祀天后。此外，發掘出一塊鑄造於道光二十四年(1844)的雲版和一對石柱，石柱刻上「道光丁酉歲孟冬月吉旦，沐恩信紳馬文合敬奉」。道光丁酉即道光十七年(1837)，時間上符合村民所追述三宮廟曾於一百六十多年前重修的說法，可以推斷該廟重修的時間是道光十七年(1837)。馬文合在該廟重修之時敬贈一對石柱，顯示他與船灣鄉關係友好。

　　馬文合在道光九年(1829)捐助上碗窰武帝廟重修，在道光十四年(1834)大埔墟天后廟重修時送贈對聯，在道光十七年

28　科大衛、陸鴻基、吳倫霓霞合編，《香港碑銘彙編》，頁581-582，《重修大埔舊墟天后宮碑記》。

29　科大衛、陸鴻基、吳倫霓霞合編，《香港碑銘彙編》，頁821，「對聯」。

30　黃佩佳著；沈思編校，《香港本地風光：附新界百詠》(香港：商務印書館(香港)有限公司，2017)，頁107-108，〈船灣(中)〉記載船灣只有關帝廟和天后廟；黃佩佳著；沈思編校，《新界風土名勝大觀》，頁344，〈船灣〉亦記載船灣只有關帝廟和天后廟。

(1837)船灣天后廟重修時送贈一對石柱，以及在道光十八年(1838)送贈對聯和木匾給樊仙宮，不單說明碗窰的陶瓷生產在道光年間(1821-1850)十分興盛，為馬文合帶來巨大的收益，亦反映馬文合在區內的社會地位甚高，是地方領袖之一。此時他極力與各村落維持良好關係。值得注意的，是泰亨文氏於嘉慶年間(1796-1820)首次要求在文屋村立鋪起墟後，馬文合在道光年間(1821-1950)與龍躍頭鄧氏的關係仍然良好，顯然在這時候馬文合仍沒有在大埔墟外另起墟市的念頭。

　　讀者可能已經留意到上述各廟宇皆在道光年間重修，這包括道光九年(1829)大埔碗窰武帝廟、道光十四年(1834)大埔墟天后宮、道光十七年(1837)船灣天后廟。如果再加上道光三年(1923)的布心排協天宮(詳見下文)，可見圍繞大埔海西北岸的村落紛紛在道光年間重修廟宇。筆者認為這並不是偶然的現象，反映在這時期大埔海沿岸各村落經濟增長。

　　我們先看船灣的情況。船灣原指大埔海一處海灣，現時的船灣是指由鴉山、井頭、洞梓、圍吓、散頭角、詹屋、李屋、陳屋、沙欄、黃魚灘及蝦地吓等11村所組成。船灣11村加上沙螺洞李屋、沙螺洞張屋及下坑則組成七約中的集和約。船灣11村皆是客家村，是復界後才遷入當地定居的。雖然船灣居民現在強調以往的生活是農漁並重，但仔細分析可以發現大部份村落主要的經濟活動是依賴漁業。根據船灣聯村村公所刊物所刊載的有關各村落的文章，散頭角海邊一帶有大量珊瑚礁(當地村民稱珊瑚為「散頭」)，珊瑚燒成灰後可以作為建築材料。至於圍吓、詹屋、李屋、蝦地吓、沙欄等村男性出海捕魚，女性在村內耕種。黃魚灘村的村落前後方皆是海灘，每當魚季，黃魚群聚，故名黃魚灘。而陳屋是一個漁港，老一輩村民還記得，海灣上停泊不少漁船，當地儼如一個小鎮。[31]意大利傳教士在1866年所繪製的《新安縣

31　見《大埔船灣聯村村公所落成誌慶暨第一屆執行委員就職典禮特
　　刊》(香港：大埔船灣聯村村公所，1994)所刊登的各村〈村史簡
　　略〉，欠頁數。

圖4　1866年繪製的《新安縣全圖》船灣部份。

全圖》，在現今陳屋的位置標示一個名為「船灣」的墟市，其標示等級相等於「太埔墟」，足證村民的記憶是可信的(見圖4)。換言之，早在同治五年(1866)陳屋的墟市已經運作，而且規模不小。可以推斷此墟市貿易的商品主要是漁獲和珊瑚灰。我們可以推論在同治五年(1866)之前，甚至可能遠在道光年間船灣的漁業已日漸興盛。

　　位於船灣港灣內的布心排的廟宇重修的歷史旁證上述的推論。布心排位於散頭角東北約500公尺的海邊，布心排東面約1,000公尺則為汀角。汀角、上山寮、下山寮、犁壁山、蘆慈田、龍尾及大尾篤等7村組成七約中的汀角約。筆者無法考證為何位於集和約與汀角約之間的布心排並沒有參加七約。由於資料的缺乏，現在無法考證布心排協天宮的歷史。根據廟內記載該廟首次重修的《協天宮新打香案碑》，捐款者共38位，捐款總額約11,490文。從人名來看，有不少捐款者可能是同字輩的，即是來自同一村落的，例如葉昌連、葉昌榮、葉昌華、葉昌明、陳振發、陳振雷、陳振東、

賴有林、賴有嫦、賴有連、賴有儀。[32]到了光緒十五年(1889)
布心排協天宮再次重修，記載該次重修的《協天宮木牌》共
有28位捐款者，捐款總額不少於白銀12兩和29元。[33]捐款數
目增加反映當地經濟興盛。更值得注意的是有24位捐款者在
名字前冠以地名，包括有龍岡、香山、增城、歸善、洞梓、
禾坑、連麻坑、坪山和坪洋，顯示捐款者大部份來自區外。
禾坑、連麻坑、和坪洋皆位於沙頭角，從布心排前往這些村
落，約須步行三至四小時。歸善在清代其範圍約包括今日惠
州市的惠城區大部份。雖然無法知道這些捐款人的身份或職
業，但可以推斷布心排與區外有密切的貿易連繫，否則不會
有這麼多區外的捐款者願意捐助鉅額的金錢重修協天宮。光
緒三十一年(1905)布心排協天宮再次重修，這次捐款的人數
只有13位，捐款總數有白銀33元。[34]雖然捐款人數和捐款總
額皆有減少，但是10位捐款者是區外人，包括有歸邑、樟樹
灘、井欄樹、香山、深水埗和東莞。從上述協天宮三次重修
的捐款者的記錄，可見協天宮的重修費用逐漸從當地村民轉
移給區外人士所承擔，這反映在道光初年至光緒年間布心排
的對外貿易日漸興盛，到了光緒年間達到一個高峰，商品遠
銷至歸邑、香山、東莞和深水埗等地。從布心排的地理位置
可以推論只有漁業產品才可以支撐該地興盛的區外貿易。

　　汀角同樣位於船灣港灣內。村內關帝廟內有兩塊乾隆
五十年(1785)該廟重修的石碑，第一塊名為《重修本廟題助
碑》，第二塊名為《題助客塊》。《重修本廟題助碑》列
出104位捐款者的名字，當中有不少看來是字輩相同的捐款
者，例如李朝顯、李朝宗、李朝用、李朝選、李朝清、梁煥

32　科大衛、陸鴻基、吳倫霓霞合編，《香港碑銘彙編》，頁78-79，
　　《協天宮新打香案碑》。

33　科大衛、陸鴻基、吳倫霓霞合編，《香港碑銘彙編》，頁225，《
　　協天宮木牌》。

34　科大衛、陸鴻基、吳倫霓霞合編，《香港碑銘彙編》，頁346，《
　　協天宮木牌》。

章、梁煥邦、梁煥文、梁煥彩。石碑更列明：「碑內無名，子孫永遠不得在此讀書」，證明該石碑內所列出的皆是村內或被視為村內的居民。至於《題助客碑》則列出51位捐款者，這些被視為「客」的捐款者當中有7艘罟船。當中6艘罟船每一艘是由兩人共同經營，其中三艘罟船共4位經營者的名字見於《重修本廟題助碑》中，分別是李朝宗、梁煥章、梁煥邦和李郁芳。[35]換言之，有一半的罟船是由村內或被視為村內的居民參與經營。此外，當地鄉民追述在五六十年代以前，男性鄉民靠捕魚、拑帶子、採珍珠和燒石灰等依海為業。當時海產量非常豐富，生活尚算穩定。[36]由此可見，汀角在1950年代以前一直是一處漁獲豐富的漁港。

要論證大埔海漁業興盛，還欠一塊併圖，就是造船業。筆者很幸運找到一份1980年香港中文大學學生訪問樟樹灘村民邱先生的資料。邱先生在訪問中追述由於大埔海是一處漁獲產量極豐富的漁港，造船業因而興盛，當時的造船中心有三個，分別為樟樹灘、大埔墟和塔門。這樣我們便明白為甚麼光緒三十一年(1905)布心排協天宮再次重修時樟樹灘會是捐款者，因為樟樹灘是造船中心，當地與布心排有密切的商業關係。邱先生的父親就是造船的，邱先生早年也曾從事造船。此外，邱先生表示漁業是樟樹灘經濟的重要一環，全盛時期大埔海有漁船百多艘，漁獲有老虎魚、花蟹和帶子，漁獲除了運銷大埔外，更運銷深水埗、鵝頸橋和中環等地。[37]村民的記述亦指以往村民以務農和捕魚為生，男性村民尤以捕捉馬甲柱，即現稱江瑤柱(客家人稱為螺較)聞名。早年大埔海清徹見底，海產豐富，為螺較生長的最佳海床。外面

---

[35] 科大衛、陸鴻基、吳倫霓霞合編，《香港碑銘彙編》，頁45-46，《重修本廟題助碑》；頁46-47，《題助客碑》。

[36] 陳漢明，〈汀角鄉簡介〉，載《大埔鄉事委員會成立五十周年金禧紀念特刊》(香港：大埔鄉事委員會，2009)，頁46。

[37] 1980年11月28日，陳國林，〈大埔樟樹灘村調查報告〉。

商人每天到村內購買，售出的價錢相當可觀。[38]究竟樟樹灘
的修船業和漁業是甚麼時候興盛的？我們可以在樟樹灘的
武帝古廟找到答案。樟樹灘武帝古廟在光緒二十四年(1898)
重修，根據《重修武帝右廟樂助芳名開列》，捐款者的地區
有歸邑、九龍、赤泥坪、沙田、沙頭角、太和市、禾輋、芒
角、力圍(即瀝園)、沙田頭、新寧、安邑、新安、黃宜凹、
番邑、林村、莞邑、石古龍、馬頭村、大庵、深水布、鶴
山、增城、鹿頸、孟公屋、羅洞、全灣、坭圍、西貢、台
山、八鄉、南涌、羊城、香園、赤灣、麻坑、南圍、葵涌、
梅子林、荔枝窩、南頭、鯉魚門和大欖，捐款人數超過600
人。眾多區外的人士願意捐款重修這大埔海邊的村落，甚至
遠在鶴山、增城和新寧等地也願意捐款，筆者認為原因不外
乎此地是大埔海的造船中心和漁獲豐富的地方。

　　綜合而言，從大埔墟和船灣等幾所廟宇在道光年間重
修；同治五年(1866)所繪製的《新安縣全圖》列出了陳屋的
墟市，其規模被視為與大埔墟不相上下；光緒十五年(1889)
布心排協天宮的《協天宮木牌》和光緒二十四年(1898)樟樹
灘武帝古廟的《重修武帝右廟樂助芳名開列》有大量來自區
外地區的捐款者，拼湊出一幅大埔海的漁業經濟圖像，大埔
海的漁業在道光年間逐漸興盛，到了光緒年間達到一個高
峰，大量區外的商家參與大埔海的漁業貿易，商人到布心排
和樟樹灘收購漁獲和、帶子和江瑤柱，這為汀角約、集和約
和樟樹灘約各村落提供豐厚的經濟收益。

五、商業聯盟與泥沙淤積

　　瓷業和漁業的興盛驅使碗窰、船灣、汀角、樟樹灘等村
落要求更合理和更方便的墟市貿易，可是，大埔墟卻無法滿足

38　江甲興，〈樟樹灘鄉簡史〉，載《大埔鄉事委員會第十九屆執行
　　委員就職典禮特刊》，頁39。

這些要求。各村落組成七約，目的並不是以武力抗衡控制大埔墟的鄧氏，而是要組成一個商業聯盟，維護自己的經濟利益。

　　吳倫霓霞和卜永堅皆主張泰亨文氏組織區內勢力日漸強大的村落，抗衡了龍躍頭鄧氏，成功建立太和市。兩人皆沒有清楚說明「抗衡」的意思。筆者認為七約成立的目的不是企圖以武力抗衡龍躍頭鄧氏。理由有三：首先，筆者並沒有聽聞泰亨文氏與龍躍頭鄧氏在這之前曾發生械鬥的傳聞。而且，若泰亨文氏要與其他族群在武力上對抗鄧氏，只要結盟粉嶺彭氏和林村鄉，實力便綽綽有餘；再者，若七約結盟的目的是要在武力上對抗泰亨文氏，則可以不用邀請汀角約和樟樹灘約，因為地理位置偏僻和交通不便，這兩約在發生武力衝突時起不到重大的支援作用。退一步說，若是說組成七約是要對抗龍躍頭的壓逼，在時間上說不通。上文已經指出，人們藉著等候渡船之時在文屋村交易由來已久，若龍躍頭鄧氏會以武力阻止文氏在當地建鋪立墟，早已為之，不會等待七約建立了太和市才會有所行動。

　　筆者認為七約結盟的目的是要保證太和市的商品供應。邱東[39]記載太和市建墟的過程如下：「首先得到馬姓族長慷慨送出田土，作為建墟用地，而文氏長老，則負責一切建築費用。又徵得林村鄉人，答應將穀石及六畜時蔬等物運來，又得汀角、船灣、樟樹灘等村，將每日捕得魚類，一齊運來新墟擺賣。」[40]反映七約結盟的目的就是保證太和市商品的供應。

　　為甚麼船灣、樟樹灘、林村、汀角等地的村落願意結立商業聯盟，承諾供應商品給太和市？在太和市建立之前，這些村落總會有商品運往大埔墟銷售，這些村落為甚麼相信把商品運往新設立的墟市會更加利可圖？單純以鄧氏在墟市商業運作存有一些不公平的成份是無法完全解釋七約建立新墟

---

[39]　邱東是大埔居民，曾任大埔七約鄉公所第一屆至第二屆(1950-1951)，第十三屆至第十五屆(1970-1974)和第十九屆至第二十一屆(1982-1991)委員。他對於大埔的歷史有深厚的認識。

[40]　邱東，《新界風物與民情》，頁19-21，〈七約同人建新墟〉。

市的冒險舉動。

筆者認為這是由於大埔墟已經無法滿足其他村落貿易的需求。不管大埔墟是由龍躍頭鄧氏或大埔頭鄧氏所控制，大埔墟的位置是方便鄧氏的貿易，龍躍頭鄧氏和大埔頭鄧氏前往位於大埔海北岸的大埔墟十分方便。但是，大埔墟的位置卻為林村和碗窰村民帶來不便。林村鄉村民是經由社山和蓮澳前往文屋村，渡河後再前往大埔墟。至於碗窰村民下山經泮涌便到達文屋村，可以想像，如果把碗窰的瓷器運到文屋村後，須要轉運往大埔墟才可以上船運往其他其他地區，是令人困擾的。所以，這兩地的村民支持在文屋村建立新墟市是可以理解的。至於船灣、汀角和樟樹灘步行前往大埔墟十分困難。從船灣步行前大埔墟要花兩至三小時，至於汀角前往大埔墟所花的時間更多。樟樹灘步行前往大埔須從山路經碗窰，再前往大埔墟，花費很多時間。所以，船灣、汀角和樟樹灘等地區居民乘船前往大埔墟是較為方便的。

但是，有各種跡象顯示大埔墟的水路交通日漸困難。無論是香港政府的1964的航空照片或1953年的舊照片，皆顯示林村河所帶來的泥沙在林村河口的東北岸接近大埔墟對開的海面形成大片淤積土(圖5和圖6)。由於林村河的河水被東北岸泥沙所阻，流出河口後往南流，因而在靠近太和市的東岸形成一道較深的河道。問題是這種情況可以上溯至何時？在1899至1904年繪製的新界地圖，所描繪的大埔墟附近的泥沙淤積情況大致是相同的(圖7)。由於1899至1904年的地圖所顯示的林村河河口泥沙淤積情況和1964年的航空照片所顯示的大致相同，所以，可以推斷林村河口東北岸泥沙淤積是一個歷時數十年以至百餘年的緩慢過程，因此，筆者推論可能早在1890年代或之前大埔墟的海面已經受到泥沙淤積的影響，不利大埔墟的船運。

英軍早期的記載可以作為筆者推論的佐證。1899年4月，英軍接收大埔，在現在的大埔舊警署所在的小山崗進行

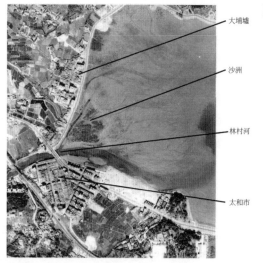

大埔墟

沙洲

林村河

太和市

圖5 林村河河口泥沙淤積
情況圖。引自地政總
署測繪處編制,《昔
日香港:1964年航測
照片集》(香港:地政
總署測繪處,2007),
頁124。

大埔墟

沙洲

林村河

圖6 1953年太和
市,遠方是
埔墟。鄭寶
鴻,《新界
道百年》(香
港::三聯
店(香港)有限
司,2012),
62。

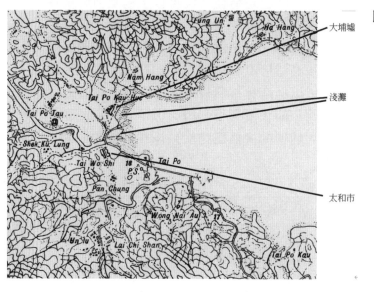

大埔墟

淺灘

太和市

圖7 1899至1904年繪製
的新界地圖有關
林村河口淺灘的
情況。轉引自Hal
Empson, Mapping
HongKong: A
Historical Atlas.Hong
Kong: Government
Information Service,
1992,頁138。

升旗禮，因此引發大埔居民一連串的武力反抗。兩艘運載英軍前往大埔的軍艦之一是名譽號(H. M. S. Fame)，艦長是凱施(Roger Keyes)。凱施日後寫成的自傳[41]曾記載在4月16日指揮名譽號盡量接近「旗桿山」[42]的海面，以便運送軍火和人員上岸，但由於近岸海床甚淺，他們被逼涉水半哩。當天晚上士兵須要涉水半哩通過淺灘和泥濘海面再次運送軍火。[43]《德臣西報》(China Mail)的報導亦記載名譽號的官兵在當晚須在水深只有1.5呎的泥灘步行0.25哩才能到達岸邊。[44]「旗桿山」對開的海面是元洲仔，如果此海域海床甚淺，則更接近林村河河口的大埔墟的海面更加不利船隻航行。

雖然資料十分缺乏，但是，泥沙淤積並不是一朝一夕之事，從一些零零碎碎的資料，我們可以推斷最遲在光緒中葉，大埔墟已經受到林村河帶來的泥沙淤積的影響，其水運功能大減，船灣、汀角、樟樹灘等地的村落須要尋找可以更加適合船隻停泊以便進行貿易的地方，這是七約成立太和市的其中一項重要的背景。

在太和市開墟之時，或甚至是開墟之前，現今太和市附近的海面十分適合大型船隻的停泊。邱東記載：「由今日廣福道之渣打銀行起，至廣福橋頭一帶，都是商船停泊之地，商船多由香港運載貨物到此，亦有從東江、石龍各地，運載杉木石灰、缸瓦山貨、繩索及家用品，或生果穀石等，來此出售。迨至1910年，九廣鐵路通車及大埔公路有貨車行駛，遂將貨船淘汰，但瀕海之鄉，仍用木船作運輸。」[45]

資料顯示早在九廣鐵路通車之前，即在太和市開墟之初期，太和市在市場競爭上已經壓倒大埔墟。太和市位於林村河河口的南岸，為了方便北岸的居民渡河前往太和市，文

[41]　Roger Keyes, Adventures Ashore and Afloat. London: G.G. Harrap & Co., 1939.

[42]　即現在的舊大埔理民府和舊大埔警署所在的小山崗。

[43]　Roger Keyes, Adventures Ashore and Afloat, pp. 170-171.

[44]　China Mail, 1899-4-18, "Effective Work by H.M. Torpedo Destroyer Fame".

[45]　邱東，《新界風物與民情》，頁22-23，〈寶鄉舊貌變新顏〉。

湛泉提倡建造橫越林村河的廣福橋。廣福橋於光緒二十二年(1896)建成，在太和市內武二帝廟的《建造廣福橋芳名開列》記錄了捐款者的名字。根據卜永堅的統計，捐款者總數是668位，當中商業機構為129位。太和市立墟之時只有一條街道，共有28間店鋪。即使到了1905年，香港總督呈交英國殖民地部的報告中太和市有大小商店共38間。[46]換言之，《建造廣福橋芳名開列》記載的129位商業機構，絕大部份是區外的店鋪。太和市才建墟5年，為數不少的區外商鋪願意捐款資助建造廣福橋，足證太和市的商業迅速興盛。邱東所描述的1910年以前的太和市的商船停泊的情況，進一步證明為何區外的商鋪願意捐款資助修築廣福橋。

　　有兩項資料可以幫助我們理解在太和市設立後大埔墟商業萎縮的情況。第一項資料是「永興店」的捐款。位於九龍城寨城旁邊的侯王廟是當地香火最盛的廟宇，該廟在道光二年(1822)進行重修，廟內有一塊記載這次重修的《重修楊侯王宮碑記》，該碑記載大量的捐款者，當中一個捐款者的名稱是「大埔永興店」。[47]這所店鋪被冠以『大埔』二字，可以肯定是在大埔墟內。現時不知道這所永興店是經營那些商品。而《建造廣福橋芳名開列》的捐款名單中有一所「永興店」。碗窰樊仙宮於光緒二十三年(1897)重修，廟內有一塊記載該年重修捐款者名單的《重建樊仙宮碑記》，捐款者當中亦出現「永興店」。《重建樊仙宮碑記》捐款者中有7項是店鋪，這7間店鋪中有6間店鋪的名字亦出現在《建造廣福橋芳名開列》中，分別為廣興棧、永興店、戴源記、廣南泰、南泰棧和邱金記。商鋪名字相同率這麼高，看來並不是巧合。由於兩塊碑石的豎立時間相隔一年，故此可以推斷先後捐款資助建造廣福橋和重修樊仙宮的「永興店」是同一間店鋪。接下來的問題是這「永興店」是否就是「大埔永興

46　轉引自卜永堅，〈墟市研究〉，頁53。

47　科大衛、陸鴻基、吳倫霓霞合編，《香港碑銘彙編》，頁75-78，
　　《重修楊侯王宮碑記》。

店」？筆者無法證實「大埔永興店」就是《建造廣福橋芳名開列》和《重建樊仙宮碑記》中「永興店」。值得注意的，是「大埔永興店」在重修侯王廟捐款2元，而「永興店」在建造廣福橋捐款5元，在重修樊仙宮捐款5元，反映三者的商業規模大致相同，所以有理由推斷「永興店」就是「大埔永興店」。如果筆者推斷正確，則顯示在大埔墟歷史悠久的商店在太和市建墟後，希望藉著捐助款項來建構與太和市和碗窰的商業關係，反映大埔墟的商業正在迅速下滑。

　　上文的英軍軍官凱施的記載是另一項可供參考的資料。凱施在自傳中曾三次記載「大埔墟」(Tai-po-hei)，第一次和第二次是在4月14日他帶領士兵進入「大埔墟」，發現原供警員駐紮的茅舍已被焚燬，第三次是在4月15日名譽號接近「大埔墟」海面。[48]這三次記載的「大埔墟」當然是同一處地點，否則凱施會清楚說明。根據夏思義的研究，凱施在4月14日帶領士兵進入的「大埔墟」就是太和市。[49]凱施從沒有到過大埔海，他這次前往大埔海必然是根據官方的地圖來航行的，即是地圖中並沒有到列出大埔墟的位置，而他在大埔的軍事行動亦沒有發現當地有兩所墟市，反映大埔墟的商業已經沒落，太和市已經被視為大埔最重要的墟市。

六、結　論

　　早在嘉慶年間，泰亨文氏已經嘗試挑戰鄧氏對於大埔墟市的控制，但是，屢次被地方官府所否決。到了道光年間，瓷業和漁業逐漸興盛，驅使碗窰、船灣、汀角、樟樹灘等村落要求更合理和更方便的墟市貿易，可是，由於泥沙淤積，大埔墟越來越無法滿足這些村落的要求。到了光緒十七年(1891)，泰

---

[48]　Roger Keyes, *Adventures Ashore and Afloat*, pp. 167-168

[49]　Patrick H. Hase, *The Six-Day War of 1899: Hong Kong in the Age of Imperialism*, p.64.

亨文氏和碗窰、船灣、汀角、樟樹灘等村落組成七約，目的是把已經具有小市集規模的文屋村擴展成為太和市。鄧氏企圖再次藉著官府的支持來阻止七約的行動，但失敗了。

由於得到七約各村落承諾提供貨品，以及太和市的東面海面較適合船隻停泊，太和市的商業迅速興起，取代了大埔墟的商業地位。在英軍接管新界之時，大埔墟的商業活動已經大大衰退，引不起外界的注意。1913年九廣鐵路在太和市旁邊設立大埔墟站，只是進一步推動早已商業繁盛的太和市的發展。太和市和大埔墟的興替，並不是泰亨文氏聯合其他村落組成七約，抗衡鄧氏的直接後果，用族群對抗的角度來解釋大埔墟市的歷史是倒果為因。

太和市的立墟，反映大埔海沿岸的客家族群由於瓷業和漁業逐漸興盛，經濟力量增長，成功擺脫了原來大族對墟市的控制，重新塑造了地方社會的經濟體制。七約既是一個商業的聯盟，亦是本地大族與新興的客家族群的聯盟。由於七約成立後數年，英國便管治新界，推行一連串的強化管治新界的措施，這個聯盟的發展因此受到局限。

漁業對於大埔海沿岸的族群和村落有重大的影響，漁業亦塑造了大埔的經濟發展。大埔墟和太和市皆位於林村河和大埔海交界之處，反映漁業對於這兩墟市的商業有重大的比重。可惜，由於受到觀念的局限，不單船灣、汀角、樟樹灘等村落在記載村落的歷史大多說「農漁並重」，而研究者亦以岸上人和農業的角度來探討大埔的歷史。新界的歷史被當地人和研究者塑造成岸上人和農業經濟的歷史。

最後，從道光年間日漸興盛的大埔海漁業與大埔區外的關係是值得深入探討的問題。究竟大埔海漁業的日漸興盛與英國鴉片貿易和英國管治香港島和九龍有怎樣的關係？這方面缺乏研究，是新界歷史的一項重大空白面。新界歷史從來不是一個孤立、甚少與其地地區密切交流的社區歷史，新界的歷史亦並不只是中國傳統文化和地方本地大族的歷史。

太平洋戰爭後
香港短期和長期重建初探

馬冠堯
退休工程師

英國政府的預備工作

香港於1941年12月淪陷，落入日本人管治。雖然如此，英國政府通過不同渠道收集香港在日人管治下的情況。[1]兩年後英國政府已開始計劃戰後收回遠東殖民地如馬來西亞、星加坡、婆羅乃和香港等地的重建，成立計劃小組(Planning Unit)跟進如何恢復當地社會正常運作。與此同時，制定香港每年的開支和預算。[2]1944年以婆羅乃的19領域為基礎，制訂香港領域指引，共14領域，名為收回香港各領域的指引(Hong Kong Directive Policy)，並排列恢復優先次序。14領域包括：社會治安(警署包括監獄和消防)；醫療及衛生要保持1941年架構，除潔淨署潔淨督察轉醫務署外，政策要跟殖民地部雜類檔案編號505：殖民地醫療政策，重返遠東流行病學聯盟機構或其新組織，與香港大學緊密合作，培訓護士和衛生督察，重開潔淨學會(Sanitary Institute)公開試，開設醫院和專科醫院，制訂營養、省港澳檢疫和難民問題政策等)；財政則保持自由港政策，原用貨幣不變，三間發鈔銀

---

[1]　CO129/591/s 4 pp 13-19

[2]　CO129/591/ 6 pp 9-17

行可繼續發鈔；勞工跟國際勞工公約，特別是婦儒條例，研究最低工資可行性；社會福利要成立委員會制定政策，參考United Nation Food Conference and Colonial Nutrition Policy memorandum on modern concept of penal administration for the West　Indies，跟進「妹仔」問題、城市規劃、社會保障參考殖民地領域社會保障(Social Securityf or Colonial Territories)和人口調查等；管制危險藥物包括鴉片則根從1912，1925和1931國際公約控制藥物儲藏、入口、分配、買賣、擁有和用途；郵政及通訊優先處理非轉口郵件，準備跟從國際郵政公約，收費盡量依照1941年；軍政府處理鄰近國家如中國、越南、菲律賓、婆羅乃和中國電報通訊，協助電話公司駁通國際電話，必要時修改法例，民事政府接手後才整理對外通訊制度，即船至岸、航空、天文和水文服務、轉播、接收和分播新聞服務、電視服務等，一切以帝國制度為基礎，經殖民地部審批；教育方面重組中學、師範、職業培訓和香港大學；土地及測量方面承認1941年土地註冊延續有效，差餉費不變，未完成土地註冊紀錄前不准買賣，物業監管分敵人、政府或私人，英國、聯軍或中立國政府亦分政府或私人；港口管理要跟進奧雲爵士報告；律政(包括法庭)；工務急需解決欠缺人手和物資；庫房、審計、稅局沿用1941年政策；鐵路要與廣州緊密合作；漁農要研究長遠發展。[3]

　　14領域中有關行政指引包括重組行政立法兩局、華人事務要保持與中國關係良好、太平紳士和兩局議員必須英籍、高官必須有高水平中文和懂廣東話、重組市政局、出入口管理設立登記制度，與勞工署緊密合作。[4]當中重組15政府部門包括：警署(包括監獄和消防)、律政(包括法庭)、工務、庫房、審計、稅局、漁農、財政、華人政策、勞工、社會福

---

[3]　CO129/591/ 8 pp 8-137

[4]　CO129/591/9 page 24

利、教育、醫療及衛生、土地及測量和郵政及通訊。[5]

　　1945年5月計劃小組欲移交軍部落實接收香港計劃，命名軍部民事事項(Civil Affairs)，並召開殖民地部與軍部會議商討挑選人選等事宜。殖民地部建議成立緊急小組(Emergency Unit)處理計劃，[6]並建議邀請主教加入計劃小組，讓他早些返港。決議後決定主教不會加入小組，但要求他以平民身份早日回港。[7]

　　1945年初計劃小組已有35人，但未能應付繁重工作，要求加開職位。退休助理公務司高士美(H. E. Goldsmith)做兼職。[8]與此同時，亦制定臨時政府架構。[9]

英國政府決定軍政府管治

　　1945年中，英國決定由軍政府管治(Military Administration)香港，其好處是有效維持治安和秩序，對外穩住餘下的日軍和南方中國軍伐，對內可防本地流氓；利用軍中工程師的技術、經驗、機器和可在盟軍增取重要物資，可加快重建殖民地步伐，情況近似開埠時的基礎建設。軍政府的短期目標是維持穩定，防止疫情和動亂，利用軍用船隻盡快運送糧食、衣物和藥物到港；長期目標是交回一個安定、和平及正常運作的社會給民事政府，打好民事政府基礎步向繁榮穩定。[10]原則是延續1941的管治，即延續當時一切包括未落實的規劃。

---

[5]　　CO129/591/9 page 25

[6]　　CO129/591/11page 3

[7]　　CO129/591/10/page1 6&122

[8]　　CO129/591/10　page　5;有關高士美在香港的工作,可參看馬冠堯:《香港工程考II-三十一條以工程師命名的街道》(香港:三聯書店(香港)有限公司,2014)頁347-353

[9]　　CO129/591/10/page 117

[10]　CO129/591/12/pp141-142

圖1　領航艦HMSSwiftsure在維多利亞港

　　1945年8月日本投降，海軍少將夏愨(Admiral　　Cecil H.J.　　Harcourt)奉命前往接收香港。夏愨於1946年2月升中將，1949年6月升上將。夏愨當時的艦隊有航空母艦 *HMS　Indomitable*和*Venerable*、巡洋艦*HMS　Swiftsure*和*Euryalus*、護航有戰艦*HMS Anson*和4艘驅逐艦。海軍少將夏愨選擇*HMS　Swiftsure*為領航艦(Flagship)。[11]*Swiftsure*於1943年下水，1944年投入服務，是英國在太平洋戰爭最後製造的軍艦，也是英國第一艘裝置最新雷達系統的戰艦，所以被選中為領航艦，圖1是她在維多利亞港。

　　海軍少將夏愨憶述他首先取回海軍船塢，主因是船塢圍牆完整無缺，除有利防守外，還可用作監禁戰俘。其後香港雖然遇上日本自殺式抵抗(約100艘自殺船載有264人)，但全是小意外。除了清除日軍外，亦要掃除他們埋下的地雷：9月10至15日一共清除了23地雷。他發現全城3年半沒有清理垃圾和廢物，隨處推滿垃圾和山泥傾瀉的泥土，見圖2。戰亂損毀最嚴重的是船塢，見圖3，其他就不算太嚴重，反而

[11]　Brian Corbett, Shield Force: 5358 Wing and the liberation of Hong Kong in *Royal Air Force Historical Society Journal* 51, page 36 ; Wm Roger Louis, Hong Kong: The Critical Phase, 1945-49 in *The American Historical Review*, Oct. 1997, Vol. 102, No. 4, page 1063, 引自 Louis Allen, *The End of the War in Asia* (London, 1976) pp 251-54

圖3　戰後的黃埔船塢

圖2　全城三年零八個月沒有清理垃圾和廢
　　　物，隨處推滿垃圾和山泥傾瀉的泥土

搶劫令所有房屋空無一物。人民最想要的是食物：軍政府通
過華人慈善機構派米；另外利用清潔街道和復修基礎建築物
創造就業，人民有了收入，可買糧食。[12]

軍政府重建

　　9月1日，夏慤正式宣告香港成立軍政府。戰爭令香港
變成廢墟，軍政府如何收拾殘局？重建需要物料、機器和
人才。英軍有一建設隊原本打算往沖繩島興建機場，即皇
家空軍5358聯隊，8月24日抵巴布亞紐幾內馬努斯(Manus)
，得悉奉命轉往香港協助重建，在菲律賓雷伊泰島(Leyte
Island)逃避戰火，其路線見圖4。5358聯隊成立於Hednesford
第六技術訓練學校，聯隊下有5024，5025和5026建設機場中
隊、5207機械中隊、53機械維修小組、5155電機中隊和4857

12　Sir Cecil Harcourt, *The Military Administration of Hong Kong*
　　presented to the Royal Central Society 1947

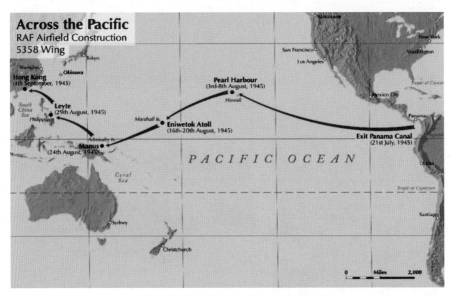

圖4 皇家空軍5358聯隊乘坐澳洲皇后號出發遠東路線

石礦小隊。1945年7月6日從利物浦乘坐澳洲皇后號(*Empress of Australia*)出發遠東帶備機械和300車輛，1945年9月4日抵港，最初住在九龍青年會宿舍，幾日後轉九龍酒店，甲由多得驚人，DDT殺蟲水無效，結果空軍少校路山雲治(Cedric Rosenvinge)以泥漿加糖放在紙上，甲由吃後死晒，聯隊開始參與重建工作。[13]

興建新機場

空軍聯隊到港三日後恢復啓德機場運作，維持飛印度、中國、星加坡、東京、澳洲和上海的班機，雖然每天載300乘客離港，但機場細，附近山又多，飛機上落很危險，亦不容許有四引擎的大型飛機上落，聯隊認為有必要興建新機場，選址屏山。

10月15日夏慤向傳媒透露屏山是合適選址，由4857石礦飛行小隊負責興建，上蔚鄧能(Lt.Dunn)和屈斯(W.O. Witts)主管。[14]10月尾，剛好空軍上將柏架(Air Chief Marshall Sir

13   Brian Corbett, Shield Force: 5358 Wing and the liberation of Hong Kong in *Royal Air Force Historical Society Journal* 51, pp 32 - 45

14   *South China Morning Post and The Hong Kong Telegraph* 15 October 1945

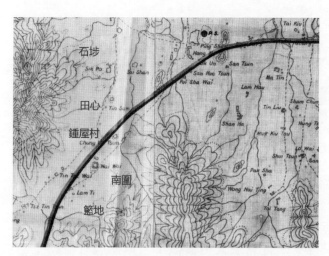

圖5 屏山跑道從南
　　泥圍經順風
　　圍、鍾屋村、
　　田心、李屋村
　　至石埗

Keith　Park)訪港，石礦飛行小隊用炸藥爆開1,500噸花崗石，
由柏架運送第一車石至工地，嘉賓還有夏愨、掌管工程的布
綠瓊(W.A.D.　Brook)、杜斯(L.P.　Doddds)、貝利(V.H.Bayley)
和柏架太太，開始興建屏山機場。柏架向4857石礦飛行隊
致詞時稱啟德未能上落現代大型飛機，在原地擴建是浪費
資源。英國應該在香港有遠東機場，屏山是最佳選址，佔地
600畝，跑道長約兩英哩(5,900呎)，寬150呎，從南泥圍經順
風圍、鍾屋村、田心、李屋村至石埗，並預留920呎長和150
呎寬擴建，見圖5。[15]

　　其實聯隊亦有考慮其他選址包括跑馬地、香港仔、赤
柱，大潭和深水灣。雖然屏山有一缺點是距離市區太遠，但
仍是首選，聯隊建議拉直青山公路改善這缺點。[16]最初村民
大力反對，主要是風水問題，並邀得中國政府支持。後軍政
府承諾賠償，將新機場工作職位優先給與村民，又將肥沃土
壤保存，留待轉放於安置村民的新地再種植，並承諾將所有
先進機械都留下給村民。[17]石礦飛行隊要成立訓練學校培訓

[15]　*South China Morning Post and The Hong Kong Telegraph* 28 October,
　　11 November 1945

[16]　*South China Morning Post and The Hong Kong Telegraph* 12 November 1945

[17]　*South China Morning Post and The Hong Kong Telegraph* 16 November 1945

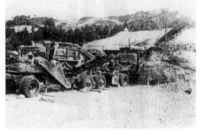

圖6　當時用的推土機　　　圖7　當時用的碎石機

村民如何鑽孔，放炸藥，炸藥份量和安全保護等技術。訓練過程要六星期，七人一組學習控制機器和相關技工，完成訓練後，成員要在考官前實地操作兩星期，才可單獨工作。還成立司機訓練學校，學習駕駛大型機械車。地盤設有流動土壤實驗室，麥堅樹(R.A. McIntosh)講述如何測試泥土才可用於跑道，石礦類別不少，要小心選擇。石礦飛行隊的目標是每天開採1,443噸石(1970年代官塘七個石礦場每天生產3,300噸，平均每場每天只近500噸)，10星期達10萬噸，可見其先進之處。地盤每日有400至500人工作，包括200華人。頭三個月，已開採18,000噸石，7,000噸泥頭。石礦飛行隊在工作之餘組織足球隊，又養豬作樂。陸軍中蔚史賓沙(E.R.Spicer)醫生工餘在屯門新墟免費為村民診病，10月26日開始，11月已有400病人，大多是腳氣病和虐疾，每日約有60至70病人。[18]蒙巴頓(Lord Louis Mountbatten)和費沙(Admiral Lord Fraser)訪港時亦有參觀興建屏山機場。英國皇家空軍部(Air Ministry)認為屏山機場未能達最新國際水平，不支持在屏山使用民事機場，工程因此告吹。圖6是當時的推土機，即剷泥車。圖7是當時的碎石機。

重修鶴園電力廠

空軍聯隊下的53機械維修小組和5155電機中隊亦馬上

---

[18]　*South China Morning Post and The Hong Kong Telegraph* 11 November 1945

復修鶴園電力廠，動用394部
車，50軍人投入服務，華工約
290人。日本人將兩焗爐改用
木燃料，每日燒木240噸，所
以每15分鐘停一次電。八個焗
爐及六個發電機，每樣只有一
個可用，三年零八個月完全無
維修。工場無頂，被劫空無一
物，連機器標內的水銀也被拿
走，只剩下一磨床和兩車床，
都要修復，一粒煤也沒有，
木材只可燃燒幾小時。皇家
空軍從圖片中認出管理電廠

圖8 未維修前的鶴園發電廠機房

的戰孚，追問他們工具的收藏地，在地道和山洞找回少許工
具。首先要清理日本人以500噸石築成的圍牆。木材來自大
埔和粉嶺，成員班咸上蔚(C.L.W. Banham)每日要找240噸木
材，幸好維修九廣鐵路時發現大埔和粉嶺有木材倉，可及
時趕及運送，60%木材由船運，其他由苦力陸路運送。傳有
3,000噸煤沉於水底，但打撈後只有500噸，動用大量苦力，
得不償失。[19] 圖8是入廠時拍下的機房。

　　燃點起焗爐，頭48小時每小時用10噸木材，主管摩利
(AsterV. Molley)感謝華籍女工不停排隊加燃料和將大木切成
合適的木燃料。因為沒有圖則，要用粉筆在地上畫圖。結果
史兵(A. Spinks)和史近蘭(F. Scanlan)修復焗爐和發電機。史
芬斯(J.M. Stevens)在無圖則下完成電線網。龔利(F.C. Crone)
將一焗爐改裝用油燃燒，並建兩油缸在天面，每個重17噸。
曉治(A.C. Harold Hughes)憑咸水番話(Pidgin English)帶領華
籍技工工作，合作無縫。沙展(R. Sergeant)兩星期內恢復工場
運作，供電1400KWH，2800KWH給香港島，比預期快了一

---

[19]　*South China Morning Post and The Hong Kong Telegraph* 17 December 1945

半時間。[20]以下是以一簡單買賣對白介
紹咸水番話：

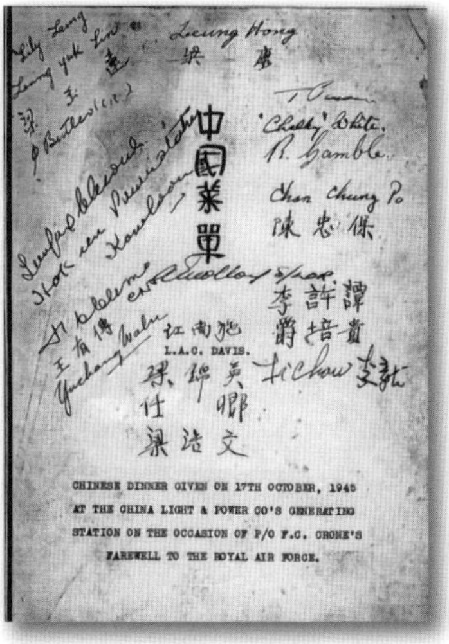

圖9　鶴園發電廠
華洋員工在
歡送會菜單
上簽名留念

小販：velly tluely好老實

客人：How muchee cashee?幾
多錢

小販：two dallars one piecee兩
蚊一件

客人：too mu chee咁貴

小販：no dealar唔貴No.1 good
一流貨

客人：one dallor one piecee一蚊一件

小販：No 1 cheap,一流平more添的

客人：so muchee咁多

小販：sellum, give cashee賣啦，俾錢

當摩利和他的團隊離開香港時，華洋員工於1945年10月
17日合組歡送會，華工與洋工程師合照，並贈送一7呎長紀念
品給洋籍工程師和在歡送會的菜單上簽名留念。歡送會的菜單
如下：雞腰肝湯、生猛鮮魚、手絲雞、香腸炒菜、蝦庵列、牛
肉通粉、牛仔肉、楊州炒飯、生果。圖9是菜單和簽名。

復修九廣鐵路

1945年9月初摩利士中蔚(Lt.P. Morris)接管九廣鐵路，9
月6日開始復修，由米亞中蔚(Lt.T.H. Mayer)負責。由於1941
年12月11日英軍炸毀筆架山隧道中部，5328聯隊要清理隧道
垃圾和裝上支架才可入內檢查。9月9日巡查整條路軌，下
午步行檢查筆架山隧道，隧道以木撐起，要待用上石支撐才
可加快車速，其餘路軌坐車檢查至深圳，檢查後發現要修復

---

[20]　*South China Morning Post and The Hong Kong Telegraph* 17 December 1945

圖10 九廣鐵路的復修工場

多段路軌、幾條橋和隧道。首先要修好兩部日本人留下的車頭，一切維修工具從零開始，皆要自造包括車床、磨床和5噸蒸氣吊機。空軍中校韋察斯(R. Richards)，空軍中校摩他(P.S.P. Morter)，和空軍上蔚路易斯(D. Lewis)提交了復修後的安全檢查報告。9月10日下午一時首班試車從尖沙咀開出，火車慢慢抵達深圳，由空軍中校紐咸(Newham)和空軍少校吉偉(Caldwell)開車，運送主要物資和傷兵。[21]最初火車仍用木燃料，9月中發現日軍的藏煤庫，於20日開始試用。[22]9月底，一列載軍人和傳媒的列車在羅湖邊境發生意外。[23]10月4日尖沙咀火車站的大鐘已經運作。[24]10月12日九廣鐵路華段官員乘坐列車訪港，[25]意味著九廣鐵路全線快要通車。10月27日

[21] *South China Morning Post and The Hong Kong Telegraph* 11 September, 1 & 3 October 1945

[22] *South China Morning Post and The Hong Kong Telegraph* 1 October 1945

[23] 同上

[24] *South China Morning Post and The Hong Kong Telegraph* 4 October 1945

[25] *South China Morning Post and The Hong Kong Telegraph* 15 October 1945

尖沙咀至深圳票價定二元，[26]英段每天載700華人往來。11月12日，每日增至兩班。[27]15日減票價至一元，廣九鐵路亦全線通車，每日一班，票價15.7元。[28]由於珠江三角洲是香港糧食主要來源，加上國內對港幣有信心，大量糧食從鐵路運至香港，中環街市牛肉每斤從2.4元跌至1.4至1.8元不等，豬肉每斤亦從3.8元跌至2至3元不等。[29]圖10是維修工場。

重建顧問委員會和重建處

　　1945年9月11日政府成立重建顧問委員會(Reconstruction Advisory Committee)，嘉道理(Lawrence Kadoorie)為主席，成員有海軍上校連大利(C.N. Lentaigne)、空軍中校習域(F.W. Chadwick)、海軍上校林利(J.P. Lumley)、陸軍上校屈金比(H.M. Whitcombe)、空軍中校韋察斯(R.H. Richards)、李夏盧(Mr.Harold W.Lee)、陸軍中校胡茂(W.G. Wormal)、陸軍中校米連(J.D. Milne)、陸軍中校安倍士(L.W. Amps)、空軍中校費博(S.E. Faber)、陸軍中校科比士(J. Forbes)、韋信(Mr.G.L. Wilson)和布力架(Mr.A.M. Braga)。[30]

　　1945年9月11日舉行首次會議，[31]將基礎建築物分類和評審，按損毀程度估算所需物料，然後定優先次序。民用建築分中西式(一和二級)、唐樓、政府建築物、工廠和貨倉，合共有20,506座損毀，45%倒塌，55%損壞包括醫院、學校、教堂、差館、酒店和戲院。軍用建築有566座損毀，21%

26　*South China Morning Post and The Hong Kong Telegraph* 26 October 1945

27　*South China Morning Post and The Hong Kong Telegraph* 12 November 1945

28　*South China Morning Post and The Hong Kong Telegraph* 13 & 15 November 1945

29　*South China Morning Post and The Hong Kong Telegraph* 18 November 1945

30　*South China Morning Post and The Hong Kong Telegraph* 15 May 1946; CO129/595/6/page 25

31　*South China Morning Post and The Hong Kong Telegraph* 8 September 1945

倒塌，79%損壞。碼頭有遠洋輪船、
省港澳和港內線碼頭，當中16%需重
建，28%大修，46%小修。貨倉則有
24%需重建。重建或重修所需建築物料
約230,154噸。報告於1946年4月提交政
府，結論是缺乏住宅、缺乏建築物料、
缺乏人才、缺乏運輸和缺乏財政，共
五缺。委員會建議政府購入足夠建築
物料，並向澳洲和美國駐太平洋艦隊
增取剩餘物料。所有輸入建築物料需
登記於政府倉，由有經驗的倉務員管

圖11 重建處處長為
重建顧問委員
會成員費博

理。鼓勵本地生產建築物料和善用物料。制定政策協助業主
提供足夠單位：由上面所述的政府倉協助業主重修或重建房
屋；根據租務條例水平補貼重修。由於政府逢行市場政策，
決定不設政府建築物料倉，只會協助私人成事；亦不會直接
扶助私人業主，只會在政策上協助小業主。[32]1946年5月民
事政府成立重建處(Department of Rehabilitation)落實和跟進
報告，並於5月中開始運作。處長為重建顧問委員會成員費
博，見圖11，他是首位提出香港樓宇要考慮颶風的工程師，
戰前的九龍倉郵輪碼頭是他負責設計和興建。另設有一華籍
工程師和一文書職員。主要工作是測量復修樓宇工作，制定
協調機制和防止工程延誤。亦討論決定整體重建政策是否
部門職責和職權範圍，與總商會商討可否設立中央建築物料
倉，每月提交報告。[33]8月總商會推卻制定中央建築物料倉記
錄，同月，工務局否決預製件房屋，1947年3月31日解散部
門。[34]

32　CO129/595/6/pp 23-85

33　CO129/595/6/page 12; Hong Kong Public Office, HKRS41/1/1733 folio 1

34　Hong Kong Public Office ,HKRS41/1/1733 folio 42

軍政府的工程委員會

　　軍政府亦於1945年9月14日成立工程委員會(Engineering Board)，主席是陸軍上校屈金比（H.M. Whitcombe)，他亦是重建顧問委員會成員，其他成員包括海軍中校米利(A.J. Mille)、空軍中校希堤(W.H. Haytey)、陸軍上校羅斯(H.S. Rouse)、陸軍少校茅高信(A.F. Malcolmson)任秘書。9月14日的會議定下委員會的工作是制訂工程優先次序和協調海陸空三軍及工務局的勞工和機械資源。首次會議通過清理通污水和清水渠、恢復清水供應，但要警告市民煲滾水飲、恢復電力供應等列為優先項目。[35]工程委員會約2至8日開一次會議，視乎情況而定。9月底英泥列入優先行列，政府石礦場要重開配合。[36]10月20日，九龍海港列入優先行列：九龍碼頭和貨倉、籃煙囪碼頭、荔枝角和黃埔船塢先行處理。[37]整體來說，工作優先次序是清垃圾、維修吊機、維修碼頭和運輸帶、大修電機、維修路軌和貨車、大修供水和防火、維修貨倉等。1946年6月20日主席屈金比致函輔政司建議解散工程委員會，[38]輔政司7月4日覆確實，[39]完成歷史任務。但政府並無放下重建事宜，成立建築物價格委員會(Building Cost Committee)跟進建築費大升問題，研究如何減低建築物價格，除地價外的建造費用如物料、人工、建造方法和建築物條例等都研究。委員會建議修改建築物條例，工務局與香港大學合作成立物料測試實驗室監察建築物料合乎修改的建築物條例。並鼓勵多用機械輔助建造方法，建造業受影響至今。

35　Hong Kong Public Office, HKRS170/1/39 folio 2

36　Hong Kong Public Office, HKRS170/1/39 folio 6

37　Hong Kong Public Office, HKRS170/1/39 folio 12[1]

38　Hong Kong Public Office, HKRS170/1/39 folio 48[1]

39　Hong Kong Public Office,HKRS170/1/39 folio 49

其他公共措施

其他公共措施陸續恢復列如下：

報章：1945年8月30日，《南華早報》與《士蔑西報》合作率先出「號外」(Extra)報導英軍進入維多利亞港。[40]

廣播：1945年9月1日恢復

小輪：1945年9月3日恢復，天星小輪尾班船為7:30pm；單數日往大澳，雙數日往長州；[41]9月8日深水埗和旺角至上環；[42]9月21日往澳門；[43]10月30日大澳至青山、香港仔至中環。[44]

電話：1945年9月7日本地政府電話接通，[45]私人電話則於1945年10月7日駁通，每月收費15元。[46]

電力：1945年9月7日九龍部分供電，亦通過日本人興建的過海電纜供應部分給港島，海軍船塢也負責供應部分。[47]9月11日過海電纜折斷，工程師認為太舊，修翻都無用，因此海軍船塢只供應中環電力，[48]9月23日煤到，[49]10月4日港燈恢復供電力。[50]

電報：1945年9月9日香港戰俘一律免費發一電報至倫敦，[51]1945年10月2日電報恢復至世界各地除印尼、越南、馬

40　Robin Hutcheon, *SCMP: The First Eighty Year*s, (HK: South China Morning Post, 1983), page 97

41　*South China Morning Post and The Hong Kong Telegraph* 3 September 1945

42　*South China Morning Post and The Hong Kong Telegraph* 8 September 1945

43　*South China Morning Post and The Hong Kong Telegraph* 22 September 1945

44　*South China Morning Post and The Hong Kong Telegraph* 30 September 1945

45　*South China Morning Post and The Hong Kong Telegraph* 7 September 1945

46　*South China Morning Post and The Hong Kong Telegraph* 7 October 1945

47　*South China Morning Post and The Hong Kong Telegraph* 8 September 1945

48　*South China Morning Post and The Hong Kong Telegraph* 11 September 1945

49　*South China Morning Post and The Hong Kong Telegraph* 26 September 1945

50　*South China Morning Post and The Hong Kong Telegraph* 5 October 1945

51　*South China Morning Post and The Hong Kong Telegraph* 9 September 1945

來西亞和一些地方外。[52]

　　供水：1945年9月3日政府通知市民要煲水才可飲。[53]9月8日仍然缺氯氣，所有銅水管被拆除，所以只能局部供水。[54]11月15日全港所有人要交水費。[55]

　　港島巴士：1945年9月23日中環至銅鑼灣經跑馬地每小時兩班，收費2毫。[56]

　　電車：1945年10月5日屈地街至銅鑼灣通車。[57]

　　鐵路：1945年10月27日九龍至深圳收費2元，11月12日每日兩班車，11月15日九龍至深圳收費1元，九龍至廣州每日一班車，收費15.7元。

　　戲院：響應軍政府籌款，皇后戲院於1945年10月30日復業。[58]

　　賽馬：第五軍隊響應軍政府籌款，於1945年11月25日粉嶺雙魚河(近金錢村雙魚河波會)舉行戰後首次賽馬。[59]

　　煤氣：1945年11月原本運送來香港煤氣公司的煤燃料突轉星加坡，[60]煤氣公司要到1946年1月5日才在九龍供應煤氣。[61]

　　新界巴士：1946年4月9日九龍至元朗通車，上下午各3班，全程收費2元。[62]

---

[52]　*South China Morning Post and The Hong Kong Telegraph* 2 October 1945

[53]　*South China Morning Post and The Hong Kong Telegraph* 3 September 1945

[54]　*South China Morning Post and The Hong Kong Telegraph* 8 September 1945

[55]　*South China Morning Post and The Hong Kong Telegraph* 7 November 1945

[56]　*South China Morning Post and The Hong Kong Telegraph* 23 September 1945

[57]　*South China Morning Post and The Hong Kong Telegraph* 5 October 1945

[58]　*South China Morning Post and The Hong Kong Telegraph* 30 October 1945

[59]　*South China Morning Post and The Hong Kong Telegraph* 24, 25 & 26 November 1945

[60]　*South China Morning Post and The Hong Kong Telegraph* 21 November 1945

[61]　*South China Morning Post and The Hong Kong Telegraph* 5 January 1946

[62]　*South China Morning Post and The Hong Kong Telegraph* 10 April 1946

軍政府民事政府交接

　　英國政府視香港為遠東殖民地之一，軍政府交民事政府也希望遠東殖民地是一致，即馬來西亞、星加坡、婆羅乃和香港相同，初定香港於1946年2月1日轉接，其他則於3月1日。可惜到1946年1月2日香港警隊只有23人歸隊，所有法律檔案亦不知所終，首席高等法官和檢察官仍未委任，醫療、建築等物資仍未回軌道。有鑑於此，軍事政府建議暫定3月1日轉接，但轉接必須要滿足兩條件：1)民事政府官員要足夠應付運作，2)足夠供應物資可供民事政府運用。[63]到3月16日，英國政府決定港督於5月1日返港述職，3月29日起草通告(Proclamation draft)。1946年4月10日軍民政府雙方會議討論交收細節，包括長短期政策如重建財務結構、重建民事法庭、政策和監獄、重修商業和工業包括魚業和農業、重建及發展公共措施特別是港口和航空服務、重組教育制度、跟英國政府政策落實殖民地發展和預備交接儀式。[64]

　　1946年4月2日傳媒透露新港督是「舊港督」，即楊慕琦。[65]4月8日傳媒披露任期是12個月。[66]委任楊慕琦的意義是政策有連續性、委任有始有終、有象徵意義、任期是過渡人物、找尋真命天子。

民事政府重建

　　楊慕琦1946年4月30日乘皇家空軍打高達(Dakota)號於下午2:15飛抵啓德機場，他是首位港督乘飛機抵港述職，檢閱軍隊後乘車往半島酒店，休息後，乘船抵皇后碼頭，晚

---

[63]　Hong Kong Public Office, HKRS169/2/7

[64]　同上

[65]　*South China Morning Post and The Hong Kong Telegraph* 2 April 1946

[66]　*South China Morning Post and The Hong Kong Telegraph* 8 April 1946

圖12　匯豐銀行大
班及行政局
議員摩士

圖13　立法局議員
周錫年

圖14　中華總商會
的吳澤華

圖15　中華總商會的
郭贊

上在ZBW/ZEK台向市民廣播。[67]5月1日定為公眾假期，[68]早上10時，海軍中將夏慤將軍旗移至巡洋艦阿干諾(HMS Agronaut)號，換上香港殖民地旗，鳴17響禮炮。何東以廣東話歡迎港督回歸，廖亞孖打(LeoD'Almadae Castro)以英語歡迎港督，由黃炳燿負責翻譯，港督禮貌地回應。下午2:30眾人向夏慤道別，阿干諾號將於6月6日抵樸斯矛夫。港督楊慕琦則在ZBW/ZEK台向市民廣播。[69]

楊慕琦上任的主要新政策有制訂政制改革和落實英國殖民地發展和福利政策。英國工黨於1929至35年執政，制定英國殖民地發展和福利條例(Colonial Development and Welfare Act)。1940年再修定殖民地發展和福利條例，1945至51年英國工黨再執政，1946年再立殖民地發展和福利條例，定下10年發展殖民地計劃至1956年。香港

---

[67]　*South China Morning Post and The Hong Kong Telegraph* 1 May 1946

[68]　*South China Morning Post and The Hong Kong Telegraph* 27 April 1946

[69]　*South China Morning Post and The Hong Kong Telegraph* 1 May 1946

獲撥款100萬英鎊作殖民地發展和福利用途,[70]1945年底殖民地部促港府提交香港十年發展和福利計劃。

發展及福利委員會

1946年7月政府成立發展及福利委員會(Development & Welfare Committee)制定10年發展及福利計劃。成員包括奚屬理(Hon Mr.T.M. Hazlerigg)暫代主席、香樂思(Dr.G.A.C. Herklots)於9月回港任主席、財政司、華民政務司、醫務衛生處長、工務局長、教育局長、匯豐銀行大班及行政局議員摩士(Hon. Mr.A. Morse,圖12)、立法局議員周錫年(圖13)、市政局議員羅文惠、代表中華總商會的吳澤華(圖14)、貝思(Mr.R.A. Bates)任秘書。吳澤華後因病請辭,由代表中華總商會的郭贊補上(圖15)。政府後再委任港口信托的高文(Mr.C.J. Colman)、代表商業及製造業代理的律敦治(Mr.Dhun Ruttonjee)、代表葡籍人士的羅德理奎茲(Dr.A.M. Rodrigues)、和專家費博入委員會。奚屬理和高文先後離港,補入新界理民官巴羅(John Barrow)。[71]

有關英國殖民地發展和福利條例撥款100萬英鎊給香港的用途和開支,委員會調查和研究各部門首長的提議後,向政府建議計畫的用途和十年的開支數目,並根據英國殖民地發展和福利條例的指定,列舉十年發展和福利計畫的目的供政府考慮。發展及福利委員會下亦成立多個小組委員會協助工作如下:

房屋和城市規劃小組委員會於1946年11月11日成立,成員有工務司(主席)、費博、嘉道理、塔拔(Mr.H.J. Tebbutt)、黃炳耀和副醫務衛生處長。職權範圍是根據當時情況考慮和報告香港是否在1947至1956需要改善房屋和城市規劃,

---

[70] Hong Kong Public Office, HKRS41-1-3321-1 folio 2

[71] 同上

建議政府在這緊急情況下如何應對。以1935房屋報告和1940城市規劃和房屋報告為基礎，1947年1月11日小組巡視九龍後，得出以下重要屬性：1.財政。2.一般事項：人口及職業分佈；分工業、商業和住宅區；交通連接；清理貧民窟的垃圾。3.細節事項：公共空間(openspace)和社會福利設施；擴闊馬路；改善工場標準；預留土地供發展；聘請員工做統計工作；清理戰爭留下工作。工務局長認為香港沒有城市規劃專家可以全盤規劃城市發展，他會與港督商討事宜。[72]

　　港口發展小組委員會於1946年11月11日成立，成員有高文(主席)、羅拔時(Hon Mr.C.C. Roberts)、霍斯(Mr.R.Y. Frost)、鍾理(Mr.J. Jolly)、海事處長和工程師歷高(Mr.A. Nicol)。職權範圍是考慮和向發展及福利委員會報告香港10年港口發展計畫，根據先前港口發展報告，列出優先次序。其實1920年經濟資源委員會下的船務和造船業小組建議全面檢討港口發展，Messrs. Coode Fitzmaurice Wilson & Mitchell港口顧問公司的菲茨莫里斯(Sir Maurice Fitzmaurice)抵港調查，並寫下報告。1924年政府成立港口發展處，任命工程師鄧勤(John Duncan)跟進，鄧勤以顧問公司的報告為基礎，寫下香港港口發展報告。到1929年政府已成立香港港口局(Hong Kong Harbour Board)，1931年取消局，以較小的港口諮詢委員會(Harbour Advisor yCommittee)取代，1934年經濟下滑，政府成立委員會研究改善港口，1935年提交報告，但沒有實質建議，1939年已停止開會，政府於是聘請專家提建議，1941年1月奧雲爵士(Sir David Owen)抵港，2月提交報告，建議成立港口信託(Hong Kong Harbou rTrust)管理港口發展。小組委員會就基於這兩份報告、部門建議和調查研究，於1947年3月提交報告，關鍵是是否發展昂船洲、屠房、銅鑼灣和北角填海、油麻地避風塘、九龍灣、觀塘、油塘、荃灣、輪船碼

72　Hong Kong Public Office, HKRS41-1-3321-1-2 第四次會議紀錄第三項

頭、海軍船塢、九龍鐵路等事宜。[73]

公共衛生小組委員會於1946年11月11日成立，成員有醫務衛生處長(主席)、周錫年、周俊年、費博、副醫務衛生處長、香港大學醫學院院長(未抵港)、彼得信(Mr.R.S.W. Paterson)和羅德理奎茲。職權範圍是根據香港公共衛生的需要，考慮和匯報最好改善十年香港公共衛生的方法。報告建議要解決房屋不足、火葬場和墳場、污水和癈物處理、屠房和街市衛生、公共廁所、小販和傳染病等問題。[74]

天然資源小組委員會於1946年11月11日成立，成員有香樂思(主席)、嘉理士(Mr.R.D. Gillespie)、謙士和夫(E. Himsworth)、賴詒恩神父(Father Thomas F. Ryan)、Mr.K.Keen(District Officer,NT)和楊全達。職權範圍是考慮和匯報用何措施改善香港十年天然資源特別是農業和漁業。[75]

福利小組委員會於1946年11月11日成立，成員有奚屬理(主席)、摩士(副主席)、華民政務司、周錫年和醫務衛生處長。職權範圍是考慮和向發展及福利委員建議香港10年福利發展。[76]

教育小組委員會於1946年11月25日成立，成員有教育司(主席)、賴詒恩神父、周錫年、干拿(G.O' Corner)、森信(Professor R.K.M .Simpson)、H.K. Woo、譚雅士(Thomas W.N. Tam)、費希理(J.P. Fehily)、工業校長韋佐冶(George White)和冼德馨。職權範圍是考慮和向發展及福利委員建議香港10年

[73]　Hong Kong Public Office, HKRS41-1-3321-1-2 1947/3 港口發展小組委員會報告

[74]　Hong Kong Public Office, HKRS41-1-3321-1-2 1947年公共衛生小組委員會報告

[75]　Hong Kong Public Office, HKRS41-1-3321-1-2 1947年天然資源小組委員會報告

[76]　Hong Kong Public Office, HKRS41-1-3321-1-2 1947年福利小組委員會報告

教育發展。[77]

　　新界小組委員會於1947年3月17日成立，成員有巴羅(主席)、香樂思、賴詒恩神父、楊全達、Lee Shui Ying和費博。職權範圍是審查草擬方案，向發展及福利委員會提交建議；提交新界發展及福利目標及其5至10年開支。[78]

全盤規劃城市發展

　　上文提及工務局長認為香港沒有城市規劃專家可以全盤規劃城市發展，向港督匯報，1946年11月28日港督與工務局長商討後，電匯殖民地部直述要求城市規劃專家為香港把脈，並點名要求聘請亞拔高比爵士(Sir Patrick Abercrombie)或同級專家，18月至2年時間完成報告。[79]1947年3月殖民地部提議史超域(James A. Stewart)，[80]港督回覆要求亞拔高比爵士或同級專家，1947年4月亞拔高比爵士從塞蒲路斯(Cyprus)反英，回覆8月後才有空，[81]1947年5月14日亞拔高比爵士與殖民地部和候任港督葛量洪爵士開會答應香港城市規劃工作，[82]1947年7月，亞拔高比爵士與港督葛量洪爵士同意職權範圍。[83]

　　1947年10月消息傳出香港聘請了城市規劃專家亞拔高比到港把脈，同年11月2日，亞拔高比乘坐英國航空公司(BOAC)飛抵香港，[84]圖16是亞拔高比爵士。他是利物浦和

---

[77] Hong Kong Public Office, HKRS41-1-3321-1-2 1947年教育小組委員會報告

[78] Hong Kong Public Office, HKRS41-1-3321-1 新界小組委員會報告

[79] CO129/614/2 page 149

[80] CO129/614/2 page 119

[81] CO129/614/2 page 22

[82] CO129/614/2 page2 3

[83] CO129/614/2 page 26

[84] *South China Morning Post* 4 November 1947

倫敦大學建築及城市規劃教授、英國
皇家建築師學會副主席和金牌得主、
負責大倫敦城市規劃(Greater London
Plan)、塞蒲路斯城市規劃、埃塞羅比
亞(Ethioia)首都亞的斯亞貝巴(Addis
Ababa)城市規劃等重要城市規劃工
作。亞拔高比在港只接受一次傳媒訪
問、亦為扶輪社午餐例會和婦女會
演講。11月25日在香港大酒店為扶輪
社午餐例會演講，題目是「一些規
劃想法」。由扶輪社主席蔣法賢醫

圖16　城市規劃專家
亞拔高比爵士

生主持，社會名人有顏成坤、施玉麒牧師和中電經理嘉茂
(F.C.Clemo)等參加。亞拔高比在港的幾個星期是重溫香港
過去有關規劃資料，收取當時的資料，找出香港獨特之處和
聆聽政府及社會各行業和持分者的意見。他指出城市規劃有
如「砌機」，四大主要零件是：房屋、職業、交通和公共
空間。香港房屋沒有分商場區、工業區、住宅區和商業區，
隨處可見商舖、醫院、學校和公用地方等。香港最重要是商
業，應放優先考慮，但不要忽視正在崛起的工業，要找合適
地方安置它們，不然會引起交通擠塞和浪費工作時間。香港
交通沒有規劃，阻塞又未能以繞道解決。城市與郊區是需要
有援衝區，即公共空間去分隔，香港是缺乏公共空間，需要
有更多遊樂場。房屋擠迫，需要集中民居，又或分散民居，
以交通連結各區。增加房屋只有兩方法：向高空發展與建摩
天大廈或開山填海增加土地供應。亞拔高比傾向有秩序填
海增加土地供應，但港口是香港命脈，要小心處理。亞拔高
比提出過海隧道解決香港交通問題。他認為香港不但要是個
商港，亦應是一個文化港。此行目的是將社會各行業和持分
者的意見歸納，把零碎的發展串起成為一個整體香港城市規

劃。[85]他在11月26日亦為婦女會演講。[86]

　　1947年12月6日亞拔高比乘搭英國航空公司飛機離開香港往巴基斯坦的卡垃奇，[87]他預計需要3月時間整理報告。1948年8月27日港府向殖民地部追查報告下落。[88]1948年9月16日殖民地部回覆10月應可到手。[89]9月29日殖民地部收到初稿並交港府，港府於11月16日向殖民地部更正報告中的錯字、地方名，聲明沒有看報告內容。[90]1949年8月消息傳出報告正在印刷中，[91]1949年9月21日港府在黃昏才向傳媒發放收到報告消息。[92]

亞拔高比初部規劃報告

　　亞拔高比厘訂報告涵蓋範圍為規劃目標不止於發展和福利開支的範圍，短期兩至五年，長期可達50年。決定因素有當時的必需性、財政狀況和技術發展等，長短期可因應實際環境而隨時改動。

　　他亦說明報告的局限性，資料是取自1935年奧雲房屋報告和法例草案、1941年大衛奧雲爵士的海港發展報告。主要研究城市地域是香港島和九龍，軍事用地在港島。規劃處的初部調查資料包括地盤研究、訪問、審查各建議等，落實報告計畫需要作進一步詳細研究，特別是房屋狀況、寫字樓面積、工業區的發展、交通道路計劃等。香港城市規劃有兩大特色：一是可用地少、二是無法估計人口上漲數量，當時可

---

[85] *China Mail 26 November 1947; South China Morning Post 26 November 1947*

[86] *South China Morning Post* 28 November 1947

[87] *South China Morning Post* 7 December 1947

[88] CO129/614/3npage 31

[89] CO129/614/3 page 22

[90] CO129/614/3 pp 12-15

[91] *South China Morning Post* 11 August 1949

[92] *South China Morning Post* 21 September 1949

用工具有填海、建築物向高空發展和建造衛星城市(Satellite City)。[93]

　　因無法估計人口增長數量，他只能按實際情況算出規劃住宅預算的數量。根據奧雲報告建議每畝504人，作微調算出規劃預算的可容人口。每畝可建24棟樓，樓高3層，有3住宅，每宅7人，24x3x7=504。一層約315平方呎，每人約45平方呎。每畝43,560平方呎，每人約86平方呎，45/86=0.52淨呎數。採淨呎數，每畝可容0.57x504=285人，當時人口為150萬，港島多出10萬人，要遷九龍。九龍算出規劃預算的可容人口為50萬人，九龍多出10萬人，要遷九龍衛星城市。

　　港島規劃預算：北角南部100畝(5萬人)+海軍船塢(3萬人，建議遷大潭)；多出10萬人遷啓德機場。九龍規劃預算如下：

A　　何文田東200畝(57,000人)

B　　九龍仔東325畝(92,623人)

C　　九龍塘275(78,375人)

D　　青山道125(35,625人)

E　　觀塘填海175(49,875人)

F　　紅磡填海150(42,750人)

G　　醉酒灣200(57,000人)

H　　荃灣193(55,005人)

I　　啓德北350畝(港島移遷)，

共50+10萬人

圖17顯示上述的住宅規劃分佈情況。

　　有關工業用地規劃，他尊重香港地舖上居的一貫做法。將工業區分為輕工業區、重工業區、混合輕重工業區和污染工業區，見圖18。

　　有關道路交通規劃，香港一般只有平路和山路，平路多十字型，山路則跟等高線興建。港島主要幹道有皇后大道、

93　　CO129/614/4 pp 29-40

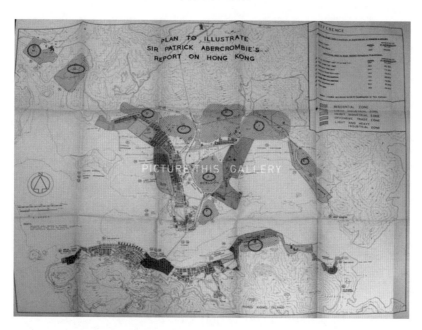

圖17　報告顯示住宅規劃分佈情況

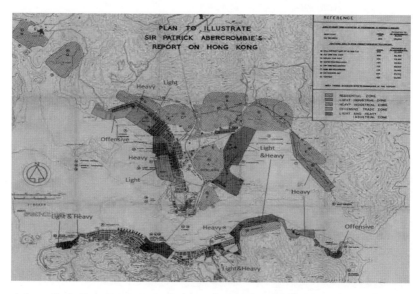

圖18　報告將工業區分為輕工業區、重工業區、混合輕重工業區
　　　和污染工業區

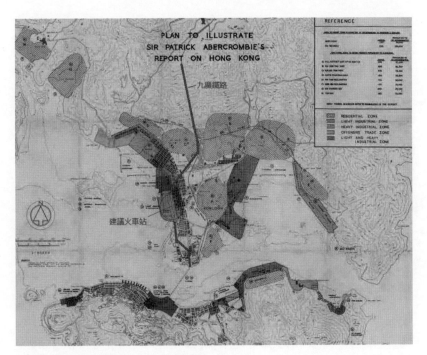

圖19　報告建議的陸路交通規劃

德輔道和軒尼詩道，都是沿岸興建，未能發揮主要幹道分流的角色。九龍分叉路多，彌敦道亦未能發揮主要幹道分流的角色。規劃道路有兩大因素決定：一是海軍船塢的遷徙、二是火車總站的新位置。亞拔高比建議火車總站位置在油麻地避風塘填海，提倡火車電器化。港島與九龍必須連接，橋或隧道都是選擇，但必須解決工程技術和財政兩大難題。技術上要考慮汽車、火車和行人三者如何協調，亦要考慮如何連接粵港公路。他建議彌敦道轉入長沙灣道為本地主要幹道，彌敦道轉入大埔道為粵港公路之伸延，再利用舊鐵路軌地方興建公路至尖沙咀再往港島。電梯有可能是解決隧道或橋的入口方法。各區亦要興建足夠停車場，詳情必須再深入研究才可決定。圖19是他的規劃。

　　亞拔高比建議遷移軍事用地，港島的海軍船塢、威靈頓

兵房和域多利兵房可遷大潭灣，將赤柱監獄遷移，發展赤柱成新城市。這可解決中環交通樽頸，提供更多商業用地。九龍海軍船塢遷移，可令九龍倉碼頭更完整。威菲路兵房和槍會山遷移，九龍會有更多用地。

　　亞拔高比認為中環土地用途應該是商業和文化並行。即一混合模式包括行政、商業、酒店和商場。但當時政府建築物比較少，他建議興建大會堂、博物館、藝術廊、公共圖書館和歌劇院，重組一個香港中心。

　　他提議成立公共空間，即一公園制度，由於地方少，應分散及興建小型公共空間。理論上每1000人應有0.2畝公共空間，清拆舊樓時必須留意，開始減低擠迫程度。至於大型公共空間覓地非常困難，九龍威菲路兵房是好的公園地；沙田填海亦可興建競賽場地。休憩公園適宜於山邊開發地方，九龍京士柏是好的休憩公園地。綠帶找地亦非常困難，但可考慮集水區、斜坡和海灘等地。新界耕地多，除鄉村俱樂部、哥爾夫球場外，應該增加下午茶公園和休憩地方。至於昂船洲，是發展旅遊區的好地方。有關公共空間的相關交通，應考慮步行、單車或汽油車。政府亦應善用樓與樓之間的小用地用作公共空間種植花草。

　　他認為香港除港口、商業、工業和金融外，憑地理位置和交通方便，可發展旅遊業，提議開發旅遊景點。香港美麗夜景和港口馳名世界，建議發展青山道和大帽山，亦應發展海灘供風帆和釣魚，保留新界中式村屋和習俗，娛樂場所除供市民享用外，還可讓遊客享用。香港可舉辦長期展覽會吸引遊客。

香港重建的短期成效

　　軍政府於1946年4月寫下政府工作報告，分別由四位軍部主管撰寫。[94]大致指社會已趨穩定。民間卻記下那些還未

94　CO129/591/12/ pp 7-99

回復的細節，遠東著名傳媒人活克(H.G.W. Woodhead)於1948年6月在扶輪社講座上憶述他1946年6月回港時的景像。居民三餐仍要在政府控制的酒樓用膳，酒店仍被徵用未能全面開放，告羅是打頂樓是徵用給會所，香港會所有一層是海軍會所，山頂、石澳和淺水灣的房屋仍在裝修中，由於缺乏足夠警力，重建進度緩慢。市面少汽油車，的士更少，只有少量電車和巴士服務。維多利亞港見到少量沉船。中環樓宇可見炮彈破壞痕跡。軍隊仍在馬會。[95]共濟會被炸，只能借用電力公司在鐵行的寫字樓開會。[96]1946年著名攝影家摩利臣(Hedda Morrison)拍下香港當時情景，她的相片集中，只有香港大學見到戰爭的痕跡，圖20，誰也佔不到幾個月前的香港仍是一片頹垣敗瓦。

香港重建的長期成效

　　香港重建的長期成效就要看亞拔高比初部規劃報告的落實。首先是我們要用同理心回到1947至1948年間的香港，提出興建海底隧道確是創舉。政府亦讓社會討論渡輪、天橋和隧道的好處和壞處，嘉道理認為隧道的好處比壞處多，大力推動。政府因此聘請顧問專家研究興建海底隧道的可行性，報告於1955年6月完成，建議興建海底隧道的圖則見圖21。民間亦聘請顧問專家研究興建天橋的可行性，圖22是其中一建議圖則。最終政府於1972年落成紅磡海底隧道，歷時24年。另一新創舉是興建機場，啟德機場於1958年落成，歷時10年，見圖23。遷移火車總站就要到1975年紅磡火車站年落成，歷時27年，見圖24。亞拔高比提出興建衛星城市(新市鎮)也是新意，官塘、荃灣和沙田及屯門分別於50、60和70年

95　*South China Morning Post* 16 June 1948

96　Christopher Haffner, *The Craft in the East* (District Grand Lodge of the HK and Far East, HK, 1977) page 236

圖20 1946年香港大學見到戰爭的痕跡

圖21 1955年顧問公司建議興建海底隧道的圖貝

圖22 民間聘請顧問專家研究興建跨
　　海大橋的可行性方案之一

圖23 啟德機場於1958年落成

圖24 興建中的紅磡火車站

圖25 官塘新市鎮於
50年代落成

代落成，圖25是官塘新市鎮。亞拔高比提出遷移市區軍事用
地好等城市規範齊整。最早大型公共空間是九龍公園於1970
年落成就是兵房，沙田馬場則於1978年落成，歷時22至30
年。市區休憩地就盛於80年代，現今說法是「牙籤」公園。
填海計畫就始於1950年，至今仍未消失。剛被定為法定古蹟
的第二代大會堂就是坐落在50年代的填海上，成為中環的文
化指標，其概念亦是源自亞拔高比。政府於80年代復修新界
中式古蹟如祠堂和廟宇，雖然不是有心製造旅遊景點，客觀
效果仍是亞拔高比提出的發展旅遊業。

結　語

　　19世紀的衛生改革在外籍人士和華人大力反對下，政府
強行推出一場改變香港面貌和居民生活的工程革命，讓香港
打下城市的基礎。在這基礎下，20世紀30年代香港已發展成
為一國際城市，可惜戰爭令發展停頓，但亦帶來另一發展機
遇。亞拔高比的遠見，令香港重回國際城市的軌道上，其影
響至今。

近現代香港華人佛教寺廟管理
——以20世紀香港佛教聯合會與各級政府管理機構的溝通與聯絡為視角

張雪松

中國人民大學佛教與宗教學理論研究所副教授

提要：香港佛教聯合會成立于抗日戰爭勝利後的1945年，此後半個多世紀中，香港一直由港英政府管理。港英政府對華人宗教並不十分認可，香港佛教聯合會通過自身不懈地努力溝通、爭取，在既有的港英政府管治模式下，為香港佛教界開拓出越來越大的生存和發展空間。香港佛教聯合在香港「回歸」中發揮了有益的作用，特別是「回歸」後佛誕成為香港法定節假日，極大地提高了佛教在香港社會中的地位。香港佛教聯合會在香港「回歸」後，同中央政府、特區政府都保持了良好的溝通和聯絡，政教關係融洽，佛教在香港社會中顯現出越來越大的活力和影響力。

關鍵詞：香港佛教 香港佛教聯合會 華人廟宇委員會

一、與華人廟宇委員會、港英政府的溝通與聯絡

在1997年香港「回歸」之前，香港佛教聯合會為自身及其成員的生存和發展，以及香港佛教界社會功能的最大拓展和發揮，都必須與港英政府保持良性溝通。在申請土地、創

建道場、舉辦大型宗教活動方面，都必須得到港英政府的許可和支持。港英政府對華人宗教原本的政策框架設計是通過華人廟宇委員會來進行監控把關，港英政府華民政務司司長是華人廟宇委員會的當然主席，實行間接管理。

（一）香港佛教聯合會與華人廟宇委員會的互動

1、香港佛教聯合會在華人廟宇委員會註冊獲得合法地位。

　　港英政府的民政事務部門，主要通過華人廟宇委員會（Chinese Temple Committee）來管轄和監督包括佛教寺廟道場在內的所有華人廟宇。華人廟宇委員會現有（1）直轄廟宇24間；（2）託管廟宇20間；（3）註冊廟宇347間。香港佛教聯合會在灣仔洛克道338號三樓前座的會址（Buddhist Hall of the H.K. Buddhist Association）在華人廟宇委員會註冊為「私營廟宇」。

　　1928年4月27日，港英政府定例局三讀通過了《華人廟宇條例》，隨後便在此條例基礎上成立了華人廟宇委員會。《華人廟宇條例》是在北伐節節勝利以及南京國民政府成立的背景下出臺的，以防止華人廟宇管理失當及資金濫用為由，宣佈包括全部佛教寺廟在內的全香港的華人廟宇必須登記，其寺廟建築及其財產，全部由港府所設的華人廟宇委員會接收。「對香港的傳統宗教廟宇而言，《華人廟宇條例》實際就是一通廟產沒收令。」[1]

　　華人廟宇委員會，在《華人廟宇條例》的早期翻譯中被稱為華人廟宇理事會，[2]對全部華人廟宇擁有財產管轄權。「本例稱『中國廟宇』，包括（甲）廟、寺、觀、道院及庵（

---

[1]　危丁明：《仙蹤佛跡》（香港：三聯書店，2019），頁206-207。

[2]　本章所用的《華人廟宇條例》中譯本，載于《東華三院百年史略》下冊（香港：東華三院庚戌年董事局，1970），頁200-203。此為該條例早期版本的早期譯本，譯本內文中的「中國廟宇」、「中國廟宇理事會」即為「華人廟宇」、「華人廟宇委員會」。

乙）下列地方：（子）依照教理設立廟、觀、道院或庵寺而為拜神或占卦算命之執業者。（丑）用拜神、占卦、算命或相類情事向人徵收任何費用，或報酬或送回香燭或他物者。」顯然任何一所在香港的佛教寺廟都可以歸入華人寺廟，從而納入到華人廟宇委員會的管轄範圍之內。「中國廟宇理事會依法得要求華民政務司以外之人代表保管或受託為中國廟宇管理任何財權者，將各該財產移交華民政務司保管之。」如果在香港的華人廟宇，收到了「由中國廟宇理事會主席簽押」的文書，必須立即將財產交給華人廟宇委員會或其指定的委託機構進行管理，否則「受送達人如無合法宥恕理由而不迅速將各該財產移交者，以違反本例規定論」，華人廟宇委員會將訴諸法律，「不遵奉中國廟宇理事會指示，移交華民政務司，或此項指示無法執行送達時，高等法院按據中國廟宇理事會主席提起民事管轄本訴訟」。而且華人廟宇委員會的管轄權其實不僅限於寺廟財產，而且涉及到寺廟內部的管理和禮儀活動，「中國廟宇理事得決定某一廟宇的慣常典禮，某款應為某事之用，暨將若干盈餘撥入普通華人慈善基金項下收存。」

也就是說，自1928年之後，在香港任何華人或華人團體，其所擁有的廟宇，華人廟宇委員會在原則上都可以據《華人廟宇條例》，「將各該財產移交華民政務司保管之」，華民政務司司長是華人廟宇委員會的當然主席，華人廟宇委員會成為基本上都是華人紳商。

1945年香港佛教聯合會成立之時，《華人廟宇條例》已經實施多年，包括佛教寺廟在內的華人廟宇，特別是其寺院財產，實際上是華人廟宇委員會直接監管的。香港佛教聯合會對其成員，對香港地區的佛教寺院並無任何管轄權，甚至佛聯會所屬的佛教寺院財產，也將受制于華人廟宇委員會的管理。因此無論是香港佛教聯合會自身的生存和發展，還是香港佛教聯合會開展聯絡和團結香港佛教各團體、寺廟道場

的工作，都必須得到華人廟宇委員會的認可與支持。

2、香港佛教聯合會利用華人廟宇委員會的「把關」功能，
　甄別檢測其團體會員，在華人廟宇委員會合法註冊的佛
　教團體、道場，有利於准入香港佛教聯合會。

　　除了少數直轄和委託東華三院等機構管理的華人廟宇，
華人廟宇委員會對絕大多數的華人廟宇並不直接干涉其教產
管理，主要負責登記註冊以及在可能出現糾紛的情況下進行
善後處理。因此華人廟宇委員會主要起到「把關者」的角
色。香港佛教聯合會也利用了華人廟宇管理委員會作為「把
關者」的作用，為自己健康發展服務，其中最為顯而易見的
是香港佛教聯合會的團體會員「必須是香港註冊或登記的合
法及正信佛教團體，由香港佛教聯合會董事會邀請加入」，
在華人廟宇委員會註冊，即可以理解為在香港合法地註冊或
登記；這也就是說可以將在華人廟宇委員會註冊，作為成為
香港佛教聯合會的團體會員的有利條件，華人廟宇委員會在
一定意義上為香港佛教聯合會的團體會員起到「把關者」的
作用。

3、香港佛教聯合會與華人廟宇委員會，在領導層組成人
　員上多有重迭，這些身兼數職的華人政商名流佛教
　徒，在歷史上曾經肩負重要的橋樑溝通作用。

　　華人廟宇委員會的委員，皆為香港華人政商名流，其中
不乏佛教徒。華人廟宇委員會的委員與香港佛教聯合會的董
事之間，多有交叉重迭，這也為兩者之間的溝通聯絡發揮橋
樑作用。其中比較有代表性的是曾長期擔任香港佛教聯合會
副會長職務的黃允畋居士。他是香港殷商黃梓林之子，生平
樂善好施，從1958年起，他歷任東華三院總理，孔教學院主
席、華人廟宇委員；後出任香港佛教聯合會副會長，曾多次
代表香港佛教出訪世界各地。黃允畋作為香港佛教聯合會的
重要領導人之一，也是香港華人廟宇委員會的重要成員，為

兩者的溝通協調創造了極其方便有利的條件。

（二）香港佛教聯合會與港英政府的直接溝通

1、香港佛教聯合會應港英政府邀請，為政府部門以及為全香港社會舉行祈福禳災的大型法事活動。

港英政府的政務部門主要通過華人廟宇委員會來對華人宗教進行「把關」，而港英政府自身實際上對華人宗教並不十分重視。香港佛教聯合會與港英政府的交流溝通，最初源於應邀在港英政府一些部門駐地進行驅邪禳災的法會活動，或面對較大自然災害時應邀為香港市民進行比較大型的祈福活動。1955年5月21日，香港佛教聯合會應香港政府邀請至「英國軍人墳場」進行宗教儀式，是有史以來香港佛教界第一次受港英政府正式邀請進行宗教活動。

1963年6月5日，香港佛教聯合會應港英政府的邀請，佛教界派出法師到金鐘的差餉物業估價署做一場超度法會。當年的差餉物業估價署位於金鐘花園道的美利樓，日本軍侵佔香港之前，曾以這幢物業作軍官宿舍、軍官俱樂部和政府辦事處。日治期間，一度成為日軍羈留和處決囚犯的地方，聽說在裡面死了四千多人，是除了醫院以外，最多人死亡的建築物。由於人心不定，謠言便紛紛興起。據當時一些公務員表示，裡面經常發生古怪的事情，例如打字機的「列印帶」會自動由左移動到右邊；檔案夾也常常無故自動移了位置，更聽說有人的打字機自動鎖入抽屜內。雖然這些傳言可能出於人心不安，但影響卻越來越大，署內員工紛紛請假不上班。香港佛教聯合會準備了各項法器和供品，在二樓的西座設了一座佛壇，內由四十五位大德法師住持焰口法事。樓下則設有附薦壇，超度枉死的無祀孤魂，又於地下設面燃大士，負責鎮守壇場。法會由下午二時開始，先進行全場灑淨，用楊枝淨水灑遍差餉物業估價署內每一個角落。下午四

時，則進行了一場蒙山施食法會，直至六時卅分結束，整場法會由九十三歲的倓虛長老親自主持，共五十六位法師參加，包括筏可法師、茂峰法師等，政府內部華洋高官均出席拈香。法會進行期間，出動警方在場維持秩序，除法師、佛聯會董事居士和記者外，其他市民都不准進內。這次法會之後，便再沒有聽到過差餉物業估價署出現不安寧的事情了。

　　1963年香港大旱，政府為控制水量，實施每四天供水一次，市民生活與健康大受影響。應港英政府所邀，港佛教界發起「祈雨法會」。5月26日起，在跑馬地賽馬會公眾棚舉行三天誦經法會，共三千三百名僧俗信徒參與，盛況空前。1974年8月19日，全港儲水量最大的萬宜水庫啟用，由水務局長黎嚴烈主持「通龍」禮，同時邀請佛教聯合會派員作宗教祝福儀式。是日，由元果法師主持灑淨，並為水庫通龍說法。

2、港英政府首腦應邀出席香港佛教聯合會舉辦的大型社會公益活動。

　　香港佛教聯合會應港英政府要求，積極參與公共法事活動、安定民心，得到了港英政府的認可。因此香港佛教聯合會舉辦大型活動時，港英政府高級官員、公務員亦應邀出席，香港佛教聯合會重要領導人有時也會應邀參加港英政府舉辦的大型活動。例如倓虛法師在為金鐘的差餉物業估價署主持超度法會後不久，於1963年6月22日，在香港荃灣弘法精舍圓寂。8月12日，香港佛教聯合會理事長筏可大和尚主持荼毘典禮，香港政府華民政務司麥道軻、副司憲李刁農等敬獻花圈。1965年英女皇訪問香港，港督設宴歡迎，併發帖邀請佛教代表出席。十年後，英女皇再度訪港，洗塵法師應邀主持「港九各區街坊福利會歡迎英女皇金龍大會」點睛開光禮。1971年3月12日港督戴麟趾爵士出席香港佛教聯合會創辦的一所佛教醫院「香港佛教醫院」開幕禮並致辭，香港佛教聯合會會長覺光法師致辭。

3、港英政府對香港佛教聯合會中為社會公益慈善事業作出重要貢獻的佛教人士授勳表彰。

　　香港佛教聯合會的重要成員，因其在慈善公益等方面的傑出貢獻，也多人獲得港英政府的授勳表彰。1964年7月，黃允畋居士、曾璧山居士，因對社會慈善公益事業貢獻良多，均榮獲英女皇頒贈英帝國員佐勳章（M.B.E），是香港最早獲此殊榮的佛教人士，事後香港佛教七十多個團體聯合舉行宴會慶祝。同年底，黃允畋居士再獲港督委任為太平紳士（J.P.）及華人永遠墳場委員。1983年，再獲英女皇頒贈英帝國官佐勳章（O.B.E）。1970年，佛教聯合會秘書長兼法律顧問王澤長居士獲港英政府委任為非官守太平紳士，又先後出任律師公會會長、立法局議員（1976）及行政局議員（1986）。王澤長長期參與社會公職，貢獻良多，先後獲得英女皇頒授英帝國員佐勳章、官佐勳章及英帝國司令勳章（C.B.E）勳銜。

　　除香港佛教聯合會的護法居士外，出家僧尼也多人獲得港英政府表彰，例如1978年，香港佛教聯合會發起人之一、佛教聯合會常務董事比丘尼慈祥法師法師獲英國女王頒授大英帝國員佐勳章（M.B.E.），開佛教僧尼士獲此殊榮之先河。慈祥法師熱心公益事業，將畢生精力投入失學兒童的教育工作，曾為大埔區議會議員，對香港社會貢獻甚大，深受教內外人士稱頌和愛戴。1990年，智慧法師獲香港政府頒授社會服務勳銜（B.H.），1991年智慧法師加入香港佛教聯合會第三十七屆董事會，歷任董事、常務董事、總務主任和副會長等職。1996年獲頒英帝國員佐勳章（M.B.E.）。

　　雖然，香港佛教聯合會在「回歸」前做了大量工作，在許多時候也贏得了港英政府的認可和贊許，但從總體來講，港英政府對華人宗教並不十分重視，佛教在「回歸」前的香港社會整體地位不高，許多要求並未得到實現，最為明顯的就是佛誕在「回歸」前一直未能成為香港社會的法定節假

日。1954年，在緬甸仰光召開的世界佛教大會通過決議，由各地佛教徒促成當地政府，將佛誕日定為法定假期。香港佛教界回應其事，積極籌備申請佛誕假期。1961年，香港佛教聯合會在《香港佛教》雜誌上刊登「全港佛教徒向港英政府申請四月八日佛誕為公眾假期簽名表」，正式發起「十萬人簽名運動」，呼籲全港佛教徒及社會各界簽名支持。但這種呼籲一直未能得到港英政府有力的回應。

二、與中央政府各相關部門、特區政府的溝通與聯絡

早在「回歸」之前，香港佛教聯合會一直同中國共產黨、同中央人民政府保持著密切的往來。香港佛教聯合會首任領導人筏可大和尚，在抗戰時期就曾暗中支持中國共產黨的遊擊武裝行動，並得到高度評價：

> 筏可大師不但在港九佛教界中有地位，且在華南佛教界中也有一定的影響，筏可大師是一位愛國者，抗日戰爭期間，日偽政權企圖借助他的名望來控制佛教界，利誘他出任華南佛教協會會長，遭到拒絕，致使日寇陰謀不得逞，筏可大他堅持抗日，他支援掩護該寺經慧及智慧為我軍工作，經慧和雖遭敵人嚴刑逼供，仍然保守秘密，堅持搞好我軍情報聯絡工作，為抗日救國作出貢獻。在筏可大師帶動影墊下，當地僧尼們都堅持抗日，他（她）們經常為抗日遊擊隊戰士們采草藥防病治病；特別是抗日部隊處於敵軍包圍、掃蕩期間，他（她）們冒險以米糧、食品支持部隊；一九四四年四月間，日軍以大於我軍數十倍兵力，出動海陸空軍進行掃蕩大嶼山抗日部隊，當時東江縱港九大隊副大隊長魯風（建國時期魯

風任中國人民解放軍廣州軍區空軍副司令員）
因病正在大嶼山庵寺療養，敵人包圍搜查地塘仔
尼庵時，尼姑「了見」師傅冒生命危險掩護魯
風，為了更安全，後又為其化裝，由「六姑」帶
路轉移到昂平寶蓮禪寺，筏可大師親自幫他化裝
為居士，並指點對付敵人的方法；當敵軍包圍搜
查該寺時，筏可及時安排魯風混於數百僧尼中，
在大雄寶殿內聽筏可大師講佛經，日寇以兇狠目
光掃視每個僧尼、居士和信徒們，然後逐排逐座
檢查，魯風在眾僧尼掩護下得以脫離險境；但敵
人不甘於一無所獲，講經會後，日寇軍官隨即率
領士兵到方丈室把筏可大師抓起來毒打並施以酷
刑，以致遍體鱗傷，血跡斑斑，日寇迫大師交出
「何先生」（即魯風），大師矢口否認有「何先
生」在，日本軍官大發雷霆兇狠很地把指揮刀架
在大師脖子上以殺頭、破腦袋威脅，但筏可大師
視死如歸，泰然置之。最後，敵人無可奈可，以
失敗告終。大師……威武不屈浩氣揚，為抗日戰
爭奪取勝利作出卓著的貢獻！[3]

　　1978年大陸地區實行改革開放以來，香港佛教聯合會
審時度勢，率先恢復了香港佛教界與中央政府的溝通與聯
絡。1979年3月21日，首次到大陸參觀訪問的香港佛教旅行
團受到中國佛教協會會長趙朴初居士的借鑒。1980年11月8
日，全國人大常委會副委員長烏蘭夫會見了以香港佛教聯合
會副會長黃允畋居士為團長的香港佛教聯合會訪問團一行24
人。烏蘭夫說，中國共產黨的宗教政策歷來是宗教信仰自

---

[3]　原東江縱港九大隊大嶼山獨立中隊政治指導員王江濤（王鳴）
　　志：〈筏可大師抗日紀念碑〉（西元一九九五年八月十五日），
　　鄧家宙編注、陳于聞點校：《香港佛教碑銘匯釋（一）——港
　　島、九龍及離島》（香港：香港佛教歷史與文化學、香港史學
　　會，2011），頁271-272。

由，而「四人幫」對這一政策進行了極大的破壞，很多寺廟被毀，現在我們正在修復。烏蘭夫歡迎香港佛教界同胞經常回來看看。黃允畋居士談到在廣州、杭州、上海、蘇州、西安、洛陽、北京等地訪問中看到被破壞的寺廟正在修復，宗教信仰自由政策正在貫徹執行，趕到由衷的高興，並對祖國四化事業抱有很大信心。

（一）應邀積極參與《基本法》起草工作，確立「三互原則」原則，為香港「回歸」、祖國統一做出重要貢獻。

　　1984年10月1日，香港佛教聯合會會長覺光法師、副會長黃允畋居士，獲中央政府邀請，赴京參加35周年國慶觀禮。10月4日，當時國家領導人鄧小平先生在北京人民大會堂親切接待香港各界代表，當他知道覺光法師是東北遼寧人時，還囑咐他要回遼寧老家去看看。12月18日，當時國家主席李先念在北京人民大會堂接見了覺光法師在內的參加《中英聯合聲明》簽字儀式的香港各界人士。全國人大委員長萬里親自頒授《基本法》起草委員委任證書與覺光法師。1985年6月，覺光法師被委任為香港特別行政區《基本法》起草委員會委員。同年8月1日至5日，覺光法師再赴北京，出席香港《基本法》起草委員會首次會議，代表香港宗教界對《基本法》的期望：一、維護宗教的尊嚴。可以保持原有及新建崇拜教主的一切建築物以及內部莊嚴陳設，並可舉行一切宗教敬禮儀式。二、維護傳教自由。無論任何宗教，皆有教導倫理道德、善化思想的力量，希望能夠有演講集會、辦經學院、圖書館及出版刊物自由。三、維護宗教傳教人士之傳承。例如：保持佛教出家受戒之儀式、確保僧伽傳統不失、及其他宗教神職人員接替不衰。四、維護宗教表揚慈悲博愛之實際行動。各宗教人士應保有興辦教育、社會福利，並繼續得到政府按照適當津助支持及與內外來往聯繫，交換工作經驗等一切出入自由。1985年覺光法師兩次赴京參加

《基本法》起草的有關會議；1992年赴京接受香港事務顧問聘書；1995年出任特區籌委，表現出他參政是代表香港佛教界、香港佛教徒向中央政府爭取、保護香港佛教的權益。1985年香港佛教聯合會會長覺光法師開始參與基本法草委工作，基本法條文中對香港方方面面都提出了（憲法）框架，也有許多條文談到宗教，提到宗教信仰自由。雖然「讓佛誕日作為法定假期」等細節內容不可能列入基本法，然而覺光法師在4年10個月的起草過程中奔波兩地，收集宗教界的意見，徵求草委的支持。

《中華人民共和國香港特別行政區基本法》第一百四十八條規定：香港特別行政區的教育、科學、技術、文化、藝術、體育、專業、醫療衛生、勞工、社會福利、社會工作等方面的民間團體和宗教組織同內地相應團體和組織的關係，應以互不隸屬、互不干涉和互相尊重的原則為基礎。」這成為內地處理與香港地區宗教界交往的基本原，通常又稱：「三互原則」。覺光法師在香港回歸過渡期間，代表香港佛教登上政治舞臺，參予回歸工作，表現出中央政府重視香港大多數華人信仰的佛教。香港佛教聯合會加強了與中央政府各部門的溝通與聯絡，為香港回歸祖國平穩過渡，做出了積極的貢獻。

1994年5月7日至11日，應國務院宗教事務局邀請，以香港佛教聯合會會長覺光法師為團長，副會長黃允畋居士為副團長，香港佛教聯合會總務主任永惺法師暨常務董事為主要成員的香港佛教聯合會代表團一行12人到北京訪問。代表團在京期間，中國佛教協會趙朴初會長接見了全體成員；中國佛教協會、國務院宗教事務局，同代表團就雙方關心的事宜交換了意見。中央統戰部、港澳辦等單位都對代表團給予了熱情接待。這次香港佛教聯合會代表團到北京訪問，對加強兩地佛教友好關係，1997年香港回歸祖國香港宗教界平穩過渡等問題交換了意見，增進了雙方的瞭解。香港佛教聯合

代表團向中央政府有關單位進一步反映要求1997年後特區政府將釋迦牟尼耶誕節定為香港公眾假期的願望。訪問期間，覺光法師向有關部門介紹了香港佛教的情況，表達了香港佛教人士對香港平穩過渡及主權順利回歸的堅定信心。同時也談到香港佛教界申請將佛誕列為公眾假期的願望。中國佛教協會會長趙朴初熱情支持香港佛教聯合會申請佛誕為公眾假期。中央統戰部部長王兆國、國務院港澳辦副主任陳滋英及國務院宗教局負責人對香港佛聯會一行予以接待，對香港佛教聯合會申請佛誕為公眾假期表示理解，同時重申了《基本法》明文保障香港宗教自由；所有與法律不抵觸的宗教，均可按其原來的方式去開展宗教事務，在「一國兩制」下，香港宗教與內地佛教保持互相往來與平等交往。內地宗教機關及宗教組織，將以不干預、不指揮、不統屬為原則來處理香港宗教關係，完全尊重《基本法》。[4]

　　香港佛教聯合會會長覺光法師在香港回歸過渡期間，代表香港佛教登上政治舞臺，參予回歸工作，代表香港佛教界、香港佛教徒向中央政府爭取、保護香港佛教的權益。直至1998佛誕公眾假期的落實，代表香港佛教已擺脫英國殖民統治下的不平等統治，亦見出中央政對香港宗教界，尤其佛教界的重視。覺光法師在回憶當年應邀參加基本法草委工作，教內有兩大意見，有人認為和尚不應參政，保持超然立場。當中亦有人應為佛教領袖應以保護佛教本身的權益而參政，他指出以往佛教泰斗太虛大師表示出家人應參政，關心國家，關心人民，出於污泥而不染，出家人參政而不求一官半職，歷代高僧參政者，實為民請命。[5]從中可知覺光法師受太虛大師出家人參與社會的思想影響，從而使香港佛教登上政治舞臺，在政府中扮演重要角式，促使香港佛教在回歸後

<hr>

4　《香港佛教聯合會五十周年紀念特刊》，（香港：香港佛教聯合會，1995），頁24。

5　秦孟瀟編：《覺光法師弘法集》第二卷（香港:香港新界觀宗寺、香海正覺蓮社，2003），頁777。

有很大的發展。在1996年，香港特區區選委員會內的宗教勞
工界互選，香港佛教聯合會會長覺光法師得票最多。這一切
一方面反映了香港佛教的重興，也看到了出家人在社會中地
位的提升。使香港佛教從邊緣化走向社會主流起位。

（二）香港「回歸」後，佛誕獲批成為香港法定節假日

　　為促成實現佛誕為公眾假期、兼為香港特別行政區籌備
委員的香港佛教聯合會會長覺光法師，特懇切向全體籌委同
人籲請支援，並致函如附件。除籌委秘書處代轉內地委員們
表示同意提交特區政府商討決定外，得獲香港區籌委們熱烈
反應，簽名贊同者計有：安子介副主任、梁振英副主任、吳
光正委員、范徐麗泰委員、簡福飴委員、葉國華委員、陳佐
洱委員、李兆基委員、李澤添委員、張家敏委員、李連生委
員、李君夏委員、廖正亮委員、潘宗光委員、賈施雅委員、
黃保欣委員、李嘉誠委員、汪明荃委員、曾鈺成委員、邵逸
夫委員、李東海委員、周永新委員、馮檢基委員、韋基舜委
員、郭鶴年委員、王英偉委員、陳乃強委員、楊孝華委員、
郭炳湘委員、羅叔清委員、朱幼麟委員、唐翔千委員、黃景
強委員、吳康民委員、曾憲梓委員、梁錦松委員、林貝聿嘉
委員、李祖澤委員、陳日新委員、酈廣傑委員、謝中民委
員、徐展堂委員、余國春委員、計佑銘委員、王敏剛委員、
吳清輝委員、黃宜弘委員、鄭耀棠委員、譚耀宗委員、劉皇
發委員、李鵬飛委員、徐四民委員、胡鴻烈委員（排名不分
先後）。

　　佛誕日成為公眾假期，反映出香港佛教從殖民時期的邊
緣化到主流化的一個進程。在1980年代中英簽署聯合聲名，
談及香港回歸事宜以前，香港受英國殖民政府統治，香港社
會的主要宗教以西方宗教為主，一向在每年的公眾假期只准
有西方的宗教假期。早在二十世紀五六十年代，香港佛教聯
合會會長覺光法師已聯同社會各界人士，積極向港英當局要

求將將農曆四月初八日佛誕列為公眾假期,惜因港英殖民地政府,偏重於西方宗教假期,並未考慮列入。在港英期間,覺光法師與香港佛教界在此事上爭取30年不果,港英當局只是拖延。1996年1月,覺光法師出任香港特別行政區籌備委員會委員,正式參與了特區政府的籌組工作,[6]並收集全港八十多萬佛教徒和大多數市民的支持簽名,鄭重提出要求,將佛誕列為公眾假期。有關申請佛誕為公眾假期的原因如下:一、香港被英國佔治了百多年,一向在每年的公眾假期只准有西方的宗教假期,東方宗教假期則沒有。二、現在,香港主權歸回中國,香港特別行政區宜應將這東方宗教假期作明確規定,以落實宗教信仰自由。1998年下半年,特區政府批准香港佛教聯合會的申請,即佛誕日為香港公眾假期。進一步擴大了佛教在港的影響力。[7]覺光法師說:「香港在九七後能有公眾假期,是香港宗教自由的最大體現。由於我們香港佛教已爭取到佛誕公眾假日,並影響到澳門和臺灣佛教人士積極爭取佛誕公眾假日呢。」[8]

香港佛教經過30多年的不懈努力和積極爭取,團結香港數十萬佛教徒簽名上書政府,於1998年終於成功申請「佛誕公眾假期」。佛誕成為社會公眾法定假日,不僅是特區政府對傳統宗教及東方宗教的重視,也表現出特區政府對各宗教的一視同仁的政策,使香港佛教得到空前的發展,使佛教成為香港社會具有影響的六大宗教之一。1998年佛誕公眾假期的落實,代表香港佛教已擺脫英國殖民統治下的不平等統治,亦顯示出中央政付對香港宗教界,尤其是對佛教界的重視,促使香港佛教在回歸後有很大的發展。香港佛教於回歸後,隨著國內穩定和開明的宗教政策,讓中國佛教有健康和正常的發展,繼而令中國佛教和香港佛教能互相補助、互相

6　《香港佛教聯合會五十周年紀念特刊》,頁50。

7　《香港佛教聯合會五十周年紀念特刊》,頁16

8　楊毅彬居士2006年4月5日對覺光法師進行訪問。

支持。香港特區政府平等對待各宗教，讓香港佛教能重建形象，確立應有的地位。佛教在世界性的興起和受到尊重，亦極大地提升了佛教在香港的形象。

（三）香港佛聯會更獲中央政府和特區政府批准，迎請佛牙、佛指舍利來港，安定人心

除了佛誕成為香港公眾假期，「回歸」後不久爆發的「金融風暴」、2003年「非典」疫情，每當香港人心浮動之時，香港佛教聯合會都與各級政府溝通，先後從大陸禮請佛牙舍利、佛骨舍利來港供養，安定人心，起到了非常好的社會效果。1998年6月1日，應國家宗教事務局的邀請，以覺光法師為團長、永惺法師為副團長的香港佛教聯合會訪問團飛抵北京。這是香港佛教聯合會在「九七」回歸後首次組團來內地進行友好訪問，並商談迎請佛牙舍利至香港供奉瞻拜事宜。6月3日中午，趙樸初會長在人民大會堂會見了香港佛教聯合會訪問團全體成員。香港佛教聯合會會長覺光法師說：

> 這次我們來到北京並見到樸老，就象回家一樣感到非常親切。香港回歸祖國已近一年了，這一年，香港佛教界有三件值得慶慰的大事。一是1997年7月1日，香港佛教聯合會組織了一個佛教界慶回歸祈福大會，參加人數達5萬人，有來自國內和世界各地的數百名高僧大德參加，香港特區首任行政長官董建華先生于百忙中蒞會，與我們一起分享香港回歸祖國的喜悅。祈福大會隆重、熱烈,盛況空前。二是過去數十年我們一直在爭取將農曆四月初八佛誕日定為香港的公眾假日，始終未能如願。香港回歸祖國後不到5個月，以董建華先生為首的特區政府宣佈，從1999年開始,每年的農曆四月初八日為公眾假日。這是香港首次將佛教節日定為公眾假日,是一件令全體佛教徒振奮

的大事，具有特別重要的意義。三是我會的智慧
法師當選為第九屆全國人大會代表，是唯一一位
香港宗教界的代表，這對香港佛教界來說也是一
件可喜可賀的大事。[9]

香港佛教界在每年佛誕節，除分區舉行各類慶典之外，
還聯合全港佛教各道場假各類大小型公共場所，舉行規模盛
大的慶祝佛誕多項活動，如香港佛聯會成功爭取到國務院
宗教事務局、中國佛教協會等有關部門的支持。1999年3月
香港人大代表智慧法師在九屆全國人大代表二次會議上的發
言：

　主席、各位代表：

　　今天，是九屆全國人大代表二次會議，本人
系香港特區代表團，以宗教界代表的身份出席，
藉今次大會機會，表達些意見。

　　一、首先，多謝祖國落實宗教政策，香港
特區政府經正式頒佈農曆四月初八佛誕日為公眾
假期，于本年一九九九年首年實施，為隆重慶祝
此一盛事，由香港佛教聯合會會長釋覺光法師籌
畫下，經中國佛教協會會長趙樸初老先生多方奔
走，已經得到中國國家主席江澤民先生，總理朱
鎔基先生，副總理錢其琛先生親批允准「釋迦牟
尼佛牙舍利」來港，於九九年五月二十日至五月
廿九日在香港紅磡體育館供奉，以供大眾瞻禮，
今年佛誕日的實施，有佛陀舍利莅港的瞻禮，可
說得是「雙喜臨門」，香港將會擴大慶祝，振奮
民心，使香港各區市民普天同慶，本人謹在此予
以報告。

　　二、去年，寶蓮寺及本人曾承諾在國內籌建

9　楊毅彬居士2006年4月5日對覺光法師進行訪問。

一百所希望工程學校，現藉此機會報告，在中央統戰部、中國佛協會及其他各單位協力配合下，現已籌建完成四十七所，今年將繼續致力籌辦，以期早日達成目標。

今年初，本人隨香港區人大代表團前往汕頭、汕尾及潮州等地視察教育，對祖國教育事業及希望工程業務的認識，增進經驗不少，獲益良多，相信對以後辦理希望工程的教育工作一定有所幫助！

三、自香港九七回歸，祖國收回主權後，在香港每一個中國人，內心均是充滿喜悅與光彩的心情，尤其獲得祖國的保證，創下「一國兩制」的前所未有制度，給予香港市民生活無比的信心，但正由於是前所未有的創新制度，當然在初期實行時，會出現問題，這是無可避免的事實，但能及早發現，雙方兩地共同研究改進，依照基本法的精神，相信一定可以妥善化解問題的。近日發生的香港終審法院判決一事，就是問題的一環。本人深信在雙方法理專家研討下，一定可以圓滿妥善的解決問題。香港市民對一國兩制有信心，國人亦將可由此一事件看出香港特區政府化解問題的能力與才幹！

目前，香港最重要的事項，應是如何全力化解「金融危機」，重返亞洲經濟領導中心！本人在三月三日看了《大公報》中國戰略管理研究會及國際形勢分析，報告全球化中的中國與世界，並於三月五日恭聽朱鎔基總理報告，今後要從嚴治政，以法治國，懲治貪腐，建設廉政，以發奮圖強的一席話後，本人深切的祈望朱總理報告中的改革，可以早日實現，令我國達至國富民強！

同時，本人有感于亞洲同種同文的人民，占世界人口五分之一眾，所以內心便有一個構思，想藉此機會提出，就是中國、香港及臺灣均有豐富的外匯存底，我們同是中國人，是一家人，可以用此雄厚資本共同合作，促進亞洲金融體制，經濟合作，如創立亞洲共同貨幣，有如現今歐元的地位一樣，以解亞洲各國發生之貨幣金融危機！

合作順利，中國與臺灣的經濟均可扶搖直上，生活水準亦將逐漸接近，兩地均是中國人，彼此一體，臺灣回歸祖國一事，便可順理成章，水到渠成，分歧的問題，亦將可迎刃解決。

從長遠計畫，這對中國，亞洲各國人民的福祉，都應該是有莫大裨益的！當然，這些都需要有賴我國各方面財經專家及優秀人才去設計進行，我們殷切的期望，這些日子早日來臨！

最後本人想在這裡一提，就是本人因在香港擔任特區政府滅罪委員及少年警訊名譽會長的職務，在參加警務處春節聯歡時，警務處高級官員，特別委託本人，向解放軍駐港部隊致意，讚揚解放軍駐港部隊，是他們在香港看到最守紀律，勤政親民的隊伍，是在香港從未見過的，本人謹藉此機會報告！

本人才疏學淺，所提意見，是一種希望和設想，要為祖國貢獻一點綿力，祈望各界人仕，多予指正！謝謝！

1999年，香港因亞洲金融風暴，經濟陷入低迷，人心不穩，香港佛教聯合會迎請佛牙舍利來港，中國佛教協會會長趙樸初居士不顧年老體弱，親自到香港主禮（這是他最後一次參加公開活動），當時趙樸初居士說：「佛牙何所言，佛指何所指？有了佛陀慈悲、智慧的加持，就一定能莊嚴國

土，利樂有情，祖國統一，民族復興，世界和平，皆大歡喜。」2004年，香港佛教聯合會，香港大公報，鳳凰衛視又聯合迎請佛指舍利來到經歷了「非典（SARS）」之後的香港供奉。事後，國家宗教局葉小文局長，發出了趙樸初居士當年的感慨：「佛牙何所言，佛指何所指？佛牙乃言香港回歸，1997年香港回到祖國懷抱後，為慶祝中華民族這一大盛事，佛牙舍利於1999年赴港供奉，體現了祖國內地對香港佛教徒、對香港同胞的關愛，也冀由佛教聖物保佑『香港明天會更好』。那麼，佛指何所指呢？是在直指人心，指點迷津（禪宗講，直指人心，見性成佛）。正如覺光法師所言：香港衣食雖足，但心有不安，內有苦衷，我們請佛指到香港來安定人心。」[10]1999年5月順利迎請北京佛牙來港瞻禮，香港40萬人參加瞻禮，2004年5月佛誕期中，香港佛聯會更獲中央政府和特區政府批准，恭迎陝西法門寺之一級國寶佛指舍利赴香港瞻禮並舉行盛大的祈福大會，瞻禮者增加達100萬[11]，香港佛教通過諸如此類法會活動的籌備與開展，可以增加香港佛教從、政府機關、社會各階層人士間的協作、配合，將佛教教義、戒律、文化從教內作無型的伸展，從而集思廣益，對凝聚社會各界的力量發揮著重大的功用。從瞻禮者的數目可以看出，從1999年的40萬人到2004的100萬人，當中雖不能肯定每位皆是佛教徒，但可以見到佛教在香港社會中得到市民的重視，大大提高了佛教於香港社會的地位。

10　葉小文：〈佛牙何所言，佛指何所指：與「香港傳媒高層佛學之旅陝西訪問團」座談佛指蒞港〉，《中國宗教》，第5期（2004），頁5。

11　〈佛指舍利淨化人心〉，《明報》，2004年6日2日。

香港「天壇大佛」修建考述

劉泳斯

中央民族大學哲學與宗教學學院講師

提要： 本文對香港大嶼山寶蓮禪寺修建天壇大佛的緣起、命名、招標具體施工建設過程，以及開光典禮與其背後的政治較量，都進行了比較細緻的梳理和考察。香港天壇大佛的修建完成，既是嶺南佛教的一件盛事，更是陸、港佛教界共同努力的結果，並得到大陸、香港社會各界的鼎立協作，也是陸港關係史上值得紀念的一件大事。

關鍵詞： 香港佛教　天壇大佛　愛國愛教

一、修建天壇大佛的動議、設計得名與招標

1972年，香港佛教聯合會首任董事長筏可和尚圓寂，香港大嶼山寶蓮禪寺董事會推請慧命法師擔任住持，成為寶蓮禪寺第四代住持。1973年，寶蓮禪寺「為了香港的安定繁榮，為了國泰民安，為了佛日增輝、法輪常轉、世界和平」，開始發起和籌備在大嶼山木魚峰修建一尊世界上最高的露天釋迦牟尼青銅像。1974年，港英政府以象徵性地價，將大嶼山木魚峰全山售與寶蓮禪寺，作為建造佛像之用。因為該佛像座基計劃仿照北京天壇圜丘設計，故稱「天壇大佛」。天壇大佛依據佛經「三十二相」設計，面相參照龍門石窟的盧舍那佛，衣紋和頭飾則參照敦煌石窟第360窟的釋迦牟尼

佛像，因此天壇大佛符合佛教造像的歷史傳統，兼備隋唐佛教全盛時期造像的優點與特色。

　　1981年12月26日正式成立「大嶼山寶蓮禪寺天壇大佛籌建委員會」。籌建天壇大佛委員會，由香港知名人士王澤長議員任主席，胡仙博士任副主席。中國佛教協會會長趙樸初居士和香港佛教聯合會會長覺光法師分別擔任名譽主席。1981年12月29日香港寶蓮禪師舉行了天壇大佛動土典禮，寶蓮禪寺董事會主席源慧法師當時預計：「天壇大佛工程將分四期進行。佛像以鋼筋混凝土作框架，表層用花崗岩碎鋪蓋。全部工程估計在1986年完成。建成後天壇大佛，身高33米，安坐在一個底部直徑92米的中國式天壇之上，莊嚴雄偉。」[1]

　　香港佛教聯合會常務董事、大嶼山寶蓮禪寺董事會主席源慧法師於1982年4月21日在香港圓寂。[2]1983年，聖一法師被寶蓮禪寺推舉師為第五代住持。經過反復挑選，最終決定用中國河南龍門石窟的北魏羅剎大佛為佛像雛形，並由廣州陵園建築工程公司製成了高5米、重12噸的石膏模型。

　　　天壇大佛銅像招標過程中，有一些國家想獨攬此工程，甚至提出無償承包，寶蓮禪寺方丈聖一法師直截了當地表示：「中國的土地，中國的廟，中國的大佛必須由中國造。」

　　　香港佛教界用了10多年的時間來籌建香港天壇大佛，終於到了確定承建單位的時候了。日本知道這個情況後，派人與香港商談，表示要免費為港方建造天壇大佛，但條件只有一個，就是大佛要面向東京而立。港方愛國佛教人士聞知日本

1　《香港寶蓮禪寺舉行天壇大佛動土典禮》，《法音》1982年第1期，第13頁。

2　《香港寶蓮禪寺董事會主席源慧法師圓寂　趙樸初會長致電弔唁》，《法音》1982年第3期，第46頁。

這個苛刻、無理的條件，都表示堅決反對！「香
港天壇大佛應該由中國人自己來建造，絕不讓外
國人來做！」港方愛國佛教人士吐露著熱愛祖國
的赤子情懷。這件事經中國佛教協會通報後，程
連昌（時為中國航天工業部副部長——引者注）
知道這件事是關係到國家榮辱的大事，絕對不能
等閒視之！於是他們找了時任中國佛教協會會長
趙樸初，請他與香港佛教界對話，表示天壇大佛
應由中國人自己建造的嚴正主張並與香港佛教界
達成共識。然後，香港佛教界組織在內地招標，
由於航天工業部有先進技術優勢而中標。[3]

　　實際上天壇大佛朝向北京方向，是在設計之初早就決定
好的，當日本人提出可以免費修建天壇大佛，但要改變朝向
時，中國大陸佛教界與香港佛教界積極互動，最終在多方協
調下，決定將工程交由中國航天部。中國佛教協會會長趙樸
初在1989年11月1日的一次講話中，詳細地交代了事情的來
龍去脈：

　　　　開始的事，恐怕還有一些大家不太知道。香
港大嶼山寶蓮寺的智慧法師非常愛國，十年前他
到北京來過後就動了個念頭，想在大嶼山木魚峰
上用天壇為模型做佛座，座上造一尊露天佛像。
佛像坐南朝北，就是朝著北京。坐在南面朝著北
京，而且是以天壇為座，這很有愛國的思想在裡
面。他的想法得到聖一法師的同意和法師們的支
持，所以我們當然要支持。模型造成後回內地招
標，國內有三家投標。一個就是航天部下面一個
技術諮詢公司；還有一個是六機部大連造船廠；

3　陳家忠：《中流砥柱：程連昌人生鉤沉錄》，載陳家忠：《他們
　　感動中國》，北京：大眾文藝出版社，2009年，第42頁。

還有一個是冶金工業部的一個公司。他們估價都在八千萬港元之上。寶蓮寺說，我們傾家蕩產只有三千萬，沒辦法。這八千萬怎麼出得起？

大概三年前吧（1986年——引者注），有一天，是星期六的晚上，我在北京醫院。陸平同志來看我，陸平同志做過北大校長，又當過七機部長，他告訴我說：「我來告訴你一個消息。日本人向寶蓮寺說，他們不要錢，願意為寶蓮寺造像。星期一寶蓮寺將開董事會，打算拍板交給日本人造。」

我說：「這個不行啊！」

那個時候我還不知道，日本人還提出把方向改一改，不是坐南朝北，而是坐西朝東，這是這次在香港報紙上看到的。

聽了這個消息我就找趙國忱同志（中國佛教協會辦公室主任——引者注），我說：「你趕快打電話到香港，不要打經濟算盤，錢的事好商量。」

當天晚上打電話，廣東話聽不懂。真著急啊！星期天上午我打電話，打通了。寶蓮寺的和尚真好，聽到我的電話後，星期一就決定謝絕了日本人，馬上派了代表到北京來。

我請對外經貿部部長鄭拓彬和幾個局長到廣濟寺來談。我問鄭拓彬同志：「哪一家技術好？」他說：「技術當然是航天部的好。」

技術能上天當然好，而且航天部的費用合乎對方力量。他們提出三千五百一十萬港元。當時寶蓮寺只有三千萬，現在寶蓮寺當然有捐款，有點錢了，那個時候只有三千萬。

我們中國佛教協會便幫助在內地募捐，同

時我寫信給國務院領導，擺明這項工程航天部可能要賠本，是賠本生意，建議在部的年上交利潤允許他們少繳一些，得到國務院的同意。後來航空、航天兩個部合併了（兩部在1988年合併——引者注），正副部長都換了人，正在忙於交接，千頭萬緒的時候。我寫信給現在的林宗棠部長，信中說，事關國家榮譽，民族尊嚴，希望他百忙中無論如何把這個抓一抓。林部長馬上就把那封信交到南京晨光機器廠，這兩句話「國家聲譽，民族尊嚴」激發了大家愛國主義思想，航空航天部指定了一位副部長擔任大佛工程總指揮，後來又成立一個。他們召集各方面專家，廠內廠外，部內部外的專家都請到了，認真對待問題，處理問題。寶蓮寺的法師們也是要求很嚴，非常認真，當著劉紀原副部長的面提出尖銳的批評。劉副部長和他的同事們靜聽著，進行了科學的分析，把每項工序都做得很圓滿。[4]

1986年5月，最終由中國航天工業部及其所屬的航天工業科學技術諮詢公司一舉中標，由該公司下屬南京晨光機器廠具體負責鑄造施工。中國佛教協會趙樸初會長笑曰：「衛星大佛同遊九天，本來就有緣。」這座由中國航天工業部承建的大佛，趙樸初會長認為將「熔古今佛教造像藝術的精華，古老的青銅工藝傳統和現代先進的科技成果於一爐。」[5]

1986年9月4日下午，天壇大佛造像簽約儀式在香港海港酒店隆重舉行，中國佛教協會會長趙樸初居士應邀擔任籌

4　趙樸初：《關於香港天壇大佛和普陀山問題的談話（一九八九年十一月一日》（「這是趙樸初同志在中國佛協各部門負責人碰頭會上的講話，標題係編者所加。」），《趙樸初文集》下卷，北京：華文出版社，2007年，第968-970頁。

5　《中國航天部承建香港天壇大佛》，《品質與可靠性》1986年第5期，第29頁。

委會名譽主席，中國航天工業也會於長程連昌也專程來港簽約。合約簽署儀式由香港布政司司憲鐘逸傑爵士主禮，香港政界、宗教界、文化界共計五百餘人參加。翌日下午，趙樸初會長應邀出席了香港佛教聯合會舉行的、由覺光法師主持的歡迎會，會上趙樸初會長介紹了幾年來內地宗教信仰自由政策的落實情況及中國佛教協會的各方面工作概況。

二、天壇大佛工程的施工建設

　　1986年9月27日，天壇大佛石膏像由廣州海運局4000噸貨輪紅旗193號，經臺灣海峽，運抵南京。晨光機器廠利用當時十分先進的現代立體攝影技術和電子電腦，對石膏佛像進行了立體攝影和測量，確定了每個部位空間的位置，找出了3900個空間座標點，用電腦進行放大處理，「測控箱式一次成型法」，分4段進行放樣，終於將5米石膏像放大到26.4米，天壇大佛顯現了真容。

　　1987年5月8日，以香港佛教聯合會會長覺光法師和寶蓮寺方丈聖一法師為首的香港佛教聯合會代表團一行13人，以及中國佛教協會副會長周紹良居士等內地佛教四眾弟子，一共40多人，在南京晨光機器廠「大佛車間」舉行了天壇大佛造像頭部一比一模型藝術鑒定，以及淨壇上供儀式。[6]覺光法師讚歎：「我跑遍了世界各國，還沒見過這樣莊嚴美好的佛像，找不出任何不足之處，雖然不敢說是絕後的，但至少是空前的，我個人是99%的滿意，還有1%留待鑄成銅像以後再說。」[7]1988年10月8日，晨光機器廠的鑄造現場鐘聲回蕩、香煙繚繞，42平方米、厚度13毫米的大佛面部壁板一次澆鑄

6　《天壇大佛造像頭部定型　寧港佛子雲集淨壇上供》，《法音》1987年第4期，第46頁。

7　俞凱：《佛祖應憶世間情：香港天壇大佛降生記》，《南風窗》1991年增刊1期，第23頁。

成功。

　　1989年4月19日，天壇大佛在香港大嶼山木魚峰安裝工程正式舉行開工典禮。當日清晨開始，大嶼山上烏雲密佈，大有暴風雨來臨之感。但正午十二時，突然雲開霧散，天空豁然開朗，寶蓮禪寺法師們在「天壇大佛」主鋼架前擺上香案，由聖一方丈為大佛安裝工程主持開工灑淨儀式。[8]10月13日，天壇大佛最後一塊銅壁在香港大嶼山木魚峰安裝完成，當日舉行了莊嚴的圓頂儀式，這標誌當今世界上最高大的露天青銅大佛「天壇大佛」除了最後的著色外，全部工程已經基本完成。

　　寶蓮寺原本並未打算舉行圓頂儀式，因為雖然佛像已經基本完成，但內部尚未裝修，相關道路交通、餐飲住宿等配套設施都未啟動，所以計畫來年再舉行開光儀式。但航太部的施工方非常希望在完工時開一個慶功會，最初計畫叫「平頂儀式」，但寶蓮寺的法師認為「平頂」兩字不好，改稱「圓頂」，體現了佛教文化特色。「十三日舉行圓頂儀式，是寶蓮寺聖一和尚選的日子。西方習俗迷信認為，十三這個數字不詳，而且這天又是星期五，更認為不詳。可是這個儀式舉行得很圓滿。」[9]中國佛教協會會長趙樸初居士和天壇大佛工程總指揮、航空航天工業集團同於劉紀原都抵港參加圓頂儀式。因為寶蓮寺之後還打算搞大規模的開光儀式，所以圓頂儀式一開始的計劃規模並不大，但在當時的香港確實是壓倒一切的大新聞，無論中文、英文的報紙都大篇幅積極正面報導了此事。

　　親自到港的中國佛教協會會長趙樸初居士在《在天壇大佛圓頂灑淨儀式後的講話》中還著重講到了工程進行中的種種「奇跡和瑞祥」：

<hr />

8　　朱煊、黃常繪：《香港天壇大佛揭秘》，載朱煊：《苦難與輝煌：科壇巨將與文壇明星紀實》，北京：團結出版社，2017年，第263頁。

9　　《趙樸初文集》下卷，第968-970頁。

在重重困難面前，佛髻平安運上山，運到頂，毀滅性的颱風沖到大嶼山前，突然轉向，當時寶蓮寺六十七朵曇花同時開放，四棵丹桂在七月間工程困難時提前開花，到九月再開一次花，人們曾望見彩雲像傘蓋一般照臨工地。這一切，顯現著佛菩薩慈光威德不可思議，也說明寶蓮寺的大德法師們的精誠感應。這裡，須要特別指出的是，寶蓮寺聖一法師、智慧法師、健釗法師和諸位法師們最初發心發得好。佛教最重視發心，發心殊勝，結果也殊勝。[10]

　　1989年10月13日天壇大佛在香港舉行圓頂儀式，10月16日，中國佛教協會會長趙樸初居士與澳港佛教界570多人就趕到浙江普陀山參加普陀山全山作為宗教活動場所恢復開放的慶典，「十六日到普陀山。那裡舉行全山佛像開光和妙善和尚兼任普陀山三大寺方丈的升座儀式。覺光法師在前寺主持佛像開光，聖一法師在後寺主持開光，永惺法師在佛頂山主持開光。香港三位大法師主持開光典禮」，[11]從中也可以看到在香港天壇大佛的修建過程中，香港佛教界與大陸佛教界交往日益密切和頻繁深入。

　　天壇大佛建造工程自1986年12月至1989年12月，歷時3年之久。該工程的工藝記述難關主要有：1、足尺放樣；2、分塊制模；3、薄壁鑄造；4、大件退火；5、特形機加；6、預先組裝；7、現場安裝；8、青銅焊接；9、機械整飾、10、化學著色。[12]工程技術人員，出色地克服了上述重重問題，出色地完成了天壇大佛工程。除了天壇大佛本身的鑄造

10　趙樸初：《在天壇大佛圓頂灑淨儀式後的講話（一九八九年十月十三日）》，《法音》1989年第12期，第5頁。

11　《趙樸初文集》下卷，第972頁。

12　參見史庭惠：《天壇大佛的工藝技術難關》，《航空工藝》1992年第3期，第30-35頁。

安裝，天壇大佛建造過程中的控測與測繪工程也異常出色，從設計、放樣造型、鑄造與機械加工、預組裝直至在香港總裝過程的全部控制和測繪工作，均由建設部綜合勘察研究院承擔，綜合運用了立攝影測繪、電腦製圖、工程控制網佈設與精密工程安裝測設等一系列現今測繪技術，解決了工程中的許多關鍵難題，使控制測繪工作在整個工程的各個階段起著承上啟下和品質保障的特殊作用。[13]總之，香港寶蓮寺天壇大佛雖然建成於香港回歸祖國之前，但充分展示了中國的科技實力，具有重大的國際影響和政治經濟、社會文化意義。正如香港新華社協調部部長林克平在為晨光機器廠慶功時說：「你們戰勝了政治的、自然環境的困難，取得了偉大成就，可以說功德圓滿，在香港放了一個政治衛星，將會產生長久的影響。」[14]

三、天壇大佛開光典禮

1993年12月29日（農曆十一月十七日），是佛教阿彌陀佛聖誕日，寶蓮禪寺特擇此日為天壇大佛舉行莊嚴隆重的開光儀式。中國佛教協會應邀組成由明暘、真禪法師率領的60人法務團來港舉行水陸法會，並組織由趙樸初會長為團長，由國內漢語系、藏語系、巴厘語系三大語系佛教界領導人和高僧大德68人組成的中國佛教代表團，來港參加天壇大佛開光儀式。來自中國大陸、臺灣地區、斯里蘭卡、馬來西亞、新加坡、韓國、日本、美國等國家和地區的高僧大德組成的法務團，舉行了隆重的水陸法會，覺光法師、聖一法師、明暘法師等十三位高僧在莊嚴肅穆的氣氛中，為大佛開光。中

13　參見陸學智：《香港寶蓮寺天壇大佛的安裝測量》，《冶金測繪》第3卷第2期（1994年6月），第14頁。

14　俞凱：《佛祖應憶世間情：香港天壇大佛降生記》，第23頁。

國佛教協會會長趙樸初、新華社香港分時社長周南、香港總督彭定康、天壇大佛委員會主席胡仙等主禮嘉賓，先後致辭。各界來賓亦隨喜讚歎，共相禮讚。[15]

在天壇大佛開光典禮上，還曾上演一齣「周南智鬥彭定康」的佳話。據當時在場的中國湖北武漢歸元寺昌明方丈的回憶：

> 慶典會上，有記者問彭定康，「你對北京提出的『三個符合』有何評論？」
>
> 彭曰：「那並不是一份有特殊吸引力的聖誕禮物。」
>
> 記者又問周南：「你對三個符合有何感想？」
>
> 周社長的回答十分精彩，「誰搞三違背，定會苦海無邊，罪過，罪過；誰搞『三個符合』，自是功德無量，善哉！善哉！」「阿彌陀佛！」
>
> 這一堪稱「周南智鬥彭定康」的佳話，傳為美談，昌明方丈談及此事，神采飛揚，十分高興。對周南堅定的原則，靈活機智的反映讚歎不已。[16]

港督彭定康在答記者問中，指責我港澳辦關於香港問題的聲明「並不是一份有特別吸引力的聖誕禮物」，記者以此請周南發表意見，周南以「佛教的日子」為由不予評論。在記者再三追問下，周南答道：「誰搞『三違背』，定會苦海無邊，罪過！罪過！誰搞『三符合』，自是功德無量，善哉！善哉！」最後雙手合十一句「阿彌陀佛」，引得在場人忍俊不禁。周南深知在佛門聖地，天壇大佛開光典禮上，雙方展開激烈的外交爭論是不合時宜的，而面對記者的不斷追

15　張文良：《寶相矗南天毫光遍大千：天壇大佛與香港佛教》，《法音》1994年第2期，第5頁。

16　《歸元寺》編輯委員會：《歸元寺》，武漢：武漢出版社，1995年，第146頁。

問，沒有運用外交辭令對港督彭定康反唇相譏，而是套用佛教用語做答，把對佛教的尊重與堅持原則立場融為一體，可謂鬥智鬥勇，而不失詼諧幽默。從中亦可見，天壇大佛的修建，確實為各方角力的重要舞臺。

天壇大佛的工程款共計七千余萬港幣。為了募款，香港佛教界共舉辦了三次「海會雲來」大型募捐活動:(1) 1986年12月，在香港紅磡體育館舉行了「海會雲來義演」，著名藝人、佛教居士譚詠麟等現場表演，香港上萬人現場觀看演出，而且馬來西亞、新加坡、泰國等東南亞國家先後轉播，盛況空前。（2）1987年10月，在香港香格里拉酒店舉行「海會雲來」名廚齋宴，來自香港十八家著名飯店，以及巴黎、紐約、墨爾本、新加坡等地名廚，「八仙過海各顯神通」，做出70桌齋宴，每位席券一千港幣，收入全部捐入天壇大佛工程基金。（3）1989年11月，在香港大會堂舉辦「海會雲來」名家書畫展，藝林名士三百餘人的書畫作品參展，為天壇大佛工程募捐。

二十世紀八十年代，雖然中國大陸經濟剛剛起步，大陸佛教徒也為香港天壇大佛踴躍捐款。特別是1987年當天壇大佛工程進入翻砂鑄銅階段時，經費遇到困難，當時大佛工程總預算為六千百萬港幣，當時實際僅募款四千萬元。為此，中國佛教協會成立了「香港天壇大佛造像隨喜功德委員會」，發動大陸著作山長老、大德居士隨喜捐助，共籌得五百萬人民幣。按照寶蓮禪寺的規定，凡捐款過百萬者，將在天壇大佛的蓮花底座的蓮花花瓣上鐫刻捐助者的名字，「中國佛教協會」的名字頁刻在了香港天壇大佛蓮花瓣上，體現了香港佛教與大陸佛教精誠合作、血脈相連。

中國傳統佛像，大都是「坐北朝南」，而建成後的天壇大佛卻坐南朝北，面向北方稍稍偏東，正好朝向首都北京。香港天壇大佛，面向京華，與北京天壇南北相對，遙相呼應，象徵著香港繁榮、祖國統一、世界和平。

「天上純陽子　人間醉道人」
一代乩手何啟忠道長

游子安

香港珠海學院中國文學系

　　2021年，筆者與志賀市子教授用前後八個春秋，合著《道妙鸞通：扶乩與香港社會》一書，書寫扶乩在香港壇堂的源流歷史。書中提及的前賢和乩手，既成壇堂的代表人物、又是時代的見證，更成就了一段傳奇。扶乩習俗自清末傳承，1920至1970年代這五十年，香港鸞風尤其興盛。其中謝顯通（1911-1989）與何啟忠（1916-1967），皆生於上世紀大變革的年代，是百年不多見的雙璧、公認的一代乩手。蘇世傑嘗賦詩稱許：

> 天上純陽子　人間醉道人
> 太白台千尺　酒仙祝萬春

　　本文現先簡述「醉道人」、「瓊宮真人」何啟忠道長。本文資料，主要引自《寶松抱鶴記》、《雲鶴甲子誌》之《雲林鶴跡記》（雲鶴山房，2019年2月出版）一書，及何啟忠相關的善書、乩文等。

　　港澳壇堂保持扶乩及三教合一之餘風，奉祀的神祇，儒佛道三教兼容，以呂祖為主神尤為普遍，還有濟佛等仙佛臨壇。江蘇吳縣人包天笑追述家鄉乩壇道：

> 江南的這些乩壇，必定有一位主壇的祖師，

那時最吃香而為人所崇奉的，就有兩位：一位是濟顛僧，一位是呂洞賓。大概信奉佛教的是濟顛僧，信奉道教的是呂洞賓。不過濟顛主壇的，呂洞賓亦可降壇；呂洞賓主壇，濟顛亦可降壇。他們是釋道合一，是友不是敵。吳氏這個乩壇，我知道是濟顛主壇的。[1]

圖1　醉道人自題竹蔭獨酌圖，1955年。何啟忠開乩時滴酒不沾，呂祖賜「醉道人」此名，意指「醉心於道」。（雲鶴山房藏）

扶鸞/扶乩旨在求神明扶持，臨壇指引迷津，通過人手籍木筆傳達神明意旨，要旨是「代天宣化」，道由乩傳，乩手神職是修身立德以普救弘法。鸞是神人感應互通，端賴執鸞者性靈定靜，人必清空其靈，心定而不生雜念。因此，扶鸞之道，貴在人神相感，心中若能致「靜虛」，所出現的就是「道心」，而後與神契合，感而相應相通。

何啟忠（1916-1967），道號誠意，又號至堅，道內常稱「醉道人」，[2]（圖1）一生傳奇，是穗港幾所壇堂的關鍵

---

[1]　包天笑〈談談我的扶乩經驗〉，《春秋雜誌》第850期，1996年11月。

[2]　鍾離太師與呂祖同訓示：中庸世法，鍾離太師曰：「乩手飲酒，何不戒之」？呂仙曰：「禍福無門　由人自召。彼癖於此，與我何干……」，詳見《松風》第一集，1991年青松觀印，缺頁碼。何啟忠開乩時滴酒不沾，參考《香港道訊》第130期「雲鶴山房專輯」，香港道教學院，2012年八月。http://www.daoist.org/booksearch/booksearch/list013/130.pdf

人物。1942年何啟忠承呂祖乩示設壇，名曰至寶台；[3]1944年（甲申三月十二日）舉行至寶台第一個以推行慈善事業組成的「合會」典禮，得呂祖師乩示，陸吟舫任會長、葉星南任副會長、何啟忠為侍乩生、葉文遠為理財、黎觀潮為庶務、羅氣靈為監察、潘妙儀為女會長。甲申四月初一日，呂祖先師再次乩示，玉帝封贈七位闡教創壇者為真人，何啟忠封為「瓊宮真人」。[4]瓊宮真人亦降乩臨壇，如《玄覺真經》一書，1977年呂祖降筆於雲鶴山房。此書其中一篇跋，1980年題「瓊宮真人」，即何啟忠降乩。道教一直有「勸善成仙」、「功德成神」的說法。羅偉輝〈香港神仙傳〉一文，引用侯寶垣、關德興兩位「得道成仙」的人物。[5]近月（癸卯年閏二月十九日）筲箕灣南安坊坊眾會舉辦「張飛廟左護法大將軍開光典禮」，筆者亦出席張飛賜封鄭興師傅此「崇陞」盛會。

　　何啟忠，廣東順德羊額鄉人，十五歲習乩於羊額鄉廣業仙壇。何道長在廣業仙壇問乩時，乩示他甚有緣法，囑他來壇學乩。於是何道長遵示前往，誰知乩筆剛拿上手，竟即行運轉，乩出「此人結香火緣甚深也」。何道長嘗試習乩學道，很快已成為出色乩手。約在1932年前後，十六七歲的何道長與何靄雲等鄉人合作，在羊額鄉馬巷口創立雲慈仙

3　　〈寶盞祥光〉，易覺慈編《寶松抱鶴記》，香港：雲鶴山房，1962年刊，頁153。另可參考1946年何啟忠編《至寶台道脈源流》。

4　　至寶台度牒提及「玉旨欽賜七真法系」，即至寶台七位發起人：「承呂仙乩命，謂已蒙玉帝封贈七人，證真人位。」（何啟忠編《中國道教至寶台道脈源流》，1946，頁107。）陸格真，白慧真人；葉星南，妙法真人；羅氣靈，玄修真人；葉文遠，厚德真人；黎觀潮，通靈真人；何啟忠，瓊宮真人；潘妙儀，厚道真人。1962年《寶松抱鶴記》為之編傳，稱〈七真傳〉。

5　　羅偉輝〈香港神仙傳〉，見《星島日報》星島網「香港故事」，2022年10月31日發佈。https://std.stheadline.com/daily/article/2494097/%E6%97%A5%E5%A0%B1-%E6%B8%AF%E8%81%9E-%E9%A6%99%E6%B8%AF%E6%95%85%E4%BA%8B-%E9%A6%99%E6%B8%AF%E7%A5%9E%E4%BB%99%E5%82%B3

館，壇上祀奉呂祖先師，這是何啟忠道長首創的道堂，為信眾乩叩憂疑事。1941年創立「齊善壇」，接受信眾問事求方，1942年，將乩壇遷到西關寶盛沙地三號二樓家中，何道長創立至寶台，壇上供奉自己手繪的呂祖寶像。1942年底玉帝乩示《至寶真經》並降乩序：「……擬將其救劫赦罪之《至寶真經》降示門人，流傳度世。詎料機緣未到，壇庭竟因人事而變遷，爰命呂門弟子何，再創壇台，秉木筆而宣法典，就將所降經名以命台，名曰至寶台。……」[6]書後有壬午年冬月（1943）陳智光跋。道教至寶派由是開宗，1944年，至寶台再遷往逢慶首約新壇。何啟忠侍乩至寶台，乩出或編纂多部經本善書，部分至今仍不斷重印刊行，除《至寶真經》外，尚有《苦海慈航》、《至寶源流》、《桃源指津》、《仙城乩韻》、《照胆鏡》、《琅玕寶卷》等等。1947年前後，當至寶台的道務和慈善事業已上軌道以後，何啟忠一如他所尊崇的詩仙李白一樣，「事了拂衣去，深藏功與名」，他隱居西關長壽區，基本上不問世事，閒時與一批雅士名人詩酒唱和。及後，1953年至寶台被政府取締。[7]

　　1950年農曆二月，何啟忠携呂祖師畫像來港。陸吟舫、葉星南兩道長迎之，及從呂祖臨壇，開示周詳，復命於九龍建壇渡世，直到3月29日正式開壇闡教，煉師均努力參與促成，此即青松觀的創立緣起。[8]十八位發起人，有些是至寶台的弟子，亦有香港的同道，前者如陸至真、葉至和、盧寶經、易寶雲、陳台鏡、何啟忠等。何氏為青松觀「常住」，「以至寶台道侶，為本觀開山之祖，凡參加本觀者，一律不另賜號」。1952年1月，青松觀登記成合法慈善團體，煉師事成身退，被聘任為名譽顧問。1953年初隨應太白台抱道堂

6　玉帝降乩序見《至寶真經》，至寶台刊本，1942，青松觀藏本。

7　廣東省地方史志編纂委員會編《廣東省志・宗教志》，頁197。《寶松抱鶴記》則記載：「至壬辰年（1952—引者）廣州至寶台隨大陸各道門停辦，黃冠星散，非復舊觀」，頁157。

8　《寶松抱鶴記》，頁319-322。

圖2　一幀近70年前之照片：1953年初何啟忠隨應太白台抱道堂之
　　　邀，侍鸞應法六年，照片背面醉道人誌：甲午年十月廿六日
　　　（1954年11月21日）攝於香港抱道堂。（雲鶴山房藏）

之邀，侍鸞應法六年，乩筆靈異卓著，為人稱道。「自此，
啟忠練師，羽扇芒鞋，登山臨水，與諸好友，吟詩欲酒於太
白台上，（青松）觀務遂由理監事會各賢達推進。」青松觀
事務，何道長統交葉星南（至和）接管，不料1959年葉星南
仙逝。[9]青松觀則開青松法系，另立宗派詩：「紫雲繞九龍，
萬世振玄風。……」而青松觀觀長侯寶垣道長，師從葉文遠
（至勤）。

　　太白台十五號的建築，約於1920年代末始建，抱道堂
以此為基三十年（1924至1958年）。（圖2）1958年，招尊
四女婿、港澳殷商梁若芙（道號雲駿）夫婦來抱道堂為其子
求治痼疾，何道長執鸞，代師賜方旬月而癒。時恰值抱道堂
因自購新壇址於北角而準備搬遷，梁若芙夫婦乃承祖師乩命
租受太白台原址以奉祖師，禮請何啟忠常住主持道務。呂祖
以此壇法源來自廣州橫沙鄉亦鶴樓與臥雲廬，於是賜壇名為

9　　《寶松抱鶴記》，頁321-322。

圖3　1959年何啟忠創立雲鶴山房，此照片拍於1961年，何啟忠授
　　　法弟子梁信祥。（雲鶴山房藏）

「雲鶴山房」。（圖3）雲鶴山房鎮壇仙師為招尊四，及梁
若芙先生之伯祖梁盛裕，附祀壇右，代師宣化。1959年2月
8日，何啟忠親為聖像開光，雲鶴山房正式開幕。《寶松抱
鶴記》一書，彙編道教諸宗法系文獻，詳載廣州至寶台、香
港青松觀、抱道堂和雲鶴山房淵源和歷史。誠如1960年何
叔惠序說：「寶松抱鶴記者，所以紀道教之託始與歷代仙宗
之統緒，而為至寶台、青松觀、抱道堂、雲鶴山房各大名壇
淵源之所自，亦何啟忠煉師往來穗港間衛道三十餘年之偉跡
也。……」[10]《寶松抱鶴記》編印於1962年太白台舊壇址，
一年多即遷移，剛紀錄並保留自1942年廣州至寶台二十年來
至此的「光輝一頁」。

　　雲鶴山房與各界多結善緣，部分甚至成為山房傳統，
續辦至今。如賀玉皇聖誕，因於創立伊始便啟辦，今天則與
壇慶結合慶賀；清明思親法會，1959年開始啟辦，至今不

---

[10]　何叔惠〈寶松抱鶴記序〉，易覺慈編：《寶松抱鶴記》，香港：
　　　雲鶴山房，1962年刊。

圖4　雲鶴山房簪冠授
　　　牒禮之邀請函信箋
　　　（雲鶴山房藏）

斷，只是形式稍有差異；何啟忠又按至寶台科儀，重新整理
雲鶴山房簪冠授牒科儀。[11]（圖4）當年除禮請高功主持法事
之外，山房還會聚了大批文壇耆宿，揮毫繪畫作詩，懷古撫
今，大振玄宗。何道長除自己吟詠，更啟壇興乩，恭迎仙聖
同雅。〈雲林鶴跡記〉一文，指出何啟忠在抱道堂、雲鶴山
房（1953-1967年）侍鸞十多年的太白台，山房道侶雲集，
善信盈門。再加上煉師精研三教，文采斐然，時人評曰：「
流水行雲，文章絕世」；為人又飄逸不羈，襟懷爽朗，文人
雅士，道藝同參，詩酒唱和，亦復不少，並成為山房一大特
色，更蔚成「別具特色的宗教文藝沙龍」：

> 港島中上環區，從來都是香港經濟、文化
> 之中心所在。特別是上世紀五六十年代，此地除
> 學術重鎮香港大學，還匯聚了不少報館、雜誌社
> 和出版社等傳播機構，文化氣息濃厚。山房位在
> 西環半山，與各機構距離不遠，主事者何啟忠道
> 長又文名甚著，而且性格隨和好客，簡陋的道壇

---

[11]　雲鶴山房近年一次簪冠拜師暨授度牒，庚子年（2020）八月十八
　　　日舉行，拜師及領牒弟子共11人。

自然就成了別具特色的宗教文藝沙龍。何道長亦
因勢利導，「奉純陽子，傳大道於異邦；居太白
台，得仙之舊館。橫江夢鶴，詞賦千秋；流水行
雲，文章絕世。」（金翁《醉道人四十八壽序》
）眾人在此，作畫吟詩，說道談玄，竟不知人間
何世，為後人留下不少文化瑰寶。[12]

　　1920至1950年代，福慶堂、抱道堂、雲鶴山房三壇先後
在太白臺建立，文人雅士雲集，詩詞相互酬唱。有關呂祖信
仰從嶺南到香港的傳播，及太白臺與香港道教發展，可參「
道通天地」頻道對筆者的專訪。[13]

　　庚子年四月十四日（1960年5月9日）雲鶴山房賀呂祖
誕，他為文酒高會，出席數百人，賦詩作啟動唱酬：

　　　　亦儒亦佛亦神仙，萬化原來法自然。
　　　　袖底青蛇騰劍氣，杯中醇酒度流年。
　　　　乾坤浩蕩歸元始，道德虛無記五千。
　　　　三醉岳陽前日事，麻姑且莫問桑田。

　　蘇世傑賦詩以和：

　　　　天上純陽子　　人間醉道人

---

[12]　危丁明、鍾潔雄〈雲林鶴跡記〉，《雲鶴甲子誌》，雲鶴山
　　　房，2019年2月出版，頁72及75。

[13]　道通天地視頻《信仰要問之呂祖信仰在香港（上）》，連
　　　結：https://www.youtube.com/watch?v=IgcHhxxtv9k&t=79s；道通
　　　天地視頻《信仰要問之呂祖信仰在香港（下）》，連結：https://
　　　www.youtube.com/watch?v=3rLVfo2fcwk&t=769s；道通天地視頻
　　　〈仙跡棲神之所，香港道教派脈發祥地〉，網站連結：https://www.
　　　youtube.com/watch?v=hxRIpFO3sNQ；道通天地視頻〈道在人間
　　　之太白臺與香港道教發展〉，網站連結：https://www.youtube.com/
　　　watch?v=HQG4C_A7JvQ。香港紅卍字會在1931年底建立，但港
　　　府以其與內地總會保持聯繫，而不准在港註冊，只能以道慈精舍
　　　或香港道德研究會名義活動，被迫搬至西環太白台，至1933年又
　　　再遷回港島中區半山鐵崗。

太白台千尺　酒仙祝萬春

　　此詩點出太白高台，奉祀呂祖，仙跡棲靈，亦儒亦佛亦神仙醉道人，與祖師、文人、道侶雲水唱酬，太白台仿如成了洞天福地，令人悠然神往。1967年，山房繼此為基亦已達8年，由於年久失修，早已破敗不堪。每逢大雨，山房內都會下小雨，唯一不漏水的地方，只有供奉呂祖的壇位。1967年，山房因壇址成為危樓而遷至鰂魚涌濱海街，鰂魚涌堂址業主麥氏夫婦任堂主。10月25日，經遷壇的一番辛勞，本已抱病在身的何啟忠道長，一代宗師，羽化證道，享年51歲。「醉心於道」的何煉師，如其自題竹蔭獨酌圖所言：

　　　爭奈歲寒競高節，方知醉後見真人。

　　走過一甲子的雲鶴山房，仍以煉師為重要的精神導師。（圖5）

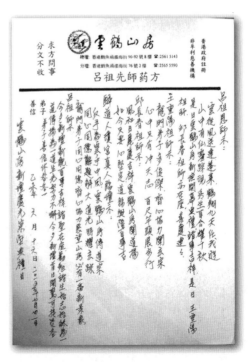

圖5　乙未年（2015）瓊宮真人於雲鶴山房降筆遷新壇址之乩文（雲鶴山房藏）

從「班主王」到慈善家
——何萼樓的香港故事

林國輝
香港文化博物館

　　香港歷史研究者對何萼樓的名字一定不會陌生，他曾與一眾香港華人領袖同被列作「闔港華紳商」，名字繡在1910年送贈港督盧吉（Frederick Lugard）的「呈盧督頌詞」上，該幅華麗的卷軸是為了表揚盧吉在改善香港公共衛生和籌建香港大學等各方面的貢獻而製作，曾在香港大學公開展出，[1]見證了一段香港歷史，而當年何萼樓更可能獲邀出席了在港督官邸進行的卷軸送贈儀式。另外，何萼樓曾擔任東華醫院和保良局的總理，1918年馬棚大火時他已不在東華醫院總理之位，但仍為建醮超幽之事四出奔走，至今在東華檔案裏仍可找到他的事跡。至於他在1923年大埔梅樹坑附近建的「快樂亭」，[2]到了今天仍然屹立路旁，讓途人得以遮風擋雨，雖然亭子幾經重建後已不復當年模樣，但卻成為地方上帶有幾分暖意的集體回憶。

　　然而在粵劇史的論述裏，何萼樓卻被形容為剝削階層的一員，並對他作出諸多負面描述，例如把他形容是「窮老

---

[1] 關於「呈盧督頌詞」的內容和被發現的經過，可參看賀達理和連浩鋈著，《呈盧督頌詞》（香港：香港大學博物美術館，2001年）。

[2] 另有說快樂亭是在1921年建成，參見黃佩佳著，沈思編校，《新界風土名勝大觀》（香港：商務印書館（香港）有限公司，2016年），頁62。書中指快樂亭建於民國十年，並有對聯：「快向當前同品茗，樂從此處暫停鞭。」

倌」出身，發跡只因善於鑽營，「後來還被英國資本家看中，當上香港滙豐銀行的買辦。」[3]雖然大家都知道他是寶昌公司的東主，甚至說他是「班主王」，[4]但寶昌何以能夠在十九世末脫穎而出，成為叱咤一時的戲班公司，至今仍未見到有詳細的探究。[5]反而在戰後粵劇伶人的回憶錄裏，卻對何萼樓作出了控訴，[6]他壓榨演員的手段，事隔多年仍讓他們感到憤憤不平。[7]筆者所接觸到的粵劇工具書或辭典都沒專條介紹何萼樓，而寶昌公司條目下亦多祇簡單列出所擁有的戲班名字，這個研究上的空白，實在需要早日填補。

　　文字資料上有兩個截然不同的何萼樓，一個是熱心社會公益，經常慷慨捐輸的慈善家，一個是唯利是圖，欺壓伶人的戲班班主，由於過去沒有探討何萼樓生平的專題文章，使得大家對他的生平所知有限。筆者過去在追溯香港戲園歷史發展過程中，偶然發現一些涉及何萼樓的檔案資料，有助於認識他的家世和生平事跡，其中包括寶昌公司的創業經過，以及他在香港社會事務上的參與和貢獻，故希望借此機會，把零碎的資料綜合整理，讓大家對何萼樓有一個比較完整的認識。

3　黃偉，《廣府戲班史》（北京：中國社會科學出版社，2012年），頁148。何萼樓是「窮老倌」出身的說法，早見於廣東戲曲史研究者賴伯疆的著作，他形容何氏善於鑽營，八面玲瓏，因而發跡，見氏著《粵劇花旦王「千里駒」》（廣州：花城出版社，1986年），頁7。

4　王心帆著，朱少璋編，《粵劇藝壇感舊錄》（下卷）（香港：商務印書館，2021年），頁484。

5　筆者曾對香港華人戲園的經營方式和寶昌公司作過初步研究，然而由於文獻資料缺乏，仍未能對寶昌公司的內部運作深入討論。見林國輝，〈1870至1910年代香港戲園的營運與寶昌公司〉，《田野與文獻：華南研究資料中心通訊》第101期（2022年7月15日），頁31至40。

6　劉國興，〈戲班和戲院〉，收於廣東省戲劇研究室編，《粵劇研究資料選》（廣州：廣東省戲劇研究室出版，1983年），頁347及362。

7　同上書，頁346。

從小欖到香港

　　何萼樓，名聯輝，又名紹生，字燊林，入學時取名萼，萼樓是其別字，[8]香山小欖人，生於1860年，卒於1943年，享年83歲。[9]據《香山小欖何氏九郎族譜》記載，他曾應考童子試，後通過捐納取得「附邑貢生」的資格，家中共有兄弟五人，他排行第四，年長後「棄學就商」，隨二兄何華生在廣州與香港兩地謀生，終建立「鉅業」。[10]

何萼樓肖像，約攝於1924年，原載於《僑港欖鎮同鄉會成立六十周年紀念專刊》。（圖片版權：香港中山欖鎮同鄉會有限公司）

　　如果單憑《族譜》所顯示的資料，實在難以想到何氏兄弟所經營者，是專門安排伶人在省港兩地演出的戲班和戲園生意。按照族譜慣用的體例，在人物生卒、世系和科舉功名之外，職業營生資料多從略。然而伶人在明清時期屬賤民階層，[11]地方演戲被視作「最足以壞人心術」的末業，戲園則被譏詆為「姘合私會，姦淫鬧事」的

8　何萼樓名號見於由他資助編纂及親自監修的族譜，參看何萼，何朝淦等重修，《香山小欖何氏九郎族譜》（香港：香港灣仔美倫印務書局代印，1925年），頁228。其遺囑則提到他有另一個名字——何紹生。〔香港政府檔案處藏品編號：HKRS144-6A-188〕

9　據族譜所載，何萼樓生於咸豐十年三月初三日，即1860年3月24日，而從其遺囑及報刊訃聞可知，他是在二次大戰香港淪陷時期逝世，但訃聞上寫的逝世日期為1943年2月4日，而政府後來的遺囑登記資料卻寫2月5日，前者以其四位孫兒名義發出，應該比較正確。

10　何萼，何朝淦等重修，《香山小欖何氏九郎族譜》，頁228。

11　過去伶人被稱作倡優，《大清會典》列明：「奴僕及倡優隸卒為賤。」傳統中國社會平民有良賤之別，賤民不能投考科舉，在刑法上也受到較嚴屬的對待，平常甚至不能穿著花衣錦袍。參見經君健，《清代社會的賤民等級》（杭州：浙江人民出版社，1993年），頁42至48。

場合。[12]伶人子弟不得參加科舉，否則會受罰。依賴伶人、戲班和戲園來謀生，實在與清代社會所秉持的正統價值觀念並不相符，故此儘管何萼樓在穗港兩地粵劇界舉足輕重，而《族譜》亦是由他資助出版，全書都沒有一處提到其兄弟涉足戲園生意。相反，何萼樓成為鉅富後，其敬宗修族和投入家鄉建設的事跡則得到表彰，所謂「戚友親屬，被提攜者多獲豐饒，對於鄉梓，凡公益善舉及調貧繼絕，知必勇為……尤欲創設義學，有成同族後起之才。」[13]

何氏兄弟的戲班公司由何華生創辦，五兄弟之中他排行第二，較排行第四的何萼樓年長十歲，《族譜》記他「善商賈，有端木之風，創業起家，貧能致富。」[14]由於資料缺乏，未知他與戲行有何關係，以及確實在何時開始戲班生意，但他必定是看準了香港戲園有巨大商機，否則不會於1878年在廣州創立寶昌公司後，相隔半年即在香港開辦華記，並邀請其他兄弟加入打理，提供從招聘伶人組班到租用戲園演出的一條龍服務。華記是寶昌在香港的分號，早期租用上環荷李活道的普樂戲園，1881年開始長租西區的高陞戲園，透過寶昌在廣州招募伶人和安排戲班到香港，它則在港負責處理各項演出事宜。[15]

何萼樓於1883年赴港出任華記經理，1893年何華生以43歲壯齡病逝，死前立下遺囑，指示何萼樓返回廣州打理寶昌業務，華記則交由五弟何和林負責。[16]這個安排反映他對何萼樓非常信任，並肯定其才幹，否則不會把寶昌的生意交託予他，而何和林接手華記僅數年，就在1897年離世，同年何萼樓決定移居香港，並在港兼管華記和寶昌的生意，當時

---

[12] 〈論粵省禁設戲園〉，《華字日報》1895年8月8日。

[13] 同註10

[14] 《族譜》說他生於道光三十年，即1850年，參見何萼，何朝淦等重修，《香山小欖何氏九郎族譜》，頁228。

[15] *Ho Cheng Shi v. Ho Sau Lam*, 20 H. K. L. R. [1920], pp. 43-44.

[16] 同上。

他祇有37歲。此前他曾經在香港工作和生活了約十年，相信已建立起一定的人脈網絡，他亦似乎十分喜愛香港的生活，這次重臨舊地，便決定長居於此，[17]並開始積極參與社會事務。適逢香港各界正籌辦英皇登基六十周年慶典，何蕚樓慷慨捐助500元，捐款金額排名第七，比何東和匯豐辦房還要多，後者祇分別捐助了300元，[18]慶典期間高陞和同慶戲園皆有華人戲班獻技，而當時高陞正由華記經營。[19]1902年，何蕚樓申請加入英籍獲批，成為少數擁有英國國籍的香港華人。[20]

戲班事業的起落

在19世紀末至20世紀初，何蕚樓的事業可謂是如日方中。何華生去世前授意把寶昌公司的股本分為八份，他自己佔四股，其餘由四位兄弟均分，每人佔一股。[21]隨著何華生和何和林先後去世，仍然在世的三兄弟當中，三兄何昭林於1902年毅然退股，[22]再加上長兄在1904年辭世，[23]這時寶昌的所有股本實際上全歸入何蕚樓的手中，祇因他的長兄和二兄皆無子，要由何蕚樓兩個兒子入繼，得以承受了他們的遺產和股本，[24]而五弟和林的兒子年紀尚小，要由其母親作監護人，因此在三兄退出之後，本來由兄弟合營的戲班公司，

17　同上。

18　〈茲將簽助慶典芳名列〉，《華字日報》1897年6月29日。

19　〈慶典紀盛〉，《華字日報》1897年6月25日。

20　"Government Notification No. 353", *The Hong Kong Government Gazette,* 13 June 1902, p.1096. 其中提到，他在港經營生意長達23年，即1879年已經到港，相信這是華記在香港創立的年份。

21　*Ho Chiu Lam alias Ho Yiu Tong v. Ho San Lam alias Ho Ngok Lau* (Pricy Council Appeal No. 151 of 1915), p. 2.

22　同上。

23　何蕚，何朝淦等重修，《香山小欖何氏九郎族譜》，頁228。

24　同上書，頁227至228。

全歸他一人所控制。

　　19世紀末至20世紀初是華人戲園的黃金時期，寶昌和華記在何萼樓主持之下，業務十分興旺，累積大量資產，有說高達300,000元。[25]1900年華記更斥資買下重慶戲園，1913年再把戲園拆卸，地皮重建後改作民房出售，華記自此亦退出戲園和戲班業務。[26]何萼樓十分留意房地產投資，在香港先後擁有多個物業，包括柏道2A[27]、道高台（Togo Terrace）1號[28]、堅尼地道66號，[29]又在新界大埔闢地興建別墅，[30]有政府官員在處理他改劃土地用途的申請時，在檔案裏形容他買賣土地的經驗非常豐富。[31]

　　何萼樓同時涉足銀行業務，有著述稱他是「香港匯豐

[25]　*The Hong Kong Telegraph*, 29 July 1913

[26]　*Ho Cheng Shi v. Ho Sau Lam,* 20 H. K. L. R. [1920], p. 44. 從1860年代至1910年代《差餉徵收冊》*(Rate Assessment, Valuation and Collection Book (Victoria City))*得知，1893年至1896年重慶戲園的業主是何啟。然而未見接下數年的差餉資料，故未知1896年至1904年業主的身份。1905年重慶改由C. R. Scott持有，查1905年商業年鑑 (見*The Directory and Chronicle for China, Japan, Corea, Indo-China, Straits Settlements, Malay States, Siam, Netherlands India, Borneo, The Philippines, &c, for the Year 1905* (Hong Kong: The Hong Kong Daily Press Office, 1905), p.1020)，C.R. Scott是萬國寶通銀行(International Banking Corporation)的經理，可能是何萼樓家族的代理，而在1913年分冊上，業主欄填上何萼樓的名字，翌年物業簡述亦改為「住宅」（Dwg）。

[27]　何壽熙遺囑。〔香港政府檔案處藏品編號：HKRS144-4-3231〕

[28]　"Letter from Dennis Ram & Gibbs to Messrs. Swens & Needham" dated 8 February 1913, in "Correspondence re Crown Lease of Ko Shing Theatre 6". [PRO Record ID. HKRS64-8-3073-11]

[29]　何萼樓遺囑。〔香港政府檔案處藏品編號：HKRS144-6A-188〕

[30]　約於1921年左右，何萼樓於大埔梅樹坑置有物業，並在路旁興建一所快樂亭，參見黃佩佳著，沈思編校，《新界風土名勝大觀》，頁62。

[31]　Garden Lot Situation between I. LS 1704 & 1709 (Ho Mui Kwai Hospital) - Application by Mr. Ho Ngok Lau for - (G.L. NO. 36)〔香港政府檔案處藏品編號：HKRS58-1-51-5〕

銀行的買辦」，[32]其實跟他關係最密切的是萬國寶通銀行
（International Banking Corporation），該行於1903年在港
開設分行時，姚鉅源就已經擔任其華人買辦，負責管理該
行的華人員工，以及涉及華商的交易[33]，而何萼樓正是他的
擔保人。1922年9月萬國寶通銀行發生閉門失竊，金額高達
20萬元，兩人皆被傳召作供，其中提到何萼樓的角色，是
保證姚鉅源會依聘約履行職責，其中包括就其職員疏忽、
不誠實或瀆職所造成的損失進行賠償，但未有提及他在銀
行內有任何具體職務。[34]1910年何萼樓出任保良局總理，
他的行業背景沒有顯示其為班主，而是寫上「萬國銀行」
。[35]1920年代華商總會的刊物稱其在該行任職「華經理」
，[36]直到1930年代他仍能以該行作通訊地址。[37]事實上，
租用戲園和安排粵劇演出皆需要龐大資金，戲行亦有向伶
人預繳部分戲金的傳統，擁有物業作抵押和充裕的流動資
金成為戲班公司致勝的關鍵，並逐漸改變了戲班的營運方
式，1910年代就出現所謂「銀業界勢力滲入戲行」的問
題，[38]相信何萼樓早已熟知這個經營上的竅門，故與銀行業
界一直保持密切關係，以取得融資上的便利。

　　何萼樓是上世紀香港粵劇界的風雲人物，稱他為「班

32　賴伯疆，《粵劇「花旦王」千里駒》，頁7。

33　Arnold Wright, *Twentieth century impressions of Hongkong, Shanghai, and other treaty ports of China: their history, people, commerce, industries, and resources* (London: Lloyds Greater Britain Publishing Co., 1908), p.182

34　*South China Morning Post*, 6 August 1924

35　《1910年香港保良公局徵信錄》，頁十。

36　香港華商總會出版的人名錄中，稱何萼樓為「萬國通寶銀行華經理」，見〈華商總會同人錄〉，《香港商業人名錄》（香港：香港華商總會，1927年），頁1599。

37　〈香港各行商號會員—銀業〉，《香港華商總會年鑑》（香港：香港華商總會，1936年），頁8。

38　劉國興，〈戲班和戲院〉，廣東省戲劇研究室編，《粵劇研究資料選》，頁350。

主王」也不以為過，[39]其經營的寶昌公司擁有人壽年、國豐年、周豐年、國中興、華天樂等著名戲班，[40]除了在節日神誕落鄉演出之外，還長期以港澳戲園為演出基地，而何萼樓積極搶奪戲園租約，甚至有說廣州各大戲園如海珠、樂善、河南、東關等，皆由其公司經營。[41]然而筆者從檔案和報刊資料祇能確定他是重慶戲園的業主，並曾租用香港的高陞和太平戲園，[42]以及澳門的清平戲園，[43]仍然未見有文獻能證明他在廣州和佛山等地曾投資興建戲園。九龍半島上新落成的普慶戲園在1902年開始演戲，後來有報章廣告提到，意欲承租者可找何萼樓等人直接洽談，故他亦可能是其中一位業主，或是該戲園的早期投資者。[44]值得留意的是，他在1900年買下重慶戲園後，又繼續租用高陞，使得他在其後兩年成功壟斷了香港戲園的生意，直至1902年其三兄意外失去高陞承租權才發生改變，否則其轄下的戲班將可以繼續雄霸香港的粵劇舞台。

---

[39] 王心帆著，朱少璋編，《粵劇藝壇感舊錄》（下卷），頁484。魯金亦曾稱何萼樓為「戲班大王」，見魯金，〈何萼樓所建廬江家塾面臨大遷拆〉，《明報》1985年3月4日。

[40] 賴伯疆，《廣東戲曲簡史》（廣州：廣東人民出版社，2001年），頁187。

[41] 同上。

[42] 政府檔案處有何萼樓與高陞戲園商談租約的內容，另土地註冊處關於太平戲園的紀錄，則指他與源杏翹在1907年至1913年間，一起租用太平戲園。見黃曉恩，〈家族事業與香港戲園：源杏翹家族的故事（1930 – 1950 年）〉，收入容世誠主編，《戲園·紅船·影畫：源氏珍藏「太平戲院文物」研究》（香港：香港文化博物館，2015年），頁248至249。

[43] 〈澳門演戲籌款〉，《華字日報》1911年6月13日。

[44] 1910年3月10日普慶戲園在《華字日報》上刊登招租廣告，列明有意租用者可向全興押的李右泉、協安公司的譚子剛或重慶戲園的何萼樓商議。李右泉和譚子剛都沒有經營戲班經驗，三個名字同時出現，最大可能性就是三人都是該園的業主。《粵劇大辭典》亦指普慶戲院是「由班政家何萼樓經營」，但未明言他是業主。參見《粵劇大辭典》編纂委員會編，《粵劇大辭典》（廣州：廣州出版社，2008年），頁1016。

　　至於組班方面，不少粵劇掌故都稱許他擅於發掘具潛質的演員，眼光遠在其他班主之上，[45]馬師曾和廖俠懷從南洋歸來，即受聘在他的人壽年班中演出。[46]肖麗湘、千里駒和薛覺先都經他發掘而得以成名，他用低價聘用他們作「班仔」，並善用各人長處為其開戲，聲名鵲起後連續替自己的戲班工作兩至三年，藉此得到豐厚的回報。[47]其中以千里駒與何萼樓的關係最為密切，他先加入寶昌公司的鳳凰儀班，後轉到華天樂、人壽年，再到國中興和周豐年，最後又返回人壽年，「二十年來，只受一東家寶昌何萼樓之聘，從未另隸別家，為戲行中破格第一人。」[48]

　　然而亦有伶人視何萼樓為狡猾的剝削者，特別提到他和其他粵劇戲班班主如何透過收買〈班領〉來脅逼演員替其演出。這種戲行內稱為「撚班花」的手段，實際上是用放貸或代還借貸來控制有潛質的演員，方法是先提供金錢予新「扎起」的演員揮霍，再誘勸他們答應以演出抵債，簽下一種稱為〈班領〉的借據，又或者是聲稱替其還債而把其過去所簽的〈班領〉騙到手，藉此長期控制演員，期間又故意把演員放到別班演出，待他們成名之後，才拿出〈班領〉來，要求他們回來無償演出來抵債。據說伶人豆皮梅就看穿這種詭計而不甘就範，他原屬寶昌公司的周豐年班，雖然何萼樓使盡各種方法，他仍堅決不肯轉到別班，經受各種屈辱才完成〈班領〉所規定的無償演出場次，最終能夠回復自由身，成功擺脫何萼樓的操縱。[49]

45　王心帆著，朱少璋編，《粵劇藝壇感舊錄》（上卷），頁130至131。

46　王心帆著，朱少璋編，《粵劇藝壇感舊錄》（下卷），頁476及613。

47　據說何萼樓祇花了3000元就定了肖麗湘三年，讓他擔當第二花旦，打響名堂後，他從肖的身上賺了十多萬，而薛覺先兩年班仔的代價亦祇是2000元。同上，頁428至429及頁660。

48　崔翼歧編，《蛺蝶戲劇電影雜誌第84期——追悼千里駒專號》（1936年4月1日），頁6。

49　劉國興，〈戲班和戲院〉，廣東省戲劇研究室編，《粵劇研究資料選》，頁346。

　　粵劇在19世紀中葉走進城市劇場，成為香港華人的主要娛樂，粵劇伶人甚至遠赴上海和海外華人社群中演出，直至1891年，李瀚章准許商人以戲園歲捐充軍餉，「復有南關、西關、河南、佛山四大戲園之設。」[50]自此廣州才開始出現戲園，但較香港足足遲了30多年，其後廣東境內鄉鎮亦陸續有戲園開設，接下來的十數年間，城市劇場邁進黃金時代，城鄉之間戲劇演出需求甚殷，而寶昌公司的戲班這時活躍於省港兩地，收入非常豐厚，其中又以人壽年最具規模，在東華醫院歷年戲班捐款紀錄上，連續多年都名列前茅。[51]然而隨著其他新式娛樂（如電影）的興起，再加上清末民初政治動盪，鄉鎮地方治安轉差，而這時伶人身價又急漲，戲班公司經營成本大增，粵劇發展出現了各種曲折。[52]1930年代省港班陷於困境，人壽年班也不能倖免，1933年元旦廣州市社會局以反迷信為理由，禁止該班再公演其極受歡迎的《龍虎渡姜公》一劇，3月班中又發生羅家權槍殺徒弟唐飛虎事件，[53]到同年夏天散班之時，該班錄得數萬元虧損。[54]何萼樓在1930年代開始淡出，據說他怕受到「殺虎案」牽連，最終亦決定放棄其悉心經營多年的人壽年班，轉交由班中人自理，[55]這時他已73歲。

東華總理與大學堂勸捐董事

　　何萼樓於1880年代居港期間，一直負責戲園的演出活

50　〈論粵省禁設戲園〉，《華字日報》1895年8月3日。

51　容世誠，〈戲園·紅船·影畫〉，見氏編《戲園·紅船·影畫：源氏珍藏「太平戲院文物」研究》，頁16。

52　粵劇戲班在1930年代所面對的各種困難，可參看黃偉，《廣府戲班史》，頁214至230。Wing Chung Ng, *The Rise of Cantonese Opera* (Hong Kong: Hong Kong University Press, 2015), pp. 62-71.

53　〈人壽年丑角羅家權槍殺唐飛虎〉，《工商晚報》1933年3月11日。

54　張方衛，〈三十年代廣州粵劇概況〉，《戲劇研究資料（9）》（1983年10月），頁12。

55　黃偉，《廣府戲班史》，頁148。

1911年10月廣華醫院開幕典禮，何啟和何萼樓皆有出席。（東華三院何超蕸檔案及文物中心藏品）

動，當時戲園是華人紳商其中一個重要的消閒和社交場合，遇有內地或海外貴賓訪港時，亦會租用戲園安排演出和款待，其他在園內舉行的公眾活動還包括籌款賑災，[56]甚至集會議事。由於1869年在中環啟用的大會堂是外商所籌建，華人使用其設施受到限制，故此一些關乎華民福祉的宣講會亦祇能選擇在戲園內舉行。[57]經常出入戲園的群體不乏殷商富戶，相信何萼樓藉此建立起不少人脈關係，其中何啟與他似乎特別要好，兩人不獨先後成為重慶戲院的業主，同時亦是香港大學堂勸捐董事局成員，[58]不少官式宴會都看到二人的身影，例如1908年港商餞別著名建築師兼Leigh and Orange公司東主James Orange時，何啟主持宴會並作致辭，何萼樓亦是座上客。[59]何啟為廣華醫院籌建委員會主席，1911年廣

<hr />

[56] 〈熱腸不斷〉，《華字日報》1908年9月3日。

[57] 〈紀何君隸生重慶戲院演說〉，《華字日報》1907年7月20日。

[58] 〈香港大學堂董事芳名〉，《華字日報》1909年2月20日。

[59] *South China Morning Post*, 28 March 1908.

華醫院開幕時，何蕚樓以倡建總理身份列席其間。[60]1914年何啟猝然逝世，然而其子何永乾於1917年在聖士提反堂（St Stephen Church）舉行婚禮，何蕚樓仍獲邀出席觀禮，[61]這時他亦繼續捐款支持何啟創辦的雅麗氏醫院，[62]從中可見兩人交情不淺。

何蕚樓的名字早見於1904年東華醫院的捐款紀錄內，[63]1905年他獲推舉為總理，但最後卻未有接任，[64]直至1908年才正式以「殷商」身份成為當年總理，[65]1910年他又晉身成為保良局總理，[66]從保良局博物館珍藏的《誌事錄》可見，擔任總理期間，他經常需要就各方交來疑被擄拐的人口作出定奪，有時更需要連續多天參與會議，並要輪任主席一職，絕對不是掛名任職。這數年間，東華正為籌建中的廣華醫院進行募捐，身兼重慶戲園業主和戲班班主的何蕚樓作出了重要貢獻。其實自1878年起，東華的收支帳項都看到華人戲園交來的捐款，1902年這項收入為218元，[67]但在1910年和1911年《徵信錄》相關欄目內，卻多了「春季報效」和「演戲籌款」等捐獻。就以1911年為例，何蕚樓個人捐款100元，[68]各

60　*South China Morning Post*, 10 Oct 1911.

61　*South China Morning Post*, 18 April 1917.

62　1917及1918年雅麗氏醫院兼各合院（Alice Memorial and Affiliated Hospitals）進行募捐，何蕚樓都有捐款，見*South China Morning Post*, 24 Dec 1917 & 30 Dec 1918.

63　「利成號周熾卿翁緣簿計開」條，列明何蕚樓捐款五十員。見《1904年東華醫院徵信錄》，三集，頁三十四。

64　「議是日投筒擊得新任殷商總理……何蕚樓翁……公議次第送信恭請。」見〈一九零四至零五年度董事局會議紀錄〉，轉載自何佩然，《源與流——東華醫院的創立與演進》（香港：三聯書局（香港）有限公司，2009年），頁91。

65　《1908年東華醫院徵信錄》，二集，頁十九。

66　〈保良公局告白〉，《華字日報》1910年3月23日及"Annex　　C Report of the Registrar General", in *Administrative Reports for the Year 1910-1911*, C42.《1910年香港保良公局徵信錄》，頁十。

67　《1902年東華醫院徵信錄》，三集，頁四十一至四十二。

68　《1911年至1912年東華醫院徵信錄》，三集，頁四。

保良局1910年《誌事錄》內，仍保留有何萼樓在會議紀錄上的簽名。（保良局歷史博物館藏品）

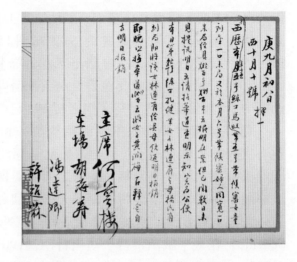

戲班除透過戲園緣簿共捐出123元外，[69]額外再捐出150元，又該年演戲籌款收入高達7966.39元，連同高陞，重慶和新戲院（即九如坊新戲院）的「春季報效」共1000元，五項收入共得銀9339.39元，佔當年總收入91424.551百份之十左右。[70]雖說這些捐款屬伶人、戲園和善長們的貢獻，但相信擁有多個粵劇大型班的何萼樓，從中亦發揮著重要的作用。

　　正如前文所述，現今大家對何萼樓的認知，多源自他曾參與香港大學的籌建工作，在「闔港華紳商」送贈港督盧吉的頌詞之上，就看到他與一眾顯赫一時的名人如何啟、劉鑄伯、何甘棠、招雨田和盧冠廷的名字，而其中所開列的87個華商中，有52位是募捐委員會的成員；[71]他更可能出席了4月28日在港督府舉行的送贈頌詞典禮。[72]當年香港政府積極籌建香港大學，特別成立委員會以方便向海內外華人募捐，由

---

[69] 同上書，三集，頁四十七。

[70] 同上書，七集，頁三。

[71] 賀達理和連浩鋈著，《呈盧督頌詞》，頁11。

[72] 出席者名單中有Ho Mok-lok，可能是何萼樓英文名字（Ho Ngok-lau）的誤植。見*South China Morning Post,* 29 April 1910.

何啟出任主席，成員共百多人，並明言歡迎其他紳商加入。[73]
雖然何蓴樓沒有參加委員會於1909年2月15日舉行的首次會
議，[74]但在2月21日第二次會議出席者名單上，已見到他的名
字，[75]3月23日他更聯同其他委員由東華醫院出發，進行沿門
勸捐，[76]可知他從港大進行募捐之初，即已全力參與其事。

　　何蓴樓獲邀成為大學堂勸捐董事，相信一方面是由於
他有良好的捐款往績，[77]另一方面他是應屆東華醫院總理，
順理成章要做好政府與華人紳商之間的橋樑角色，而他又熟
識戲園和戲班業務，其間更促成大學演戲募捐的創舉。這個
被外文報章形容為「新穎的募捐活動」（Novel Fund-raising
Scheme）在太平戲園舉行，演出日期為1909年11月28日至12
月3日，[78]廂座票價50元，堂座戲票定價分別為5元、3元和2
元，雖然戲班費用高達2至3千元，但照估算仍可以取得不錯
的籌款成效。[79]港督盧吉在12月1日親身到場觀看，何啟和何
蓴樓等募捐委員會成員在戲院入口處恭迎，並在演出期間向
港督講解戲曲故事內容，令港督感到興味盎然，盛讚演出

[73]　*The Hong Kong Telegraph*, 2 March 1909

[74]　*South China Morning Post,* 16 February 1909, *The Hong Kong
Telegraph*, 19 February 1909

[75]　〈香港大學堂董事芳名〉，《華字日報》1909年2月20日。

[76]　〈大學堂董事沿戶勸捐〉，《華字日報》1909年3月23日。

[77]　何蓴樓名字常見於募捐活動，1901年3月19日《華字日報》記載，
他捐出一百元賑濟陝西災荒，同報1902年1月10日香港格致書院「
勸捐總理芳名」中，也開列他的名字；同報1906年9月26日則有他
捐款賑濟「丙午風災」災民的紀錄。何氏關心教育，政府檔案亦
見他曾向香港實業專科學院(Hongkong Technical Institute)捐獎學金
（Prize Funds），見*Hong Kong Government Administrative Report
No 20/1908: Report of the Inspector of Schools for the Year 1907,
Appendix C, p.382.*

[78]　廣州出版的《時事畫報》圖文並茂報導了演戲籌款之事，提到
「港紳陳君賡虞於十月十六日起至廿一日止，特假座太平戲院開
演周豐年班，寓籌款於戲樂之中。」農曆十月十六日正是11月28
日，廿一日則是12月3日。見《時事畫報》己酉年（1909年）第18
期，第4頁。

[79]　*The Hong Kong Telegraph*, 27 November 1909。

精彩之餘，又特別嘉許華商為籌募大學經費所付出的辛勞，更留至晚上11時30分全劇結束方才離去。隨後兩晚分別有總登記官（Registrar General）及輔政司（Colonial Secretary）率領官員到場支持，最後亦盡興而返。[80] 雖說大學演戲籌款是由陳賡虞發起，但當時太平戲園正由何萼樓承租，而登台演出的周豐年班又屬寶昌公司旗下的名班，可知他實際上承辦了這項籌款工作。

1928年4月26日《香港工商日報》載，華人代表就籌辦香港大學漢文學院舉行會議，何萼樓亦應邀出席。

　　1928年香港大學籌辦漢文學院，再次向華商進行募捐，何萼樓應邀出席4月25日在華商總會舉行的會議，但他未有發言，[81]公開的捐款紀錄亦未有其名字，這時期他的戲班事業遇到了不少困難，加上前一年經歷喪子之痛，[82]相信這一定程度上影響到他對捐款活動的支持。

以香港為家的社會領袖

　　何萼樓從廣州移居香港後，即以香港為家，並且熱心公益，積極支持地區醫療和教育設施的籌建工作。他既是廣華

80　*The Hong Kong Telegraph,* 3 December 1909。

81　〈大學籌辦漢文學院會議〉，《香港工商日報》1928年4月26日。

82　其子何壽康於1927年1月逝世，據族譜資料，他死時祇有38歲，後葬於大埔社山。其離世消息亦見於*South China Morning Post,* 20 May 1927.

醫院的倡建總理，[83]又多次捐款支持公立醫局，[84]西約方便醫所籌建時曾在太平戲院演戲籌款，舞台上落力演出的正是寶昌公司的人壽年第一班，何萼樓亦捐款報效，[85]他特別關心社會低下層的醫療需要，曾出任1916年開幕的油麻地及水上公立醫局（Harbour Dispensary）籌建委員會成員，[86]1931年更捐出4000元鉅款，使得灣仔醫局重建後能擴充產婦科設施。[87]從零星的捐款資料亦可看到他特別關心教育，曾經支持喜嘉理牧師籌辦香港格致書院的計劃，出任該院勸捐總理，[88]並曾向香港實業專科學院捐出獎學金，[89]以及捐款支持香港仔兒童工藝院（後發展成香港仔工業學校）。[90]

　　何萼樓捐款對象還包括外籍人士團體，捐出現金以外，亦會透過義演或減收演出費用以作支持，受惠者包括Prince Wales Fund[91]及其他與歐戰有關的慈善基金。[92]正由於他積極參與中外公益事務，故此1920年港督邀請約百名華商到督憲府出席英皇壽辰慶典舞會時，他的名字亦出現在賓客名單之中。[93]

---

[83]　李東海，《香港東華三院一百二十五年史略》（北京：中國文史出版社，1998年），頁21。

[84]　〈本港官紳商民捐助公立醫局庚戌年第一次費用芳名開列〉，《華字日報》1910年5月6日。〈本港官紳商民捐助公立醫局壬子年費用芳名開列第二次告白〉，《華字日報》1913年3月11日。

[85]　〈西約方便醫所告白〉，《華字日報》1910年8月19日。〈西約方便醫所演戲籌款續聞〉，《華字日報》1910年8月20日。

[86]　*South China Morning Post*, 26 January 1916.

[87]　*South China Morning Post*, 11 December 1931.

[88]　〈香港格致書院告白〉，《華字日報》1902年1月10日

[89]　*Hong Kong Government Administrative Report No 20/1908: Report of the Inspector of Schools for the Year 1907, Appendix C, p.382.*

[90]　《華字日報》1932年12月28日

[91]　*South China Morning Post*, 24 Oct 1914

[92]　*South China Morning Post*, 16 May 1916. 何萼樓在紅十字會為歐戰傷兵籌款時捐出部份戲金收入，見*South China Morning Post*, 15 Oct 1917.

[93]　*South China Morning Post*, 20 June 1920

告白

敬啟者本月拾六日跑馬場之火災無論富貴貧賤男女老幼頃刻間同遭火劫傷心慘目莫可言喻當危急之時幸得我同胞奮勇往拯救籍賴生還者固多而蒙英兵及西人拯救者未審有幾何亦有數位西人因救人致被傷身體頭令我等被人敬之愛之矣在救人者未有冀報之心而被人所救者豈無有酬報之念今僕慇懇想法欲求官臨紳士善長在東華醫院或在華民政務司署設壹式開捐機關公推數位為實人監理之任由男女各舉先將捐欵往捐簽自行註寫介緣部其不曉書寫者由監理人代寫之隨緣樂助不用強求亦不用墳前勸捐再將所餘之項分撥在東華各等醫院及西人紅十字會為酬報拯救者之紀念矣望法沿門勤捐將伸懇悃之心亦悼死者得荷佛勸羅捐會作為酬報拯救者之紀念矣望長及紳士超生我等賢官

戊午二月拾玖

香山何萼樓拜啟

何萼樓於1918年3月1日在《華字日報》刊登〈告白〉,公開呼籲集合各界之力,為馬場大火死難者舉行大型醮會,好讓市民亦能夠參與。

　　何萼樓在籌辦馬棚大火建醮活動一事上,充份發揮其社會領袖的角色,更有一呼百應之慨,這在過去研究馬棚大火的著述中並未提及,值得在這裏詳細介紹。1918年2月26日黃泥涌賽馬場舉行每年一度的新春賽馬,期間一座看台發生火警,由於看台由竹、木和草蓆搭建,火乘風勢,迅即波及其他相連的看台,加上燃燒中的棚架塌下,觀眾逃生無門,最後造成超過六百人死亡,[94]不少家庭失去了至親。當年正月初三汕頭發生大地震,造成大量人命傷亡,香港亦感受到震動,市民已經飽受驚嚇,這時在元宵節後又發生火燒馬棚慘劇,社會上一片愁雲慘霧。

[94] 〈香港馬棚遇難中西士女墓碑記〉提到下葬者有590多具遺體,後來報冊遇難者得614人,但仍有各種原因導致未及報冊,所以真實遇難人數可能更多。1918年馬棚大火和後來籌建「馬場先難友紀念碑」的經過,可參看高添強,《馬場先難友紀念碑》(香港:東華三院檔案及歷史文化辦公室,2016年)。

　　馬棚大火慘案後的首個週末，多個宗教團體在教堂舉行悼念活動，[95]何甘棠亦宣告會獨力出資在愉園建醮七晝夜以超度亡魂。[96]然而最早公開呼籲集合社會各界捐款以舉行大型醮會的人，卻是何萼樓。當時他已經不是東華醫院總理，但事發後第三日（即3月1日）就在《華字日報》刊登〈告白〉，公開表示為慘劇感到十分難過，深受大火期間同胞捨身救人的精神所感動，特別提到有英兵和西人幫忙拯救時亦告受傷，於是建議在東華醫院或華民政務司署設立募捐處，不作沿門勸捐，利用收集所得，「先將捐款在跑馬地附近建壹大醮壇，為我等生者聊伸憑弔之心，亦俾死者得藉佛法超生之力，再將所餘之項，分撥在東華各等醫院及西人紅十字會，為善後經費。」[97]他的設想是透過醮會讓不同階層可以一同悼念死者，藉此超度亡魂並撫慰社會大眾，而餘款則可以用作救濟有需要的人。

　　華民政務司知悉死者家屬希望在馬場舉行法事，也可能是留意到何萼樓的公開呼籲，因而致函東華醫院，請他們在馬場附近建醮。東華為此召開街坊會議，經商討後，何甘棠亦認為「應照行以釋街坊之心」，眾人舉手通過。會議上何萼樓就值理會組成方式、建醮地點及聘請內地高僧提出了意見，並提供過去風災醮會法事費用為二千元予大家作參考，[98]可見他對建醮一事十分著緊，後來更聯同唐溢川、何甘棠和李亦梅等到跑馬場附近地點實地視察，[99]最後大家考慮到搭棚

95　*The China Mail,* 4 March 1918

96　〈超度賽馬場遇難之亡靈魂啟〉，《華字日報》1918年3月18日。

97　〈告白〉刊載於1918年3月1日的《華字日報》，下款為「香山何萼樓拜啟」。現存以何萼樓名義發佈的文字資料十分有限，能夠從中理解他的見解和感受的，更絕無僅有。

98　〈東華醫院開街坊會議建醮事〉，《華字日報》1918年3月18日。其中指華民政務司來函署弍月廿九日，似為正月廿九日（3月11日）之誤植。

99　〈東華醫院建醮續聞〉，《華字日報》1918年3月22日。

費用不菲，加上有火災風險，故改到愉園舉行法事。[100]

　　東華醫院於3月22日刊登報章告白，為醮會進行募捐，[101]4月3日會議確定醮會舉行地點，並推舉何萼樓與何甘棠、陸蓬山和蔡季悟等到鼎湖山邀請高僧到港，醮會日期定在4月15日（三月初五日），七晝連宵。[102]東華隨後在4月8日一連六天在報章刊登「建醮廣告」連同「附薦告白」，再次呼籲善長到院內捐款，[103]而何萼樓除了捐出「值理份金」二十元外，另捐出一百元，[104]款額雖然不高，但他在「戊午年建醮超度馬棚遇難先友值理芳名」上卻排名第三，可見他在整項活動中佔有重要地位。[105]事實上整個醮會的構想，與他告白中所倡議的內容也大致符合。醮會開始時捐款已累積有8862.9元，[106]至4月27日再作公佈時，善款總額更高達10509.7元。[107]這次是香港史上少有的全民參與的悼亡活動，何萼樓從倡議到落實各項安排皆不假手於人，正好反映他全情全意投身香港公共事務，以社會大眾為念的公益精神。

從敬宗收族到惠及鄉鄰

　　何萼樓在1912至1920年間，同時跟三兄何昭林和五弟何和林的妾侍打爭產官司，前者出現訴訟只因早有嫌隙，三兄按照何華生遺囑獲得寶昌的其中一份股份，但其後退股，直

100　〈東華醫院值理敘會建醮事〉，《華字日報》1918年3月30日。

101　〈東華醫院告白〉，《華字日報》1918年3月22日

102　〈一九一七至一八年度董事局會議紀錄〉，轉載自何佩然，《施與受—從濟急到定期服務》（香港：三聯書局（香港）有限公司，2009年），頁74。

103　〈建醮廣告〉及〈醮棚附荐告白〉，《華字日報》1918年4月8日。

104　〈馬棚火災建醮公所告白〉，《華字日報》1918年4月8日。

105　《1917年東華醫院徵信錄》，七集，頁一。

106　〈馬棚火災建醮公所告白〉，《華字日報》1918年4月16日。

107　〈馬棚火災建醮公所告白〉，《華字日報》1918年4月27日。

至何萼樓打算拆卸重慶戲園改建為民宅時，則入稟要求重新
確認其股東身份並解散股份，背後目的明顯是為了分享寶昌
子公司華記在房地產方面的收益，案件更上訴至高等法院，
最終何萼樓獲得勝訴。[108]至於後者則關乎何和林遺產的控
制權，特別是妾室在元配死後，她作為家中未成年子嗣的監
護人，是否有權代管遺產？加上何和林的兒子是從遠房宗親
過繼而來，英國法律如何適用於華人習俗中過繼子的遺產繼
承權等問題，也令這樁官司變得複雜，案件持續長達七年之
久，本地華洋報章亦有追蹤報導，最後以加入何萼樓和何和
林元配的兄弟作遺產信託人，雙方才達致庭外和解。[109]

　　何萼樓經歷這兩場官司之後，對家族財產處理格外小
心，他入繼長兄和二兄的兩個兒子壽熙和壽康英年早逝，他
立即把自己註冊成為其遺產執行人。[110]晚年他又捐出鉅款，
專委何朝淦重輯族譜，並選擇在香港印刷出版，相信亦有清
楚整理宗族內各房各支脈絡，以團結族內成員的意圖。

　　然而何萼樓已把香港視作永久居地，故選擇在大埔一帶
購地築墳，以安葬死去的家族成員。他把離世女眷如自己的
副室和二兄的副室和庶媳，以及自己的配室，分別安葬於梅
樹坑和船灣等處，部份墓地有「小欖何墓石碑」作標識。[111]

---

[108] *Ho Chiu Lam alias Ho Yiu Tong v. Ho San Lam alias Ho Ngok Lau* (Pricy Council Appeal No. 151 of 1915)華文報刊報導這樁官司時，經常誤譯何燊林（即何萼樓）為何新林或何秀林，有時又把何昭林誤植為何振林，研究者引用時如不翻查外文資料，很容易會誤解寶昌公司的股權分配。同樣地，單看外文報刊資料上中文音譯，不作進一步核實，很多時亦會張冠李戴，這亦是運用報刊資料研究香港歷史時必須注意的事項。

[109] 審訴過程見*Hong Kong Daily Press,* 4 September 1915，判詞則見Ho Cheng Shi v. Ho Sau Lam, 20 H. K. L. R. [1920] 有學者指這場官司為香港法庭確定了華人傳統中的過繼子可承受其父親財產的原則，見蘇亦工著，《中法西用：中國傳統法律與習慣在香港》（北京：社會科學文獻出版社，2002年），頁293。

[110] 何壽熙遺囑［香港政府檔案處藏品編號：HKRS144-4-3231］及 *South China Morning Post,* 20 May 1927.

[111] 何萼，何朝淦等重修，《香山小欖何氏九郎族譜》，頁228。

至於他過繼予二兄的兒子壽康則葬在大埔社山村附近,[112]位置就在長兄何宴林墓地的山後[113]。何氏在大埔梅樹坑建有稱為「廬江家塾」的家祠,其中放有祭桌和祖先神位,以方便他在香港進行祭祀,[114]該屋所在地段為Lots 55 R.P.及56 R.P. in D.D.5,1988年政府決定把該地發展成為公園,[115]房舍至今已蕩然無存。至於他在梅樹坑興建快樂亭一事,則仍有戰後重建的新亭作為見證。

何萼樓對僑港同鄉的福祉也十分關心,1924年協助成立僑港欖鎮同鄉會,陪同領導籌備會議的譚偉生、麥揚階和黎耀泉等人,到華民政務司署進行申請,終取得批准,而他亦成為該會首屆會長,排名在一眾董事中居於首位。[116]直到1932年,他仍是該會總務部成員。[117]他又在新界留下了一些捐獻紀錄,包括1923年捐出30元支持興建大埔白牛石的仁壽橋,[118]而1928年粉嶺發生山洪沖毀橋樑致學童溺斃的意外,村民事後籌款興建新橋,何萼樓亦捐出了10元,「重建從謙英泥石屎橋樂捐芳名」碑上就刻有他的名字,[119]可見他關愛鄉民,樂善好施的一面。

何萼樓最後一次參加的公開活動,應是1940年2月下旬至

---

112 同上書,頁231。

113 同上註。

114 魯金曾親訪廬江家塾,指其中的祭桌是由戲院司理、戲班司庫、名伶、班主、編劇家和音樂家所送,並刻有「維民國十一年秋吉旦,吾友何君萼,擇地於大埔梅樹坑皇帝石建築廬江家塾,以妥先靈,以啟後嗣。」等背景資料。見魯金,〈何萼樓所建廬江家塾面臨大遷拆〉,《明報》1985年3月4日。

115 《華僑日報》1990年4月29日。

116 編輯委員會,《僑港欖鎮同鄉會成立六十周年紀念專刊》(香港:僑港欖鎮同鄉會,1981年),頁3及51。

117 〈欖鎮同鄉會新職員〉,《華字日報》1932年12月28日。

118 科大衛、陸鴻基、吳倫霓霞合編,《香港碑銘彙編》(香港:香港市政局,1986年),第3冊,頁462。

119 陳國成,《粉嶺》(香港:三聯書店(香港)有限公司,2006年),頁215。

3月初在香港大學馮平山圖書館舉行的「廣東文物展覽會」。
當時廣州及華南多個城市已經淪陷,日軍正加緊向香港進逼,
一批在港文化界名人發起成立「中國文化協進會」,以「研究
鄉邦文化,發揚民族精神」為宗旨,[120]搜集珍貴的廣東書畫文
物和革命文獻作大型展覽,以宣示愛國愛鄉的熱情,並藉此互
相激勵。年屆80的何萼樓被邀成為展覽籌備委員會成員,並提
供石灣陶瓷和象牙球等「製作類」展品於會場內展示。[121]展覽
大受歡迎,八天展期共吸引數萬人入場參看。

　　1941年12月8日日軍對香港發動全面進攻,同月25日守
軍投降,在日佔時期何萼樓並沒有離港,繼續居於港島堅尼
地道大宅之內,1943年2月4日在家中去世,死前立下遺囑,
由四個男孫繼承他在中山和香港的產業,家人翌日在報章刊
登訃聞,表示會在2月8日出殯。[122]香港居民在日佔時期經
受著各種磨難,一切皆在皇軍嚴密監控之下,何氏的喪禮規
模,相信亦會較和平時期簡約,一代「班主王」的故事,亦
在香港最艱難的時期劃上了句號。

結　語

　　過去歷史人物研究多集中在政治或經濟領域具有影響力的個
人,甚或是知名的學者和文人,近年研究者對不同群體和普通人
的故事有更多的關注,而記述伶人或戲劇界人物的論著亦逐漸增
加,加上新近出版的藝壇掌故和互聯網上的歷史文獻資料庫,為
研究者帶來不少方便,透過整理和解讀新出現的材料,讓大家可
以更深入地認識到百多年前粵劇舞台上下的情況。

---

[120] 廣東文物展覽會編,《廣東文物》(廣州:廣東人民出版
　　社,2013年),頁1。

[121] 同上書,頁41、168及190。

[122] 見《香島日報》,1943年2月5日,然而何萼樓遺囑的相關資料,
　　則註明他是2月5日去世。〔香港政府檔案處藏品編號:HKRS144-
　　6A-188〕

　　何萼樓是推動粵劇發展的重要人物，在香港留下了不少公開活動的記載，可惜與其個人直接相關的文獻資料十分缺乏，而藝壇掌故和報章報導亦經常出現誤記，1990年就有本地報章簡單套用舊社會描述伶人的用語，形容何萼樓是「目不識丁」的「紅船班主」，「經常帶領戲班到新界鄉村演戲。」[123]筆者在這篇短文裏，嘗試利用公營機構找到的歷史檔案，跟報刊上的資料加以排比對照，從而勾勒出何萼樓的生平大概，在介紹他的班主生涯之餘，亦希望讓大家瞭解到他對香港社會事務的貢獻。文獻上兩個形像截然不同的何萼樓，究竟哪一個更接近真實？這可能是永不能有確切答案的謎，但歷史研究的樂趣正在於此。由於可用資料不多，其中或有疵誤之處，還望讀者指正。

　　［本文搜尋資料過程中，十分感謝政府檔案處歷史檔案館、東華三院何超蕸檔案及文物中心、保良局歷史博物館提供協助，慷慨借閱館藏。東華三院何超蕸檔案及文物中心、保良局歷史博物館和香港中山欖鎮同鄉會有限公司批准使用相關照片，另外馮佩珊女士分享珍藏的剪報資料，連民安先生提供其所收藏的《蛺蝶戲劇電影雜誌第84期—追悼千里駒專號》內頁圖像，特此致以衷心謝意！］

123　同註115。

高等教育與交通發展
——九廣鐵路大學車站起源考

梁 勇

香港珠海學院中國文學系

引 言

今天的香港鐵路大學站始建於1956年，本為九廣鐵路「馬料水車站」，1967年易名「大學車站」，2007年兩鐵合併後定名「大學站」。有關此站，普遍顧名思義指與香港中文大學有關，僅就命名而論，確為事實，但建站卻與大學無關，因為當時中文大學尚未建校。考之檔案，馬料水車站的設置源於崇基學院(1951-1963年9月為私立專上學院，1963年10月起成為香港中文大學成員書院)的建議，該校籌備興建沙田馬料水新校園時，向香港政府提出自資興建馬料水火車站的要求。經過考量，香港政府最終決定出資興建，期間經過行政局的討論和立法局的通過。最後，崇基學院在1956年從香港島遷入沙田馬料水新校園，馬料水車站亦同時啟用和通車以作配合。這是鐵路公司為學校建站的獨特個案，與後來因站近學校而命名以及因應區內人口增長而建站的原則不同。對馬料水建站的研究，可釐清香港區域的變遷與高等教育發展的關係。

一、馬料水建站緣由

九廣鐵路公司出版的《百載鐵道情》指出興建大學車站的目的：「一九五六年，鐵路局加建馬料水車站，方便雍雅山房(於二零零五年結業)及附近鄉民和到馬料水碼頭乘搭街渡的人士。」[1]這說法並不確切，經過了半個世紀，該公司已說不清馬料水建站的原因。至於一般人顧名思義說大學車站源於香港中文大學也不正確，因為該站在大學成立前七年已建立。事實是，馬料水車站是為配合1956年崇基學院從香港島遷入新界沙田而興建的。

崇基學院(以下簡稱崇基)創立於1951年10月，當時的性質屬私立專上學院，校舍位處香港島。初期借用聖保羅男女中學校舍上課，後來逐漸擴大範圍，先後借用聖約翰大禮拜堂(今稱聖約翰座堂)副堂、聖公會會督府聖保羅堂，租用堅道147號建築(稱崇基西院)、聖公會會督府霍約瑟會督紀念堂(稱崇基東院)。雖然有多個教學空間，但校舍分散，學生上課需往返幾個地點，極為不便，於是興建新校園成為崇基進一步發展的必要之舉。

崇基校方選擇了新界沙田馬料水為新校園所在地，該地段距離大埔公路12英里，下方面對九廣鐵路，只有公路可通往地段，交通不便，因此在籌畫新校園時，校方計劃自資興建火車站，方便學生和教職員往返校園，於是向香港政府提出建站要求。

二、校方和政府商討建站

為了在馬料水新校園興建火車站，崇基校方尋求香港政府的協助，雙方曾多次商討建站事。1953年4月，聖公會港

---

[1]　《百載鐵道情》(香港：九廣鐵路公司，2006年)，頁89-90。

建成不久的馬料水車站 (1956年)(圖片由香港中文大學崇基學院提供)

澳教區會督、崇基創辦人及校董何明華(Ronald Owen Hall)向香港政府提議由校方自資興建火車站,但希望政府能在將來營運利潤中按比例退還建站開支。[2]校董會認為只有設置火車站,才有可能在馬料水建立校園。政府也認為興建該站的唯一原因是崇基在馬料水的存在,因此應由校方承擔建站費,估計費用為港幣282,000元,建議此項費用可連同新校園建築費貸款一併向政府申請。設置火車站成為新校園計劃的組成部分。九廣鐵路局(1983年改制為九廣鐵路公司)總經理指出如建站費由校方承擔,日後崇基學生可享票價優惠;如由政府承擔,則學生需付票價全費。[3]

　　同年11月,崇基校方改變態度,希望政府能承擔興建馬料水火車站的經費,即港幣282,000元,理由是火車站是公

2　　R.O. Hall's Letter to D.J.S. Crosier, Director of Education, 20 April, 1953, Public Records Office of Hong Kong.

3　　Report of the Ad Hoc Committee on the Establishment of Chung Chi College, 1953, p.24, Public Records Office of Hong Kong.

共建設，將來可為政府帶來可觀的收益。[4]次年8月，香港政府副輔政司正式通知校方，政府認為有需要興建馬料水火車站，車站的興建和保養由政府承擔。[5]這就是說，校方無須出資建站。

香港政府行政局曾討論興建馬料水火車站事，認為該站應由政府興建，擁有權屬政府。九廣鐵路局總經理最初同意建站，後來表示反對，認為建站不切實際。其後他再次改變主意，同意興建馬料水車站，但建議興建較短的月台，建立簡樸房舍以安放設備，並讓職員辦公。月台沒有燈光，只安裝重要的訊號設備。他估算建築費需港幣225,000元，每年營運費為港幣21,500元，收入則為港幣26,000元。[6]可見營運可達至收支平衡，建站費也低於最初的估算。最後，香港政府立法局在1954年通過撥款港幣225,000元作為興建馬料水火車站的經費，表明建站是為方便崇基中人往返馬料水新校園。[7]

三、馬料水、大學車站與崇基學院、中文大學

馬料水車站正式啟用及通車前，九廣鐵路局曾為崇基校事開行兩班專車。1956年5月12日，崇基校方舉行馬料水新校園奠基典禮，由校董會主席啟真道(Leslie Gifford Kilborn)主持。典禮在下午5:30開始，由於預計參加者不少，鐵路局安排一班列車在下午4:46從九龍車站(尖沙咀)開往尚未啟用

4　David W.K. Au's Letter to D.J.S. Crosier, Director of Education, 26 November, 1953, Public Records Office of Hong Kong.

5　R.J.C. Howes (Deputy Colonial Secretary)'s Letter to Chung Chi College, 16 August, 1954, Public Records Office of Hong Kong.

6　Memorandum for Executive Council, 26 July, 1954, Public Records Office of Hong Kong.

7　"Supplementary Provisions for the Quarter Ended 30 September, 1954", Hong Kong Legislative Council 377, 29 December, 1954, Public Records Office of Hong Kong.

柴油火車沿海通過馬料水車站 (1958年)

(圖片由香港中文大學崇基學院提供)

的馬料水車站,另一班則在下午6:58從馬料水返回尖沙咀。[8]據次日報章報道,典禮參加者約500人,[9]可見開行專車有其需要。既然馬料水車站為崇基而建,為校事開行專車自不為奇。

　　馬料水車站在1955年7月建成,次年9月24日正式通車,趕及在崇基10月1日開課日前啟用。報章新聞明言此站專門服務崇基學院成員,每天上午7:48、下午12:35和2:17從九龍總站(尖沙咀)開出的上行列車會停靠馬料水車站,下行列車則在下午1:12、4:54和6:09從馬料水車站開往九龍車站,尖沙咀至馬料水站行車需時25分鐘。[10]班次的編定明顯配合了學生和教職員往返校園的時間。

8　　"Chung Chi College Foundation Stone Laying Ceremony", South China Morning Post (12 May,1956), p.6.

9　　"Foundation Stone of College Laid in New Territories", South China Morning Post (13 May, 1956), p.6.

10　"New Railway Station Opened", South China Morning Post (25 September, 1956), p.6.

柴油火車通過馬料水車站，背景為崇基學院校園 (1959年)
(圖片由香港中文大學崇基學院提供)

　　香港政府向崇基批出馬料水用地，其後又以位處粉嶺軍地(近今皇后山邨)的兩畝政府土地與馬料水村村民交換一畝村地(今牟路思怡圖書館一帶)，讓崇基佔有整個馬料水盆地，使校園不被村民之地分割。村民在1963年遷離馬料水，此後馬料水車站的主要乘客為崇基學生和教職員。

　　馬料水車站營運後，崇基中人仍然可享特殊待遇。1957年，為更便利崇基教職員和學生往返校園，九廣鐵路局特別增加停靠馬料水車站的班次，上行列車從原來的3班增至8班，下行則從3班增至7班，週末日及公眾假期在晚上10:23加停一班。[11]1963年11月2日，崇基校方舉行慶祝成為中文大學成員書院的典禮，招待學生家長和賓客，九廣鐵路局破例在晚上11時加開專車接載崇基乘客從馬料水車站直達尖沙咀總站。[12]可見馬料水車站與崇基學院密不可分。

---

[11]　《崇基校刊》第12期，1957年9月，頁18。

[12]　黃志涵：〈漫談崇基精神〉，載吳瑞卿編：《自在人生路——崇基人散文集》(香港：香港中文大學崇基學院，2001年)，頁160。

馬料水車站更名大學車站 (1967年1月)
(圖片由香港中文大學崇基學院提供)

　　香港中文大學在1963年成立，崇基學院、新亞書院、聯合書院加入新大學成為其成員書院。中文大學發展的首十年，大學本部和三所成員書院分處不同地點，只有崇基位處沙田馬料水，大學本部設於九龍恒生銀行大廈，新亞書院位於九龍土瓜灣農圃道，聯合書院坐落香港島堅道。1967年1月1日，九廣鐵路局把「馬料水車站」改稱「大學車站」，大學指香港中文大學，但該站依然只有崇基乘客使用。隨著大學本部、聯合書院、新亞書院分別於1969年、1971年、1973年遷入沙田馬料水，整個中文大學的學生和教職員才在同一校園學習和工作。至此，大學車站才名副其實，成為服務中文大學成員的火車站。

四、崇基學院得以在校園設置火車站的原因

　　香港政府動用公費為一所私立專上學院設置火車站，乘

客幾乎清一色來自崇基，與因站近學校而命名以及因應區內
人口增長而建站的原則不同。崇基校園得以設置火車站，原
因值得探討。

聖公會港澳教區會督何明華是崇基學院的主要創辦人，
他在1951年4月30日草擬了一份《香港教會學院通函》(Mem-
orandum on a Church College in Hong Kong)，展開了崇基學
院的創校程序。聖公會源於英國，港澳教區轄下的聖約翰大
禮拜堂的首排座椅為英國皇室人員專用，因此會督何明華
的聲望很高，港督葛量洪(Alexander William George Herder
Grantham)對他也很客氣，由他參與創校，有利學院的發展。
從何明華為崇基選擇新校園土地一事，便可見他的威望和影
響力。新界地區長官(District Commissioner of the New Terri-
tories)在一封1953年7月17日的政府信函中指出他曾陪同何明
華視察馬料水用地，寫道：「應該要求何明華會督提供一幅
馬料水用地規劃圖，顯示他希望在若干年內大致要發展的土
地面積。」[13]何明華在次年2月6日提供了一幅規劃圖，顯示
了範圍，還有他的批註。[14]何明華能夠選擇他希望建校的土
地，其影響力可見一斑。後來他進一步提出興建火車站，政
府也沒有反對。

此外，崇基第二任院長凌道揚對政府也有影響力。他曾
擔任香港政府教育委員會及鄉村委員會委員，與港督葛量洪
和政府高層官員建立緊密關係。他在1976年接受訪問時把港
督、輔政司、馬料水村村長、九廣鐵路局的高級行政人員列
為他當日在香港政壇上和社會上的「一班密友」，認為他們
很愛護崇基，說港督葛量洪「簡直把崇基當作一個嬰兒來護

---

[13]　信函原件複印本見顧大慶：《崇基早期校園建築 — 香港華人建築
　　師的現代建築實踐》(香港：香港中文大學崇基學院，2001年)，
　　頁103。
[14]　規劃圖原圖複印本見上書，頁104。

粉嶺馬料水新村門樓今貌(作者攝)

養」。[15]可見香港政府、九廣鐵路局和地區人士對崇基興建新校園的支持,設置火車站自不會反對。

結 語

　　馬料水火車站的建立可謂香港交通史和高等教育史的獨特個案,是在特殊背景下產生的。崇基學院新校園選址新市鎮尚未規劃的新界沙田,位置偏遠和荒蕪,只有設置火車站才能解決交通不便的問題。崇基雖為私立專上學院,但它與香港政府關係良好,政府才出資為其新校園設置火車站,與後來因應區內人口增長而建站的模式不同。由於馬料水土地廣闊,崇基又紮根該地多年,加上火車站帶來的便利,馬料水因而擴充為整個香港中文大學的校園,終使後來的大學站成為服務公立大學的火車站,公帑用得其所,對香港高等教育的發展有其貢獻。

15　林蓮仙:〈馬料水的墾殖者——凌道揚校長訪問記〉(1976),載《崇基校刊》第61期,1979年12月,頁15。

1894年抗疫獎章扎記

孫德榮

香港歷史博物館

一、引 言

　　初識1894年抗疫獎章於《香江有情》展覽圖錄[1]，拜讀高添強論著[2]徵引*Whitewash Brigade*一書，方知獎章有金銀兩種，還有刻上不同地名或內容的掛扣[3]。近從歷史博物館網頁得知，新常設展覽將展示抗疫金獎章[4]。研究香港西醫和東華醫院的論著皆指1894年鼠疫乃本地中西醫學和公共衛生發展

---

[1]　香港歷史博物館編製：《香江有情：東華三院與華人社會》（香港：香港歷史博物館，2010），頁51。

[2]　高添強，〈香港墳場發展史略：1841-1950〉，梁美儀，張燦輝合編，《凝視死亡：死與人間的多元反思》（香港：香港中文大學出版社，2005），頁209-247。

[3]　Platt, Jerome J., Maurice E. Jones, and Arleen Kay. Platt. *The Whitewash Brigade : The Hong Kong Plague of 1894* (London: Dix Noonan Webb, 1998) 圖版(沒有編號及頁碼，第一組在頁46和47之間)見銀章掛扣刻上四組不同文字，分別是：China、Plague/ of Hong Kong、Tar Ping Chang，以及Ti Ping Shang Plague 1894。

[4]　該獎章屬於女護士希堅(Sister Elizabeth Francis Higgins)。黃大偉醫生指出該獎章得主於1898年不幸染疫而歿(Wong, T W. "Dr Philip Burnard Chenery Ayres and the Plague Fighters of the Government Civil Hospital," in *Hong Kong Medical Journal,* Vol 27.4 (2021): 318–319)。查1898年政府藍皮書(*Hong Kong Blue Book*)人員編制(Civil Establishment, I66)，護士希堅於1898年4月29日離世。

的轉捩點，惟大多沒有提及頒授抗疫獎章一事[5]。故試從報章和檔案找資料(列於附錄一及二，以下按需要註明資料出處)，簡述獎章故事和相關的褒獎爭議。

二、軍人可否佩戴抗疫獎章？

1894年6月疫情高峰期間，港督羅便臣(William Robinson)函告殖民地部(Colonial Office，有稱理藩院)瘟疫重創香港的慘況[6]。其後疫情減退，9月3日《香港轅門特報》第九號公告撤銷始自5月10日的疫症公告。是時政府改善供水和排污設施乃當務之急，眾多事務需要處理，其中一項是答謝抗疫人員，即軍隊、警隊、公職人員、醫護和義工等。9月27日大會堂舉行公眾會議，冠蓋雲集，籌組抗疫表彰委員會(Plague Recognition Committee下稱表彰委員會)。出席公眾會議官紳名流逾三十人，推舉由港督主持當天會議，署理按察使司率先列舉不少抗疫人員貢獻，並且動議應當表彰抗疫人員，昃臣(Thomas Jackson) 再動議由署理按察使與布政使等五十名官紳名流組成委員會以落實其動議（表一）

---

[5] 有關西方醫學在港的發展歷程，見Ho, F. C. S., *Western Medicine for Chinese: How the Hong Kong College of Medicine Achieved a Breakthrough* (Hong Kong: Hong Kong University Press, 2017), 75–78. Chan-Yeung, M. M. W., *A Medical History of Hong Kong: 1842–1941* (Hong Kong: The Chinese University of Hong Kong Press, 2018) 及*A Medical History of Hong Kong: The Development and Contributions of Outpatients Services* (Hong Kong: The Chinese University of Hong Kong Press, 2021)；羅婉嫺：《香港西醫發展史1842–1990》（香港：中華書局，2018）。有關香港公共衛生史，見Yip, K. C., Wong, M. K., & Leung, Y. S., *A Documentary History of Public Health in Hong Kong* (Hong Kong: The Chinese University of Hong Kong Press, 2018)。

[6] 1894 GA No. 319. Despatch (No 151) to Secretary of State with reference to Plague, paragraph no 29-32. 該年行政報告亦找錄原文：Annual report for 1894 in Jarman, Robert L. (Ed.) *Hong Kong Annual Administration Reports, 1841-1941*. Vol 2: 1887-1903, (Cambridge: Archive Editions, 1996), 132-133.

。雖然《士篾報》(*Hong Kong Telegraph*)士蔑(Robert Fraser-Smith)質疑委員會成效並謂何不討論具體行動，最終議決通過成立表彰委員會，還表明不宜公開討論該表彰何人和何類功績，未有討論委員會如何運作即告結束當天會議。同日《孖剌西報》(*Hong Kong Daily Press*)刊載四封致布政使的9月18日、19日、24日和26日函件，全是潔淨局應對疫情專責委員會[7]主席法蘭些士(John Joesph Francis)讚頌不同抗疫人員的功績。10月4日《士篾報》又刊載法蘭些士致布政使9月27日函，並附上眾華商讚揚潔淨局幫辦杰曼(Joseph R. Germain)之譯函。11月6日《孖剌西報》刊登致該報的11月5日不具名函，聲稱表彰委員會即將向國家醫院(Civil Hospital)護士致送金獎章，投函人冀得刻有護士名字的牌匾以作公開展示。

　　1894年12月5日早上，因參與抗疫的施洛普郡輕步兵團(Shropshire Light Infantry)行將離港，木球會舉行表彰典禮，官紳名流雲集，港督羅便臣擔任主禮嘉賓，並在白加少將(Major General George Digby Barker)陪同下檢閱軍操。表彰委員會主席署理按察使司致辭後，港督宣告將以香港社群名義向抗疫將士敬贈獎章、盾牌和足球賽獎杯等，並稱短期內送達離港將士。《孖剌西報》不但報導該典禮盛況，還記述金獎章有46個而銀獎章則有605個，由倫敦名師Allan Wyon負責鑄造，獎章正面設計尚待評選，背面擬刻上英文謝辭和得主名字"Presented By The Community Of Hong Kong to [name] For Service Rendered During The Plague Of 1894"，金獎章配以收藏盒，銀獎章則有細環繫上彩帶，正在申請准許軍人配戴(圖1)。1895年3月1日正午中區警署又舉行表彰典禮，港督檢閱警隊步操後，表彰委員會主席讚揚警隊去年抗疫的貢獻，並且宣讀警隊得到抗疫獎章的數十人名單。港督頒授表現優良獎章予一名幫辦和四名沙展，還致送約兩呎之感謝抗

---

[7]　潔淨局專責委員會(Select Committee)由醫生艾爾斯(Dr P.B.C. Ayres)、梅含理(F. H. May) 和J.J. Francis三名潔淨局成員組成，其稱Permanent Committee的原因不明。

圖1　抗疫獎章：正面圖像下方
　　　1894左旁有鑄造者名字，
　　　護士腳旁有設計者名字；章
　　　邊刻上得主姓名；背面刻
　　　上香港社群名義的謝辭。圖
　　　為香港歷史博物館銀獎章
　　　藏品，章邊刻上 "Private J.
　　　Pritchard S. L. I."，SLI即施
　　　洛普郡輕步兵團（Shropshire
　　　Light Infantry）。

疫銀盾予警隊，盾上刻英文謝辭 "Presented by The Community Of Hong Kong To The Police Force For Their Services During The Plague of 1894"。1895年5月18日《士篾報》刊登表彰委員會秘書Sercombe Smith交來兩封由加爾各答(Calcutta) Fort William寄來的感謝函，表明銀碗、銀瓶和足球賽獎杯等，[8] 於1895年4月送達駐守印度的施洛普郡輕步兵團；該報又於5月31日節錄不具名軍人對仍未收到獎章表達不滿的來函。其後《孖剌西報》報導，由Frank Boucher設計的獎章，終於在1895年9月20日運抵香港，獎章邊緣刻上得主姓名，在港將送出金獎章137個和銀獎章31個，其餘會送到將士不同的駐紮地點，頒授金銀獎章的總數未有列明[9]，並稱警方獲獎章者眾多和不會舉行頒贈典禮。在港送出的獎章中，贈予庫務司密徹爾‧因斯(Norman Gilbert Mitchell-Innes)、醫生艾爾斯

8　該等銀器見前引 *The Whitewash Brigade : The Hong Kong Plague of 1894* 的圖版(第二組在頁75和76之間)及Soldiers of Shropshire Museum 的網頁https://www.soldiersofshropshire.co.uk/hk-plague/ （瀏覽日期2022年11月2日）。

9　前引 *The Whitewash Brigade : The Hong Kong Plague of 1894* 就獎章總數問題分析及部份得主名單分別見於Appendices I及III，頁109-121和頁174-180。獎章總數估計為819個，即金獎章是46加上137而銀獎章是605加上31。

(Philip Bernard Chenery Ayres)、巡警道梅含理(Francis Henry May)、核數監督文員寶雲(C.C.Bowring)的四個金獎章連致贈函件，按表彰委員會建議於1895年11月轉至倫敦並由殖民地部交予四人，當中僅寶雲一人轉職至倫敦，估計艾爾斯醫生、梅含理和密徹爾・因斯三人休假回英。

　　港督依表彰委員會請求，函請殖民地部爭取軍部(War Office)特准抗疫獎章配戴於軍服，並且援引Royal Humane Society獎章可於軍服佩戴的先例。港督促請函於1895年12月9日送達倫敦，其附件表明駐軍曾收到軍部1894年12月15日電報，覆示軍服不准配戴該獎章，以及1895年1月29日函示抗疫工作不得列入軍隊季度紀錄，寫入將士的個人紀錄則可。殖民地部因軍部對配戴的取態見諸其內部指示，經一番討論後，殖民地部大臣親自說項，軍部函覆指出內部一致認為軍服是不可配戴該獎章，語頗輕蔑，指獎章可留作家產或與伯叔祝酒之用，戲謔准許軍服配戴來自某城市或朋輩小圈子的獎章，直是讓軍隊變作馬戲團的雜技員[10]。殖民地部於1895年12月19日函覆港督，惟有聲稱軍隊規例未許軍服配戴該獎章的請求。

三、褒獎建議與定案

　　1894年12月5日港督出席表彰軍人典禮，翌日函請殖民地部考慮署理按察使司表彰抗疫函件。該函是表彰委員會主席聯同兩名秘書於1894年12月3日簽發，對白加少將、巡警道梅含理、律師法蘭些士、醫生艾爾斯和工程師郭古(John Rowland　Crook)五人的褒獎建議。殖民地部就疫情致港督的

---

[10]　原文是"will be a very nice thing to leave to their families or to raise the xx of a drink xx at their uncles. But if we were to xxx the wearing of medals granted by municipalities or circles of admiring friends we should so have our Army like gymnasts in a circus"。該1895年12月15日函見於Plague Medals檔案(CO129/268, 624-634) 之頁625。

公函中，已多次感謝抗疫人員，初時僅擬致謝函予軍部和法蘭些士，考慮港督或因喪妻之痛，未及報告表彰委員會的成立，所以準備撰寫正式的表揚公開函，並擬採用密函方式查問港督會否建議獎勵或獎金、勳銜提名何人和何種勳銜，又認為梅含理表現卓越。數日後港督12月11日函送達殖民地部，報告表彰委員會於9月27日成立，表彰典禮則於12月5日舉行，附上剪報兩篇以供參閱，信末還特別指出疫情期間署理布政使駱克(James Haldane Stewart Lockhart)處理華人事務的功績，但對表彰委員會的建議也是沒有表態。然而，港督於12月6日致殖民地部Fairfield私函中，親書仿效毛里求斯(Mauritius)先例，贈予法蘭些士和艾爾斯醫生兩人銀製墨水台，信末高度讚揚梅含理的工作表現[11]。殖民地部仔細核實毛里求斯曾於1855年致送銀製墨水台予對抗霍亂的法籍醫療人員，遂指示王室代辦(Crown Agents) 合共訂製三座刻上得主名字和讚辭的墨水台[12]，並指示贈予工程師的外型稍小。殖民地部同時致函軍部副大臣，促請大臣考慮白加少將的抗疫功績。回覆港督的表揚公開函中，備悉12月5日和11日兩公函連有關剪報，點名讚頌白加少將及駐軍，且以不點名方式讚揚其他抗疫人員。殖民地部以密函告知港督，已訂製價值各不超過20英鎊的銀製墨水台予法蘭些士、艾爾斯醫生和工程師郭古三人，梅含理獲CMG勳銜(聖米迦勒及聖喬治同

11　致Mr. Fairfield函的原文是"The Man who did by far the most and hardest work from morning to night was Mr May without a shadow of doubt"。該1894年12月6日私函見於Plague, Service of certain officers檔案(CO129/264，406-415)之頁407-408。

12　殖民部指示刻在J. J. Francis墨水台的謝辭是"Presented by the Hong Kong Government with the approval of the Majesty's Government to J. J. Francis Enquire, Q.C., Chairman of the Permanent Committee of the Sanitary Board, in recognition of services rendered during the epidemic of bubonic plague at Hong Kong in 1894"。其餘兩座謝辭的姓名部分則分別刻上"Dr. P. B. C. Ayres CMG Colonial Surgeon"和"J. R. Crook, Sanitary Surveyor"。CO to Crown Agents, 29 January 1895見於檔案Bubonic Plague(CO129/264，442-459)之頁455-456。

袍勳章Companion of the Order of St. Michael and St. George)提
名,稱不會忽略駱克的功勞,還對鼓盆之戚而毋誤公務的港
督加以慰問。殖民地部致港督的表揚公開函送達香港後,於
1895年3月16日刊憲(1895 GA No.104) 以廣周知,擢升駱克為
布政使兼撫華道的公告則於3月30日刊憲(1895 GA No.118)。

四、期望與失望

是否嘉許白加少將首先取決於軍部,軍部收到殖民地部
表揚少將和軍隊函件,在其1895年2月5日覆函中,表示欣悉
表揚報告且按來函所示交回參考資料,但在致殖民地部私函
(1895年1月19日)中表示,下次KCB勳銜(巴斯爵級司令勳章
Knight Commander of the Order of the Bath)提名,可能沒有
白加少將的份兒[13]。另一方面,港督同時收到殖民地部1895
年1月29日的表揚公開函和密函後,特於1895年3月16日函告
殖民地部,表示已向白加少將轉達殖民地部對他和軍隊的嘉
許。港督此舉的原因,該是港督1894年3月21日休假離港,
布政使柯布連 (George Thomas Michael O'Brien)又於4月下旬
抱病離港,疫症爆發之時,白加少將以護督身分頒布首份疫
症公告[14],並且准許駐軍配合抗疫行動需要,為期約兩月合共
508名軍人參與[15]。軍部批准駐軍參與抗疫的覆函和港督告知
殖民地部表示謝意的函件,駐軍傳閱並刊於1894年8月30日《
士篾報》,白加少將出席兩場表彰典禮後,殖民地部表揚公
開函又於1895年3月16日刊憲,預期得到勳銜嘉許當不為過。

[13] 該1895年1月19日函見於CO129/264,Bubonic Plague,頁444。

[14] 1894 GA No. 164 Major-General Barker. C.B., Administering the Govt. (1894-4-30). 1894 Proclamation No. 3 (1894-5-10).

[15] 軍人數目見於*Report of Merrs. F.H. May and J. R. Crook on the work carried out by them in connection with the Plague(28 September 1894)* 之第33段,檔案Plague Services 1894,CO129/270之頁406;又前引*The Whitewash Brigade : The Hong Kong Plague of 1894*,附錄此報告,第33段見於頁209。

　　港督兩次以普通公函方式向殖民地部報告褒獎建議及不予置評，推測是表彰委員會由所謂「公眾」組成及其建議可能已被公開或洩露有關。政府採取什麼褒獎，最終由港督定奪，以及須得殖民地部批准。港督1894年12月6日私函的意見與抗疫表彰委員會的建議存在差距，沒有交待對法蘭些士和郭古二人褒獎安排的箇中原由；殖民地部的褒獎決定不是全按港督私函的意見。因此，訂製三座墨水台和提名一人授予勳銜，引致四個不同的反應。首先是港府工程司的不滿。港督收到殖民地部密函後，隨即告知工程司司使谷柏(Francis Alfred Cooper)其下屬郭古將獲銀製墨水台的嘉許。奉召回港籌建水塘等工程的谷柏當下表示，潔淨局抗疫專責委員會的工作指示雖由工程師郭古執行，該專責委員會不可能知曉署理工程司司使的工作。疫症爆發期間谷柏在英休假，當時杜嘉(Hugh Pollock Tooker)是署理工程司司使。谷柏遂向港督提交呈請並附杜嘉於1894年10月撰寫的抗疫工作報告，爭取嘉許杜嘉和四名員工[16]，並堅拒任何金錢方式的答謝。1895年4月殖民地部收到港督密函連同谷柏呈請和杜嘉的報告，悔不採納港督原建議，既不宜同時致送五座墨水台，又恐再有部門提出呈請。港督呈交表彰委員會文件，須特別嘉許的五人中祇有一名工程師，可是郭古的抗疫工作不見得較其他工程人員更為卓越，刻上其名字的墨水台又快將送達香港。殖民地部遂於1895年4月25日再致港督密函，表示須確定再沒有訴求或誤會出現，訂製規格與郭古相同的墨水台予杜嘉，並以價值稍低的禮品贈予其餘四人。港督5月30日密函回覆，除了杜嘉再沒有其他嘉許要求，更附上郭古和杜嘉二人的5月29日感謝函。殖民地部收到該密函後，於7月初發出訂製送贈杜嘉墨水台的指示。

　　第二個反應是勳銜提名不公。倫敦發布的1895年5月25

16　三名助理工程師是捷士 (Lawrence Gibbs)、祈氏蘭(Ernest Manning Hazeland)和早爾(Richard Frederick Drury)，以及繪圖員W.F. Bamsey。

日公告中，梅含理獲授CMG勳銜[17]。港督以政府首長身分致贈的墨水台，遭到法蘭些士拒絕接受，致贈函和長篇拒受函竟一併刊登於5月29日《士篾報》。法蘭些士引錄表彰委員會的建議，質問何以不獲授予同等勳銜。《海峽時報》(*The Straits Times*) 於1895年6月4日刊登「可憐的法蘭些士先生沒有CMG勳銜，祇得銀製墨水台(Poor Mr Francis, No CMG, Only a Silver Inkstand)」為題的長文，承認曾誤報法蘭些士(J. J. Francis)和梅含理(F.H. May)二人同得勳銜，原來僅予梅含理(Francis May)一人，摘錄法蘭些士拒受長函說明其不滿的因由。1895年6月14日《孖剌西報》評論公開拒受函事件，翌日即遭《士篾報》反駁，兩報於6月內多次引述星加坡、日本、上海和暹邏(泰國)等地對此事的評論，拒受事件廣為流傳並嘲諷官場私相授受。

　　第三個反應是梅含理獨得勳銜的不安。梅含理可能是接過勳銜後，親自前往殖民地部為法蘭些士申述其在抗疫期間不辭勞苦的承擔，會面後還提交1895年6月19日的便箋，詳述潔淨局專責委員會三名成員的工作安排，主席法蘭些士負責行政事務，包括安排所有清理垃圾的運送車輛、埋葬罹疫遺骸的墳場、物料供應和租賃房舍收容染疫者住處的同居者等，起草抗疫章程和太平山收回條例(Taipingshan Resumption Ordinance)，處理文牘約2,000份和款項約十萬元，犧牲其律師事務的損失約5,000元。梅含理指出高峰期約有800名抗疫工作人員，附呈其向專責委員會主席法蘭些士提交1894年9月28日的抗疫行動報告以資證明。1895年6月法蘭些士和數名委員經已辭任潔淨局，殖民地部內部討論中，指出定例局成員Whitehead是法蘭些士的扯線公仔，贈予法蘭些士墨水台原是港督建議，但按梅含理提供的資料是理應授予勳銜。當時殖民地部大臣里彭勳爵(Lord Ripon)快將離任，尚未敲定意

17　*Supplement to The London Gazette of Friday, the 24 th of May,* Saturday, May 25, 1895, 3080.

向，6月25日即以電報查問港督是否反對授予法蘭些士勳銜並指示必須馬上回覆，惟未見港督的電報回覆 。[18]

　　另一方面，港督報告墨水台被拒的5月30日公函則於7月10日送達殖民地部，認為表彰委員會主席和潔淨局抗疫專責委員會成員艾爾斯醫生當時俱身處倫敦，定可提供資料以處理此事。表彰委員會主席為法蘭些士親書的7月25日陳請函，指出1889年毛里求斯颶風的例子是兩人同獲勳銜，1894年疫症比該颶風更為危險。殖民地部對此函沒有片言隻語的評論，認定不可能因法蘭些士質詢函而改變決定，既然不能在里彭勳爵任內收到港督的回覆，此事當由新任大臣定奪。殖民地部於8月2日函覆港督，表示法蘭些士致前任大臣質詢函備悉，聲稱新任大臣不宜討論前任大臣的決定，不會對褒獎細節再加討論，授予梅含理勳銜的原因不是抗疫工作，而是其一直以來的良好工作表現，指示港督將該墨水台退回王室代辦賣掉作結。殖民地部內部尚有意見是假若法蘭些士保持緘默，大可列入新年授勳名單，該檔案記下10月8日的批示是不可能。

　　第四個反應是對醫護人員的褒獎不足。政府對醫護人員的最高嘉許就是一座墨水台予艾爾斯醫生，對比婁遜 (James Alfred Lowson) 醫生曾於1894年9月在日本東京和橫濱，得到官方和北里條三郎等醫學界隆重禮遇和高度表揚，可謂天壤之別[19]。艾爾斯醫生是抗疫專責委員會三名成員之一，墨水台謝辭表明早已獲得CMG勳銜，雖沒有拒絕墨水台，但1895年休假在英期間，先後於7月及11月以五頁和九頁長函致新任殖民地大臣張伯倫(Joseph　Chamberlain)，申述國家醫院九

---

[18]　該檔案(Plague Services 1894，CO129/270，395-409)沒有收存港督回覆，檔案封面左邊標示致港督電報已發出，其下寫"[Disposed?] of 28 June 11092"，封面底部顯示接續檔案編號是11092。查1895年有關時段的個人來往函件檔案，CO129/270沒有直接收到J.J. Francis來函的紀錄。

[19]　Dr Lowson in Japan, Courtesy Warmly Reciprocated, *Hong Kong Telegraph,* 5th October 1894. 款待的原因是日本醫療研究人員在港曾得到協助，有染疫人員不幸離世，亦有在醫療躉船得到救治。

名護理人員和隸屬不同單位或私人執業的六位醫生，冒險治理染疫病人的種種辛勞和貢獻，更以護士有助西醫普及和醫生曾救治軍人為由，促請授予九名護理人員Royal Red Cross勳章和授予三位醫生Royal Albert勳章[20]。殖民地部收到首封長函即向港督查問，港督覆函於11月12日送達，表示有關護士曾獲抗疫金獎章和牌匾，並附1893年至1895年8月國家醫院和東華醫院治理華人的統計，反駁護士有助西醫普及的誇獎。殖民地部於11月14日收到第二封長函，即決定毋須再徵詢港督意見，認定醫護人員已得特別薪津、抗疫獎章和牌匾等，分別致函港督和艾爾斯醫生，重申沒有忽視醫護人員的抗疫貢獻，惟該兩勳章頒授皆有特定規則，就1894年抗疫行動此後不會再作褒獎。

　　1895年12月白加已晉升中將，女婿梅含理已得CMG勳銜，多月來翹首以待的嘉許杳無信息，特意取得軍部秘書(Military Secretary Reginald Gipps)口頭同意，於12月17日函請軍部落實對其表彰，夾附《香港轅門報》殖民地部表揚公開函和摘錄抗疫表彰委員會的建議以資佐證。軍部首先在致殖民地部12月31日私函中表示，白加若不能提名授予KCMG勳銜(聖米迦勒及聖喬治爵級司令勳章Knight Commander of the Order of St. Michael and St. George)，大可退而求其次，提名CMG勳銜[21]。再於1896年1月下旬軍部轉介公函中，直言抗疫行動不是軍務，此事當由殖民地部自行處置。殖民地部的立場是勳銜提名爭議決不可再，而軍部當知容許下屬參與

---

[20] 九名護護理人員是護士長Clara Eastmond和八名護士即Emma Gertrude Ireland、Elizabeth Francis Higgins、Catherine McIntosh、Gertrude Annie Brookes、Caroline Walker、Evelyn. M. Palmer、Sara Elizabeth Barker和Anna E .Penruddocke。 六位醫生是Dr. James Alfred Lowson、Surgeon Major James、Surgeon Penny R. N. 、Dr. Gregory Paul Jordan、Dr. J. Bell和Dr. J. F. Molyneux，艾爾斯醫生指首三位醫生應授予Royal Albert勳章。

[21] 該1895年12月31日函存於檔案Bubonic Plague (CO129/264, 442-459)之頁445。

THE PLAGUE IN HONG-KONG: BAMBOO WHARF AT KENNEDY TOWN, WEST POINT.

SOLDIERS OF THE SHROPSHIRE REGIMENT BURNING WOODEN PARTI
REMOVED FROM INFECTED HOUSES.

圖2 1894年7月28日倫敦新聞畫報(*The Illustrated London News*)刊登
D. K. Griffith拍攝的兩幀疫情照片。*取自網上圖片

圖3 1894年8月4日*The Graphic*封面，士
兵進行清洗消毒和焚燒疫者物品等
任務的構想圖。*取自網上圖片

圖4 由於華民反抗治疫安排，東華醫
獲准於堅尼地城玻璃廠收治病人
是時華人醫院沒有女護士。(香
歷史博物館藏：P1994.69)

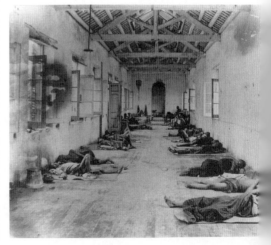

抗疫，不足以取得勳銜提名。該檔案封面左邊欄橫寫此事以
私函處理作結，存檔的私函擬稿對白加抗疫貢獻大表讚許，
同時指出港督高度讚許梅含理，殖民地勳銜名額有限，以及
不欲再引起提名爭議等[22]。該擬稿上寫1896年3月2日致白加
中將，推斷白加渴求的勳銜嘉許，在互相推諉下終告落空。

四、結 語

　　抗疫獎章尚未由評審委員會選定設計式樣，軍部已表明
不許配戴於軍服。獎章正面設計是1894年軍人冒險進行清洗
消毒，將病人交予醫護人員悉心照顧，勇敢抵禦死神侵襲，
旁刻地名「香港」二字。表現抗疫行動的創作靈感，也許來
自當年倫敦報章刊登的圖片(圖2及3)[23]，展現西方文明拯救那
些留辮子中國人(John Chinaman)的構想情境。抗疫行動實是
以炮艦壓陣示警，軍警強行隔離治理病者(圖4)，圍封太平山
區和搬遷大批居民，罹疫而歿者十有九人，集中埋葬於疫症
墳場。在香港當時的權貴、表彰委員會和抗疫專責委員會眼
中，低下層華人居不潔之地、染不治之病、流離失所或家破
人亡全是無關緊要[24]。1894年抗疫行動的強硬高壓方式，一

---

[22] Services of Lieut Gene[ral] Barker during recent Plague, 22 January 1896, CO129/274, 223-230之頁229-230。

[23] 有關圖片見於倫敦新聞畫報(*The Illustrated London News*)，1894年7月28日；*The Graphic: an illustrated weekly newspaper*，1894年8月4日。影像的意象討論參見 Beckham, Robert. Plague views: epidemics, photography, and the ruined city, *Plague and the City,* Lukas Engelmann, et al., (London & New York: Taylor & Francis Group, 2018), 97-115. D. K. Griffith疫情照片呈現黑白二元對立(穿白色軍服將士對染黑死病華民)的分析，見頁102。

[24] 梅含理提交的抗疫行動報告，按時序記下搜查、圍封、搬遷等安排，第34段有關強姦、偷竊、敲詐等事件，難以查証，見前引的 *Report of Merrs. F.H. May and J. R. Crook on the work carried out by them in connection with the Plague(28 September 1894)*以及*The Whitewash Brigade : The Hong Kong Plague of 1894*，頁210。

直持續至下任港督卜力(Henry Arthur Blake)。經歷任內疫症連年，卜力特邀專家來港調研，調任離港前更弦易轍，謀以爭取華人合作方式遏止疫情(將另文報告)。

　　表彰委員會以獎章嘉許抗疫人員，暫未見頒授金銀獎章的準則和名單(估計沒有華人)。該委員會看似公開組成，實將抗疫專責委員會拒諸門外，令法蘭些士喪失對此事的發言權，自1894年6月專責委員會與港府齟齬不斷。港督羅便臣以私函方式處理表彰委員會的褒獎建議，殖民部亦以同樣方式處理時為中將白加的訴求，行事並非開誠布公，抗疫行動兩位主事者最終失落勳章。1896年疫症再度爆發後，港督羅便臣表示不再特地嘉許個別抗疫人員[25]。疫症此後持續難斷，直至1924年沒有出現，1929年醫務報告宣告不再為患香港[26]。頒發抗疫獎章祇此一次，可謂高興來得太早。抗疫獎章可否配戴，褒獎何以不公，紛爭過後不值一哂，追名逐利真如人世桎梏。

　　後記：幸蒙　香港歷史博物館准許使用館藏照片，許小梅、何惠儀、黃迺錕、李穎彤、胡文立、高彥靜、劉韻儀等協助資料收集，謹此致謝。2022年11月2日草成，文中錯誤全屬筆者。銘記基智中學尚維瑞老師的教導。

---

[25]　1896 GA No.283 Despatch re Bubonic Plague，第22段。

[26]　*Hong Kong Medical and Sanitary Report for Year 1929*之M25頁，指出鄰近地區沒有採取香港的措施，疫症同告出現與消失。

表一、表彰委員會成員

籌組會議#建議委員會成員59名，華人祇有何啟、何東、馮華川和李陞，名單如下（按《士篾報》1894年9月28日，出處見附錄一）：

港府官員（8名）
Acting Chief Justice(署理按察司)* 、Acting Colonial Secretary（署理布政使）*、Acting Puisne Judge（署理副按察司）* 、Henry Ernest Wodehouse（裁判道）*、Alfred Bulmer Johnson（政府狀師）*、Acting Attorney General （署理法政司司使）、 Acting Surveyor General（署理量地官）^、 Charles Frederick Augustus Sangster（法院官員Deputy Registrar and Appraiser）

定例局成員5人及清淨局1人
James Johnstone Keswick（渣顛洋行）* Alexander McConachie（太平洋行）*、Catchick Paul Chater （香港置地遮打）、Ho Kai(大律師和醫生何啟)、Emanuel Raphael Belilios（商人庇理羅士）、John David Humphreys(屈臣氏大藥房、潔淨局委員）

商界（42名，其商號、公司或職銜等不詳列）
James Billington Coughtrie(中華火燭保險行) *、George Benjamin Dodwell （天祥洋行)*、Roderick Mackenzie Gray(泰和洋行) *、Heinrich Hoppius(禪臣洋行、香港上海銀行) *、Thomas Jackson(香港上海銀行) *、Douglas Jones(於仁洋面保安行) *、Edwin Mackintosh(太古洋行)*、Jacob Silas Moses(新沙遜洋行)*、 Granville Sharp(雲匯單銀兩經紀)*、Robert Shewan （新旗昌洋行)*、John Thurburn(有利銀行)*、Alexander George Wood(仁記洋行) *、Sotheby Godfrey Bird(連士德洋行)、Guillaume de Champeaux(佛蘭西火船公司)、James Ross Anton(Anton & Stewart)、Atwell Coxon(各臣)、Henry Crawford(連卡佛)、Fung Wa-chun(中華滙理銀行)、David Gillies(香港黃埔船塢公司) 、Johann Heinrich Garrels(咪吔洋行)、Alfred Hancock（Bill and Bullion Broker）、Ho Tung(渣顛洋行買辦)、Charles James Holliday(蝦剌爹威士洋行、香港上海銀

行）、John Duflon Hutchison(和記)、Charles Chantrey Inchbald(大東惠通銀行)、Henry Hope Joseph(鐵行火船公司)、Julius Kramer(瑞記洋行) 、John Hughes Lewis(得忌利士洋行)、Li Shing（商人李陞）、Andrew Currie Marshall(印度新金山中國匯理銀行) 、August Raphael Marty(孖地洋行)、E.N. Mehta(美打洋行)、Hormusjee Norowjee Mody(麼地)、Stephen Cornelius Michaelsen(美最時洋行)、Edward William Mitchell(正廣和) 、Dorabjee Naorojee Mithaiwala(打笠治麵飽鋪)、George William Forbes Playfair(中華滙理銀行)、William Henry Ray(中外眾國保險公司) 、P. Sachse(禮和洋行)、R.S. Sassoon、John Yardley Vernon-Vernon(Chater & Vernon, Share and General Broker) 、William Danby（丹備及理機器司繪圖）
其他（3人）：
William Blaynay（聖保羅書院）、Henry Lardner Dennys（狀師）、Agostinho Guilherme Romano（大西洋國領事、大巴西國領事）

備註：

\#　　籌組會議主席港督之外，出席者32人。

*　　表中19人出席籌組會議，另有13名不是委員會成員的出席者：Captain Sterling A.D.C（中軍）、Edward Bowdler（Special Engineer, Praya Reclamation Works） 、Henry Bridgman Henderson Lethbridge（司獄官） 、Charles Vivian Ladds（Vaccine Institute）、Thomas Sercombe Smith（Assistant Registrar General）、Joseph Rahamin Michael（broker and commission agent）、David Reuben Sassoon（沙遜洋行）、George Richard Stevens（義利洋行）、John Grant Smith（商人）、Victor Hobart Deacon（狀師）、George Piercy（拔萃書室） 、Robert Fraser-Smith（士蔑新聞紙館）、W. Wylie（香港扯旗山鐵路公司）。

∧　　1892年10月起政府藍皮書(*Hong Kong Blue Book*)人員編制(Civil Establishment)見工程司司使(Director of Public Works)，而不見 Surveyor General。

附錄一　報章資料

《德臣西報》（*China Mail, CM*）
《孖剌西報》（*Hong Kong Daily Press, HKDP*）
《士蔑報》（*Hong Kong Telegraph, HKT*）

1. 1894年軍部批准駐軍參與抗疫函及港督表示殖民部致謝函：

   The Soldiers and the Plague, *HKT, 30 August 1894.*

2. 1894年9月27日大會堂籌組抗疫表彰委員會(四份)：

   The Plague in Hong Kong Public Meeting, *CM,* 27 September 1894.

   The Permanent Committee and the Plague Workers, *HKDP,* 27 September 1894.

   The Plague Heroes Public Meeting at the City Hall, *HKDP,* 28 September 1894.

   The Plague Workers Public Meeting at the City Hall, *HKT*, 28 September 1894.

3. 1894年12月木球會舉行表彰典禮(三份)：

   The Garrison and the Plague Workers, *CM*, 5 December 1894.

   The Miliary Plague Workers, *HKT,* 5 December 1894.

   The Garrison and the Plague, *HKDP*, 6 December 1894.

4. 1895年3月中區警署舉行表彰典禮(三份)：

   Hong Kong Police Force Recognition of Plague Suppression Services, *CM*, 1 March 1895.

   Presentation of Medals to the Police, *HKT*, 1 March 1895.

   The Work of the Police in the Plague, *HKDP*, 2 March 1895.

5. 1895年5至6月拒受銀製墨水台的報導(九份)：

   The Epidemic of Plague The Recognition of Mr Francis Services A Silver Inkstand Declined, *HKT*, 29 May 1895.

Poor Mr Francis No C.M.G. Only A Silver Inkstand, *The Straits Times*, 4 June 1895.

The Silver Inkstand Another View, *HKDP*, 14 June 1895.

The Inkpot Incident Straits Opinion, *HKT*, 15 June 1895.

Mr Francis and the Silver Inkstand, *HKD*P, 15 June 1895.

More Comment on the Inkstand Incident, *HKDP*, 17 June 1895.

The Inkpot Incident, *HKT,* 18 June 1895.

The Inkpot Incident, *HKT*, 21 June 1895.

More Comment on the Inkstand Incident, *HKDP*, 22 June 1895.

6. 1894-95年間關於華商致謝函、婁遜訪日、護士訴求、來自印度駐軍的感謝函和投訴函、1895年9月獎章送達香港等報導(六份)：

The Sanitary Board. Thanks, A Public Letter, *HKT*, 4 October 1894.

Dr. Lowson In Japan Courtesy Warmly Reciprocated, *HKT,* 5 October 1894.

Correspondence: The Sisters of the Government Civil Hospital and the Plague, to the Editor of Daily Press, *HKDP,* 6 November 1894.

Plague Recognition Fund The Shropshire "Boys" Heard From, *HKT*, 18 May 1895.

The Plague Recognition Committee and the Military, *HKT*, 31 May 1895.

The Plague Medals, *HKDP*, 21 September 1895.

附錄二 殖民部檔案資料

1. 關於表彰委員會褒獎建議(兩份)：

Plague, Service of certain officers - sends Report of Committee drawing attention to services rendered by Maj[or] Gene[ral] Barker, Mr F.H. May, Dr Ayres, JJ Francis, J.R. Crook & recommending recognition, 6 December 1894, CO129/264, 406-415.

Bubonic Plague - copies of report of proceedings at a Public meeting and a military parade resp[ectin]g the services of those engaged in combating the Plague. Reports valuable assistance given by Mr J.H.S Lockhart, 11 December 1894, CO129/264, 442-459.

2. 表揚少將和駐軍、獎章配戴、中將促請函(四份)：

Bubonic Plague - Service of Garrison, Expresses gratification, 5 February 1895, CO129/269, 474-475.

Plague, Services of Maj[or] Gene[ral] Barker, his officers & men - He expresses appreciation of recognition accorded, 16 March 1895, CO129/266, 478-479.

Plague Medals - Forwards [conts] from which it appears soldiers are not allowed to wear them. Plague Recognition Committee suggests representation to W.O. ", 31 October 1895, CO129/268, 624-634.

Services of Lieut Gene[ral] Barker during recent Plague - Forwards request for "further recognition". As the services were not military, question is for C.O., 22 January 1896, CO129/274, 223-230.

3. 四個獎章連謝函轉至倫敦：

Plague medals - copy letter from Hon. Sec. of Plague Recognition Committee, enclosed medals and letters to be forwarded to the gentlemen named, 3 October 1895, CO129/268, 526-528.

4. 工程司谷柏呈請與港督覆函(兩份)：

Bubonic Plague, Rewards to P. Works Dept. officers - The Director recommends recognition of others besides Mr Crook. If the inkstand for him arrives shortly will retain it pending instructions", 14 March 1895, CO129/266, 465-475.

Bubonic Plague, Rewards for Services - Mr Crook has been presented with inkstand, and Mr Tooker has been premised one, send letters from them, 30 May 1895, CO129/267, 523-528.

5. 梅含理和法蘭些士對一人授勳的反應(兩份)：

Plague Services 1894 - Statement of Services of J.J. Francis Q.C. & copies of report of F.H. May & J.R. Crook on work carried out by them, 19 June 1895, CO129/270, 395-409.

Mr J.J. Francis - Sends letter from him explaining reasons for declining silver inkstand as insufficient recognition of his services during the Bubonic Plague, 30 May 1895, CO129/267, 510-520.

6. 艾爾斯醫生促請頒授勳章予醫護人員(三份)：

Matron and Nursing Sisters of Govt. Civil Hospital - Submits recommendation for Order of the Royal Red Cross, in view of services during the Plague, 30 July 1895, CO129/270, 186-190.

Plague Services of Matron & Sisters of Govt. Hospital - Report on Dr Ayres recommendations, thinks sufficient rewards have been distributed, 5 October 1895, CO129/268, 536-543.

Services of Medical Dept, during Plague - Submits representation resp[ectin]g, 13 November 1895, CO129/270, 222-232.

從香港現存的煮鹽遺蹟
再探其往昔的使用方法

吳志勇

香港公眾考古學會

　　香港古代是一個產鹽的鹽港已是不爭的事實，這可從過往的考古發掘，文獻記載，得以證實。根據香港老一輩的考古家研究所得，香港的煮鹽業不是疏疏落落的，而是非常之蓬勃的一個大行業，可謂萬家燈火，繁榮處處，而且還是官辦的！

　　根據過去考古調查和發掘資料，在大嶼山，南丫島和港九各大小海灣的沙堤上，台地上或山坡上都遍佈了燒製蜃灰的窰爐遺蹟，殘存的灰窰和其遺存，實難以數計，有些暴露於地表上，更多的已被近代農耕，平整土地時所破壞，而被掩埋於地層中。蜃灰（又稱蠔殼灰，內裏包含着各類貝殼和珊瑚成份的粉末在內。）的用途也是多樣的，除用作建築和農業之外，在香港產鹽區，主要是用來加固竹篾，織成爐盤，使之不漏水，用以盛放鹽鹵來煮鹽的。

　　從香港遺留難以數計的蜃灰窰和其遺物，可見當時需用蜃灰數量之大，牢盤的製造數量也當驚人，從而也可推知當時的製鹽業是何等的繁榮和興盛。記憶所及，1997年時，筆者也曾參與過發掘這類蜃灰窰，當時所見的古窰非常之粗糙古樸，和現時的樣子相近，估計亦是漢唐之物！時隔20多年，這類古蹟已越來越少見，能夠見到的大多都是在棄耕之土地上，或者當年是村落，又或者當年是鄉郊，後來被政府

收回辟作水塘之用等，現時殘留於塘邊和水塘底的遺蹟。

　　今去年適逢疫症大流行，一時間沒什麼地方可逛，時間多了，很多時都會到野外走走。奇怪的是每每行經水塘時，都會看到一些比較特別的青瓷碎片等，由於我們是考古的，於是立刻引起我們的興趣！往後，筆者再次踏足這些水塘時，除了看到陶瓷碎片之外，還發覺有很多的灰窰遺蹟存在，細看下，還發覺這些瓷器碎片中，很多都是宋元之物！翻查資料，這裏當年曾是村落，後來政府興建水塘，搬遷了鄉民，拆了房屋，這裏才長埋水下。今年剛好天旱，這些殘留物才露出水面！

　　衆所週知，香港古代是一個鹽港，早在漢代已有鹽官的設置，由官府統辦鹽鐵之事務⋯⋯如果這些遺蹟是灰窰，那又帶出其他的問題了，這些遺蹟究竟是煮鹽的鹽灶，抑或是燒石灰的灰窰呢？因為在內行人眼裏這兩種窰是很難分辨的。帶着這些問題，筆者也很想知個究竟？於是擇選了船灣淡水湖，大致上只想走一簡單的一圈，希望能找到一些蛛絲馬迹，起初只是一種希望，是漫無目的的。殊不知走了一圈之後，給我帶來一些意外的驚喜和發現，這些發現也給我帶來了一些實質的啓示，現畧說如下：

　　如前所說，這些爐灶究竟是煮鹽的還是燒石灰的呢？起初我們看到的，只是一些平坦於地表上的環形堆砌，伴隨着這些堆砌的附近，發現了唐宋的瓷片存在，因而判定是「唐窰」，是唐代物沒疑問，但不能說明什麼！於是筆者再往前探索，在一處名叫「大滘」的地方，發現了一些高於地面一至兩米高的圓形窰爐，當時是整個露出水面的，雖已殘破，但側身還清晰地看到有排氣口的孔道。另在窰爐位置較高處的地層，還發現了多個圓形側向的孔洞口遺留，估計這些孔洞口是利用地層表土作沙漏，來吸取潔淨的鹵水的，待退潮後，再經由這些圓形出水口，流至海邊的牢盤，進行煮鹽。這裏的窰爐周圍，雖然沒有發現承托爐盤的環形石圈遺留，

但它已具備煮鹽的條件，估計這處是一既能煮鹽，亦能燒製石灰的窰址。

　　另筆者再到一處名叫「涌背」，和礵頭窰的地方走了一回，礵頭窰村過去是有窰爐的，但現時什麼也看不到，只在地面上隱約看見兩個環形的大圈，由於早前曾下雨的關係，看到泥土上有兩種不同深淺的顏色圈，估計也是窰吧！至於涌背也是一樣，幾乎什麼也看不到，碰巧走至水邊時，有幾件斷開之環形物引起我的注意，有些已被半插入水中，有些側殘留於沙灘上，被遊人擺作燒烤食物之用，於是我立刻把它清潔和執拾在一起，發現這些應該是築砌煮鹽窰爐的組合環形圈，是活動的，窰爐用這些環形圈，非常之靈活方便。窰爐的高度，可任意調較，多疊一些圈就高一些，少疊一些圈就矮一些。不過這些圈圈的製作年代不是太久遠的，應是清代之物，有些年代還應更近些，估計是民初之製作！雖然如此，但他們有着一脈雙承的建造風格，這些工藝可從他們被拆毀的房屋，的構件中得以反映！為什麼大家都會傳承了這種建造方法呢？這可能是受到明代《天工開物》一書的影響，因為天工開物也是累積了前人的智慧而編寫的，因此大家承傳了古代二，三千前的建築方法，一點也不出奇！（見圖七）照此看，香港古代的灰窰是具備了，煮鹽和燒製石灰的多功能用途的。

　　綜上分析，船灣淡水湖的窰爐，源遠流長，可致漢唐，中間並沒有間斷，一直使用至清末民初。早期煮鹽與燒灰各有比例，後期多作燒石灰之用。這塊處女地，一直保存至今，沒有被多大的開發，是有她的歷史背境的，六十年代的香港，城市發展還沒有到新界，反而當時水荒嚴重，由於社會有此需要，這裏一下子便被闢作為水塘。恰恰這裏成為水塘後，當年的原始風貌和遺留才得以保存，間接亦有助我們今天的研究，長遠來講，此地還有其他的考古價值存在，不容忽視！

輞井圍玄關帝廟及其楹聯探析

連瑞芳

珠海大學中國文學研究所博士

　　筆者於2020年9月18日第一次往訪屏山輞井圍玄關帝廟，只見門外有汽事堵塞；廟內既無燈光，亦無煙火，大殿一片漆黑。擺放祭品的桌上舖滿塵埃灰燼，頂上的彩幔已撕裂成碎布，與地上雜物廢紙隨風飛舞，一片荒蕪凌亂景象，似被閒置停業了許多時日。眼前所見，與來時想像著一座具有文物可考、莊嚴肅穆的古廟有很大的落差。

一·玄關帝廟歷史考究

　　游子安指關帝廟之建立與不同年代移徙定居於香港民系有關。宋元以來入遷的新界鄧、文、侯、廖、彭、陶氏家族，於康熙至乾隆年間在墟市和村落建立二帝廟或關帝廟，例如元朗舊墟玄關二帝廟、元朗輞井圍玄關帝廟等。[1]輞井圍位於元朗北部輞井半島，已有四百年歷史，為錦田鄧氏所創建。明初，錦田鄧氏分遷元朗地域，其族人有於明代末年再遷輞井。[2]蕭國健據族譜所描述，「清初遷海，該村居民全遷

---

[1]　游子安：〈香港關帝信仰與崇拜---以山嘴村協天宮為例〉。《香港歷史文化論集二○一三鑪峰古今》，珠海學院香港歷史文化研究中心出版，2013年，頁87。

[2]　《錦田思儉堂鄧氏族譜及元朗輞井鄧氏族譜》考証。蕭國健：《香港新界鄉村之歷史與風貌》(香港：中華文教交流服務中心出版，2006年)，頁49。

內地，該村遂被遺棄。復界後，該村居民陸續遷回，重建家園。其時海盜寇患嚴重，該村因距縣城較遠，故只得於村外建圍自保，稱「輞井圍」

　　輞井圍鄰近的輞井村，最早的原居民已有三百多年歷史，其原名兩條村落，李姓為隔田村，張姓為元嶺仔，在1946年由戴斯萬理民官將兩村改稱輞井村。[3]現時在村外有李張宗祠，建於1901年，由李醮發公捐出土地，李張兩姓祖先結拜兄弟集資興建，迄今已有九十餘年。[4]兩姓居民共同興建的宗祠，並不常見，甚而可說極為罕有。

　　位於輞井圍路122號的玄關帝廟，由輞井圍及輞井村共同擁有。於2013年4月17日確定評級為香港一級歷史建築。玄關帝廟為二進三開形制，並有左右兩翼，主殿供奉玄關二帝。惟根據政府有關文物價值評估報告指：「玄關帝廟乃三進式建築，由中間庭院分隔開前廳與中廳。面積最大的尾廳則主要設置玄帝與北帝的神像，作為給信眾參拜的神壇。」[5]

　　據所知一般三進形制的廟宇格局，第一進是以接待信眾或供信眾休息的地方；第二進是供奉神明的大殿；第三進是拜祭先人的內堂。在第一進至第二進之間有一中庭或天井，大多放置了一張四方的供桌，並不計算在三進範圍之內。

　　左邊入口空間是廟祝住所，右邊昔日曾是幼稚園。「廟內有鑊耳人字式屋頂與紅砂岩門框及石柱成為該廟的最大特色。」[6]

3　《屏山鄉鄉事委員會二零一九年第二十一屆執行委員就職典禮特刊》，頁83。

4　《屏山鄉鄉事委員會二零一九年第二十一屆執行委員就職典禮特刊》，頁83。

5　〈文物價值評估報告〉381號，見古物諮詢委員會資料https://www.aab.gov.hk/filemamager/aab/common/historicbuilding/en/381-Appraisal-En.pdf原文為英文版本。

6　〈文物價值評估報告〉381號，見古物諮詢委員會資料https://www.aab.gov.hk/filemamager/aab/common/historicbuilding/en/381-Appraisal-En.pdf原文為英文版本。

　　2021年8月2日筆者第二次往訪該廟，廟宇正進行復修工程。大致已可見整座廟宇的佈局，只見玄天上帝神像坐於大殿正中，關帝神像付之闕如。與工匠閒談，對方亦一臉疑惑，不知其所以然。

　　2022年1月9日舉行廟宇完成復修的開光儀式。

　　筆者於2022年11月29日三訪該廟，在廟內得遇廟務負責人鄧氏第二十七代傳人鄧先生，追其本，溯其源，玄關帝廟顧名思義，是共同奉祀玄帝及關帝的廟宇，但進入大殿神壇，為何只見玄天上帝安坐神壇正中，玄帝旁有多具小型神明塑像，陳設與一般供奉二帝的廟宇模式有別。鄧先生表示當年建廟之初，的而且確，只是供奉玄帝一位神明，並無關帝。後因當時的輞井圍及輞井村村民經常為微細小事而發生爭拗，擾人心緒。後得風水師建議，在廟中加上關帝，此後玄關二帝一同供奉，而圍及村村民如有神助，自此融和相處，皆獲安寧。

　　鄧先生指著玄天上帝左右兩旁較小的神像「誰說沒有，這不就是關帝嗎！」在玄天上帝右邊的是少年關羽，及出巡時分身關帝；在左邊的是成年關羽，及出巡時分身玄帝。筆者才恍然大悟，輞井玄關帝廟的關帝神像，正正是顛覆了世俗人士對關羽關帝一直以來的固有形象。錯不在廟宇。筆者再問詢何以玄關二帝不是平起平坐？鄧先生回覆說：「玄帝不是比關帝大嗎？」筆者沉默，夫復何言。

　　輞井圍的玄關帝廟，曾是村民膜拜賴以安心的神明安居之所，事無大小，求神必應，指引吉凶，必有所得。昔日有廟祝打理廟內大小事宜，後因廟祝去世，乏人管理，才會出現荒廢停業的景象。陳小寶於2007年到訪，曾指「廟內無香火，亦沒有善信到來拜神，廟內清潔情況欠佳，照明不足。」[7]可想而知，這座玄關帝廟在缺乏信眾問津，

7　陳小寶〈香港關帝信仰研究：以關帝廟為中心〉。M.A. Dissertation,University of Hong Kong, 2007,頁54。

無人打理看顧的歲月下，大有可能孤寂地等候了最少十五年，始得到復修重光的機會。

每年農曆三月初三玄天大帝壽誕及五月十三日關平太子壽誕，廟宇會安排二帝乘神輦出巡賀壽，那天定必二十四小時打開天門(擋中)，讓二帝出入。大開天門只此一天，此後天門便會緊閉。

玄天上帝本稱玄武上帝，簡稱玄帝、北帝、黑帝及真武大帝等。玄帝是明朝鎮邦護國、降妖伏魔之神，故明朝時，已有不少由中央政府主導興建的玄天上帝廟。在中國江南的道教信仰，

玄關二帝出巡乘坐的神輦

玄天上帝、伏魔大帝關聖帝君與驅魔真君鍾馗帝君，為降妖伏魔的三大神祇。

大殿壇前左右各分立兩位護法元帥，右邊是華光先師及殷元帥；左邊是趙公元帥及康元帥。華光先師即馬靈官、又稱馬天君、華光元帥，是道教四大護法之一。馬元帥生於唐光化二年(899年)　九月二十八日，卒於後梁貞明元年(916年)，年僅十八歲。為人善良，愛濟貧扶危。

殷元帥諱郊，相傳是商紂王太子，殉國身死，玉帝封為太歲大威至德元帥。青面紅髮紅鬚，使用法器瓜槌。

趙元帥諱朗，字公明，終南山人。自秦朝即避世於山中，封玄壇元帥，使用法器金鞭。

康元帥諱席，龍馬之精所轉世，封仁聖元帥。使用劍為法器。

四大護法元帥造像威武，身型龐大，色彩鮮艷，鎮守殿

具有三百餘年歷史的銅鐘

內，極具威嚴。

關帝信仰普遍存在於華人居住的地方，其流傳覆蓋面廣泛而影響力深遠，香港一彈丸之地，主祠關帝的廟宇便有三十三座。

一直以來，屏山輞井圍玄關帝廟被專家學者視為年代久遠，具有文物足以証明其興建年份的廟宇。因為廟內置有清康熙三十二年(1693年) 佛山萬名爐鑄造之銅鐘一口，是現存有文物可足証明最早奉祀關帝為主神的廟宇，亦因銅鐘鑄造日期推算該廟建於1693年或之前的憑證。《香港碑銘彙編》記載銅鐘刻有：

> 風調雨順
> 新安縣輞井合鄉弟子、善男、契男等全　敬洪
> 鐘一口，重二百餘斤。在于
> 本宮　二帝爺爺殿前，永遠供奉，福有攸歸。
> 　旹
> 康熙三十二年仲春吉旦立
> 佛山汾水萬名爐造[8]

然而，筆者在現場所見的銅鐘，上面刻著的是重「一」百餘斤」，而非二百餘斤。在于本宮「上」帝爺爺殿前，而非二帝爺爺殿前。

8　科大衛. 陸鴻基. 吳倫霓霞合編《香港碑銘彙編》第三冊，香港博物館編製. 香港市政局出版，1986年。頁652。

據屏山鄉鄉事委員會第十九屆(2011年)及第二十一屆(2019年)執行委員就職典禮特刊　所述：「數年來有專人(廟祝)　早晚奉香，敲打古老銅鐘，鐘聲悠揚迴盪，靜聽之，心境怡然。此古老銅鐘後來為賊人所盜去，賊人逃至尖鼻咀時，帆船突遇狂風驟雨，賊船翻沉，銅鐘亦掉落海中，至今仍無法尋獲。後有善信慨捐另一口新銅鐘，鐘旁鑄有凸字康熙十一年。屈指算來，迄今已有三百餘年。依此年代向上追溯，建廟至今已有六百年之久矣。」

2011年撰述者署名鄧乾丁，2019年沿用內容，已無撰者名字。

可想眼見未為真，此鐘是否不同彼鐘。要計算廟宇興建的年份，肯定又遠超於現時高掛在廟宇內銅鐘的年份。

二·幾經變遷由盛而衰

過去兩年，筆者曾多次往訪輞井圍村，終找得數位久居於該地的村民一同回望過去，細數前塵。今日的玄關帝廟前是一片陸地，長滿雜草，是荒廢了的農田。遠望是天水圍的高樓大廈。原來在此之前，離開廟宇數百碼之遙，已是一片汪洋。居民出入，貨物往來，由深圳河經尖鼻咀，繞過龜山到輞井，再經天水圍出元朗，都是依賴船隻作為運輸工具，船隻靠岸，此起彼落，是一片繁華景象。每年端陽佳節，舉辦龍舟競渡，各方來客雲集，鑼鼓喧天，熱鬧非常。廟內至今仍留存圍村當年參與競渡龍舟的龍頭，以茲紀念。

直至上世紀七十年代，英國殖民政府發展新界，於屯門、元朗大興土木，從蛇口海床泵沙填平漁塘及部份濕地，發展成今天高樓林立的天水圍。

玄關帝廟被龜山所隔，山後便是尖鼻咀，經常有遊人佇立河邊，站在該處遙望深圳福田等地，該處豎立「唐夏寮」之告示牌：

1976年崇義公學同學的畢業照

　　溯自三百多年前，屏山鄉輞井圍及輞井村
建玄關帝廟，香火鼎盛，神靈顯赫，該廟座落
在蓮塘面龜山之前，旁有大水坑，匯集源自屏山
坑頭，坑尾及天水圍一帶溪水而成河津，一片汪
洋，船隻穿梭，往返深圳南頭各鎮，運輸米糧及
農作物，鄉民於龜山下設渡頭，上為龜山，蓋山
形似龜，山腳伸延出海，似象鼻吸水，因稱尖鼻
咀，上搭寮屋，為鄉民及行商憩息處，兩岸遍植
甘蔗，產量豐盛，蔚為奇觀；蓋唐為中國盛朝，
國強物阜，外國人稱中國人為唐人；乃稱龜山上
的寮屋為唐夏寮，政府部門為方便遊人觀景覽
勝，於龜山上建亭；元朗區議會二零零三年於山
上安裝望遠鏡，以利遊人觀鳥賞景，因命該亭為
唐夏寮。

　　玄關帝廟旁不遠處有一所崇義公學，今日已是雜草叢生，門窗破爛，校舍荒廢了許多年月，但仍隱隱可見昔日的規模，曾在這裡就讀的梁惠漢先生提供七十年代同學畢業照片，可見當時老師學生，人才濟濟，令人懷念。

　　玄關帝廟前有一六角型水井，傳說是紀念輞井村村民鄧渭熊考獲舉人。據《屏山鄉事委員會執行委員就職典禮特刊》所述：「當年本圍一位鄧渭熊公(尊老爺)，他苦讀經年，學識超卓，因家貧，為生活之故，而替他人走卷(代考)科舉期考，屢獲高中。他直至年屆花甲，始決意自經費赴京應考，結果皇天不負有心人，果然得中第七名舉人。因此獲朝廷賜予圍門九級，表示九品官銜。當年有人幽默地戲稱老舉人轆落井中，故此後來坊間常談之俗語，意含指老舉人落在輞井(鄉)。那科舉牌匾，今日仍保存子孫留念。」亦另有傳說水井是清初遷海復界後(1662-1669年)，由回流的鄧氏族人所挖掘，並在水井附近開墾土地，建立輞井圍，村民為了

清廷頒賜的圍門九級

酬謝神恩，於井前興建玄關帝廟。

玄關帝廟於1920年，1951年、1993年及2020年曾進行維修工程。2013--2014年財政年度獲歷史文物建築維修資助一百萬元修復正廳及香亭屋頂。

香港開埠一百八十年，根據文獻紀錄，遠在十七世紀，已有關帝廟的存在。元朗舊墟長盛街玄關二帝廟，於1662至1722年期間興建；屏山輞井圍的玄關帝廟，於1692年興建；二者均比香港開埠時間早上百多年，可見玄關帝廟在香港立足源遠流長之外，更是香港發展歷史的見証。

三·楹聯見証廟宇文化

要談見証，奈何人生苦短，如何在茫茫人世中找尋三百多年前的見証。幸好無論是廟宇或道觀，其建築多包含亭台樓閣殿，入口大門多建有牌樓，牌樓上必刻有匾額及楹聯等裝飾。楹聯上的文字記載，或多或少與道觀廟宇的歷史、當時社會環境、地理位置及其教派義理有關。故楹聯蘊藏著豐富的文化內涵，卻普遍被人忽略。道觀楹聯，不少是神明降筆，也有清末進士翰林與文人撰題，更屬珍貴。

輞井圍玄關帝廟現有楹聯九對，從中或可進一步瞭解該廟歷史。

桃園垂千古　蒲月[9]祝千秋[10] (門前)

劉關張桃園結義名垂千古。
祝賀關平帝君五月降生寶誕。

9　蒲月：指農曆五月，來自民間門窗掛菖蒲的習俗。　千秋：道教稱神明的生日為千秋，以有實際降生於世間的功國神靈寶誕的稱謂。亦有說功國神靈之降生日稱聖誕，昇遐(成道)日稱千秋。

10　千秋：道教稱神明的生日為千秋，以有實際降生於世間的功國神靈寶誕的稱謂。亦有說功國神靈之降生日稱聖誕，昇遐(成道)日稱千秋。

玄天憑鎮懾
赤漢[11]賴助扶(門前)

關帝廟2022年復修後外貌

依仗玄天上帝鎮邦護國，降伏妖魔。

仰賴漢室扶持救助，解脫危難。

玄妙闡真詮武威一振妖魔伏

關河留正氣忠義千秋日月光(擋中)

全聯二十四字，上下聯各十二字，由五/七分句組成。

玄天上帝顯露真理和威武令妖魔降服。

關帝忠義仁勇的正氣在萬世與日月同光。

殿宇[12]重輝人傑地靈[13]千古秀

帝德同沾民豐物阜萬家春(殿前)

全聯共二十二字，上下聯各十一字，由四/四/三分句組成。

廟宇重建光輝再現，在此出生居住的都是傑出人士。

有感聖德豐衣足食，萬家安寧。

---

11 赤漢：指漢朝。《漢典》指五行家認為漢以火德王，火色赤，故稱。《後漢書．祭祀志上》引《河圖會昌符：「赤漢德興，九世會昌，巡岱皆當。」

12 殿宇：寺院殿堂，高大建築物。《三國演義》第七十八回：「操急拔劍望空砍去，忽然一聲響亮，震塌殿宇西南。」

13 人傑地靈：傑出的人出生之地或到過的地方。唐王勃《滕王閣序》：「人傑地靈，徐孺下陳蕃之榻。」

刻在擋中門柱兩旁的楹聯

金闕[14]重輝祥映八方[15]世界

玄天著德恩覃四海黎民

全聯共二十字，上下聯各十字，由四/六分句組成。

天帝寶殿祥和吉光普照各方。

玄天大帝恩德廣施普及人民。

北闕[16]頌聲靈恩覃輞井

帝城施福德澤普村圍(大殿)

全聯共十八字，上下聯各九字，由五/四分句組成。
朝廷廣佈靈聲賜恩顯耀輞井。
神明佈施福德遍及整個圍村。

北方鎮座顯威靈恩沾輞井(重修落成紀慶)
帝闕重光多呵護澤及屏山(屏山鄉敬送)

全聯共二十二字，上下聯各十一字，由七/四分句組成。
指玄天上帝鎮守於此，顯示神靈威力，皇恩潤澤輞井。
帝闕指皇城之門，喻玄關二帝廟重開，愛護黎民之心惠及屏山。

14　金闕：道家謂天上有黃金闕，為仙人或天帝所居。有指玄天上帝。
15　八方：泛指各方。《水滸傳》第八十回：「原來梁山泊自古四面八方茫茫蕩蕩，都是蘆葦野水。
16　北闕：古代宮殿北面門樓，等候朝見皇帝上奏之地。

緬聖德之光天名玄天稱協天洵欽[17]帝天媲美(辛卯年冬季立)

邁群倫[18]而立極[19]居北極位人極[20]允宜[21]無極[22]同尊

全聯三十六字，上下聯各十八字，由六/六/六分句組成。

懷緬聖君至高無上的德行光輝遠照天下，玄天上帝及協天大帝互相媲美，令人欽佩。

玄天上帝協天大帝超越同輩樹立最高準則，住在中天之上，位處大臣中最高地位，同樣應該受到無窮盡的尊敬。

殿宇巍峨人傑地靈千古秀
聖神浩蕩民康物阜萬家春(民國九年)

全聯二十二字，上下聯各十一字，由四/四/三分句組成。
聖殿高大宏偉，人才傑出，令這裡多年來都是秀麗繁盛。
神明常在保佑人民健康，物質豐盛，人人生活得好。

後　記

在實用主義抬頭，人心脆弱、事事以功利為先的社會，大部份市民對神明信仰興趣淡泊的同時，如何做好廟宇管理成為艱巨的工作。在少部份香火鼎盛的廟宇，金錢利益爭奪

17　洵欽：確實欽佩。

18　邁群倫：超越同輩。

19　立極：樹立最高準則。唐杜甫〈有事于南郊賦〉：「所以報本反始，所以慶長立極。」

20　人極：做人最高標準。南朝梁沈約〈梁明堂登歌.歌黑帝〉：「祚我無疆，永隆人極。」

21　允宜：合適。漢蔡邕《光武濟陽宮碑》：「歷數在帝，踐祚允宜。」

22　無極：無窮盡，無邊際。莊子《逍遙遊》：「無極之外，復無極也。」

問題時有發生；在大部份建於鄉郊、信眾稀少的廟宇，普遍存在無人拜祭、無人理會、無人管理的狀況。可以想像廟宇既無煙火，漸次便會失去燈光，廟內凌亂蒙塵，廟外承受風吹雨打，再經歲月遷移，縱使是神明，最終亦無安身之所。幸運的得到有心人眷顧，多年後得到復修機會可以重生；否則，最終只餘一堆廢置亂石木材，然後贏來少數人的一點唏噓歎息。

在尋找歷史的軌跡中，找不到資料時的無奈，和得到各方人士提供不同資訊時的困惑，也許是在田野考察中必然遇到的過程。民間不重視，沒有一套完整的紀錄和維護，讓後來者隨世代變化研究更新，每每只能從頭開始，失去了文化傳承的意義；政府沒有一套完善的廟宇保育及管理政策，負責監督廟宇維修的人根本不懂廟宇的傳統結構和功能，如何可以輕言保育。

2000年11月香港考古學會及廣東省文物考古研究所在輞井圍鶴洲嶺南面的坡前臺地進行考古發掘。該地西鄰原輞井公立學校及玄關帝廟。

是次發掘確認輞井圍鶴洲嶺遺址包含夏商時期的文化遺存，揭示遺址的文化內涵頗為豐富複雜。其中有香港及鄰近地區首次發掘保存較好的宋代建築遺址。

綜合而言，可見輞井圍有人類居住的歷史不少於前述的四百餘年。而以建村必先建廟的習俗而言，玄關帝廟亦有可能一如部份「原住輞井村民」所指的已有六百年之久。

共祀玄關二帝的廟宇在香港只有二座，俱座落於元朗地區，對研究其始源及發展，資料尤為珍貴。

由是感到文字紀錄的重要，不同人士在不同時空目睹的不同景觀，除了可以作為廟宇曾經存在的佐證，亦是為日後文化延續提供了一絲線索。[23]

23　本文部份內容見於筆者珠海大學中國文學研究所2022年博士論文〈關帝信仰與香港關帝廟楹聯意涵探析〉。

閱報識鹽：閱《新界周報》初探
六十年代香港鹽業的想像

高 彤

臺灣大學建築與城鄉研究所 碩士生

一、前 言

　　歷經時代變遷，鹽業歷史早已被湮沒在城市發展的洪流內。鹽業對香港大眾來說是過往一段平平無奇的歷史，甚或不知道往昔香港曾經是產鹽重地。六十年代的香港鹽業，在當時處於式微之勢。戰後工業化的年代，報業正是黃金年代。報紙作為一種大眾讀物，刊載新聞及時事評論，成為香港日常生活中傳遞知識的媒介；報紙當作文獻史料，當中的報導記載了香港歷史的變遷，呈現了當時社會文人對事物的理解或意義。本文試以《新界周報》的報導為例，淺談六十年代的報紙如何塑造大眾對香港鹽業的想像及認知。以一個正處於報業黃金時代的文人角度看一個式微的行業。在此，期望透過報導中提及的內容，嘗試整理及延伸，讓自身對香港鹽業溫故知新並分享「閱報識鹽」的樂趣。

二、香港曬鹽技藝及六十年代的鹽業概況

　　鹽的出產來源因地理位置各異。根據《天工開物》，鹽

圖一 《新界周報》第四期第一版1961年12月16日

資料來源：《新界周報》，1961年12月16日，第一版。在此由衷致謝香港社會發展回顧項目提供《新界周報》閱覽，使本文得順利完成。

類可大致分為六種：海鹽、池鹽、井鹽、土鹽、崖鹽和砂石鹽，還不包括其他出產較為少量的鹽。海鹽產量約佔鹽業出產十分之八，剩下十分之二分別是井鹽，池鹽和土鹽。這些鹽有的是靠人工提取出來或天然生成的。海水含有各種礦物質及微量元素。人在大自然中就地取鹽，供人食用，印證了傳統自然與人的相融，亦是鹽工所說的「睇天做鹽」。

香港海岸線甚多，日照時間長，使古代鹽業在本地得以發展。鹽業、採珠和香木並列古代香港的主要經濟活動。近代鹽業自 1960 年代式微，大澳的鹽場分別以「水流法」和「沙漏法」兩種曬鹽技藝生產海鹽。「水流法」工序相對較簡單，主要用以醃製鹹魚，用這種方法製出來的鹽，粗糙且色澤不佳，呈赤黃色，不是我們食用的鹽；「沙漏法」相對工序複雜，需要更多人力的投入，生產的鹽較為幼細，味道較佳，可作食用用途。現時，海鹽曬製技藝已列入〈香港首份非物質文化遺產清單〉，稱為「鹽曬製技藝」。[1]

六十年代的鹽業已成夕陽行業。香港1961年戶口統計報告顯示，鹽工數目總數為 76 人，對比同期的初級產業人口

---

[1] 參閱非物質文化遺產辦事處的〈香港首份非物質文化遺產清單〉，網址：https://www.lcsd.gov.hk/CE/Museum/ICHO/documents/10969700/23828638/First_hkich_inventory_C.pdf

顯得甚少[2]：

漁民人數	39249
農民、林戶和獵人人數	47223
鹽工人數	76

表一：1961年初級產業人數比較

資料來源：參閱Report of the Census 1961，網址：https://www.censtatd.gov.hk/en/data/stat_report/product/B1129001/att/B11290031961XXXXE0100.pdf

	18	19	20-34	25-34	35-44	45-54	55-64	65歲或以上	總數
18歲及以上男性工作人口	-	-	4	22	17	18	3	3	67
18歲及以上女性工作人口	-	2	-	3	3	1	-	-	9
18歲及以上男性和女性工作人口	-	2	4	25	20	19	3	3	76

表二：1961年香港男性及女性鹽工人數年齡分佈

資料來源：參閱Report of the Census 1961，網址：https://www.censtatd.gov.hk/en/data/stat_report/product/B1129001/att/B11290031961XXXXE0100.pdf

　　鹽工人口比例集中於25至54歲的中壯年人口，以男性佔多。18至24歲的男女合共只有10人，反映鹽工人口漸趨老化，出現鹽業青黃不接的問題。鹽業在當時顯然是一個式微的行業，對比以往古代的規模或在六十年代的香港其他農業生產人口，其重要性及規模不復往昔。

三、六十年代的香港農業報紙

　　戰後，香港社會的政治和經濟環境漸趨穩定。1950年代開始，香港報業持續穩定發展。在1960和1970年代，報紙的發展有如雨後春筍，達至全盛期。至1980年代中以後才逐漸

---

[2]　1961 年，港英政府進行了戰後首次戶口普查，從此香港每十年進行一次人口普查。

回落。

香港報社數目	每日報紙銷量
1957年：42間	1960年：約50萬
1970年：約70間 1964年：90萬	76

表三：1960年代香港報社數目及每日報紙銷量比較

資料來源：丁潔《《華僑日報》與香港華人社會》，三聯書店，2014，頁125-126。

　　香港人口在1960年約為300萬，以人口比例及銷售量來看，可想而知報紙成為了當時大眾的生活讀物。雖然香港報社在1960年代為數眾多，但主要有關新界或農業的報紙和期刊屈指可數，主要是農業刊物及綜合性報紙有關農業或新界版。

　　《農報》（New Territories Farmer）於1959年1月創刊，半年一刊。有時會出現合刊情況，如第二、三期。每冊售價8角，大約60多頁。出版者為香港新界農業會的農報出版社。1931年，香港新界農業會成立，是一個以學術為主的半官方農業機構組織。其目的為協助政府開發及振興農業。[3]農報出版社為屬下報社，跟隨農業會方向較以學術為主。社長為聯合書院第二任校長凌道揚。作者群以學術研究人員和從事漁農畜牧為主，如：香港新界養魚協進會第一屆理事長林達榮先生。《農報》內容主要刊載作者對於不同初級產業的專載、論著及統計資料，涵蓋漁業、園藝、畜牧、世界各地的農業發展等，藉此推廣本地農業發展及交流。另外，《農報》的內容記錄及介紹香港新界農業會到外國交流，以作宣傳機構的工作。

　　伴隨新市鎮的建設，除了特有的農業刊物外，本地一些銷售量甚高的報紙，在「本港新聞」分類中創立了「新

---

[3]　陳國成《香港地區史研究之三：粉嶺》，香港，三聯書店，2006，頁119；危丁明〈尊孔活動與香港早期華人社會：以中華聖教總會說明〉，載蕭國健、游子安主編《鑪峰古今：香港歷史文化論集2014》，珠海學院香港歷史文化研究中心，2006，頁32。

界版」。以香港中文報翹楚《華僑日報》為例，它的「新界版」創立於1962年3月26日。[4]在「香港新聞」三版中，增設「新界版」。[5]在香港新聞分類中，「新界版」編排在一個次要的版面，主要談及新界新市鎮的發展，農業的報導並不多。

四、淺談《新界周報》的組織及背景：
六十年代的中文農業報章

　　《新界周報》是一份六十年代已停刊的中文報章，在1962年4月28日因業務調整而停刊。在1961年11月至1962年4月發行，逢星期六出版，當時售價為港幣兩毫。一共23期，一期共16頁。大概短短半年時間的營運，在香港報業歷史上曇花一現。

　　翻查各個期數，這份農業報章和新界鄉紳有密切關係。在成立之際，新界鄉議局等不同委員會都有祝賀廣告。而第十四期（1962/02/24）中的新聞報導，有一則新聞〈本報董事長吳松熾任非官守太平紳士〉，祝賀沙田鄉公所領袖吳松熾成為非官守太平紳士。吳松熾在1954至1962年連續擔任了4屆沙田委員會主席，橫跨各類公共事務。報導提及其於戰後主理沙田鄉政並擔任新界鄉議局當然執行委員，也是沙田小輪公司董事長。[6]

　　督印人是在香港監督報紙、刊物出版的人。[7]新界文

4　有關華僑日報，可參考丁潔的《《華僑日報》與香港華人社會》，三聯書店，2014。

5　《華僑日報》，1962年3月26日，第三張第二版。

6　本報董事長吳松熾任非官守太平紳士〉，《新界周報》，1962年2月24日，第四版。

7　參閱〈香港的報紙發牌及發行制度 〉，網址：https://www.legco.gov.hk/yr97-98/chinese/sec/library/9495rp11c.pdf 。根據香港的報紙發牌及發行制度，香港報刊辦理註冊手續時，須提供報刊東主、承印人、督印人及編輯的資料。督印人或承印人須於報刊出版後一日內送交一份予註冊主任，反映督印人的重

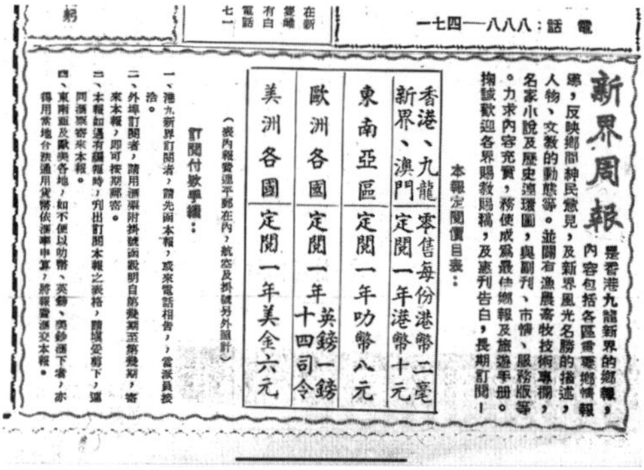

電話：八八八—四七一

新界周報 是香港九龍新界的鄉報，內容包括各區重要鄉情報導，反映鄉間紳民意見，及新界風光名勝的描述，人物、文教的動態等。並闢有漁農畜牧技術專欄，名家小說及歷史遊覽圖，與副刊、市情、服務版等。力求內容充實，務使成爲最佳鄉報及旅遊手冊。掬誠歡迎各界賜教賜稿，及惠刊告白，長期訂閱！

本報定閱價目表：

香港、九龍 新界、澳門	零售每份港幣二毫 定閱一年港幣十元
東南亞區	定閱一年叻幣八元
歐洲各國	定閱一年英鎊一鎊十四司令
美洲各國	定閱一年美金六元

（表內報費連平郵在內，航空及掛號另外照計）

訂閱付款手續：

一、港九新界訂閱者，請先函本報，或來電話相告，當派員接洽。

二、外埠訂閱者，請用滙票附掛號函說明自何期至何期，寄來本報，即可按期郵寄。

三、本報如過有編報時，列出訂閱本報之表格，請填妥剪下，連同滙票寄來本報。

四、東南亞及歐美各地，如不便以叻幣、英鎊、美鈔滙下者，亦得用當地合法通用貨幣依滙率申算，將報費滙交本報。

圖二 《新界周報》第十三期（1962/02/17）最後一頁的廣告

資料來源：廣告，《新界周報》，1962年2月17日，第十六版。

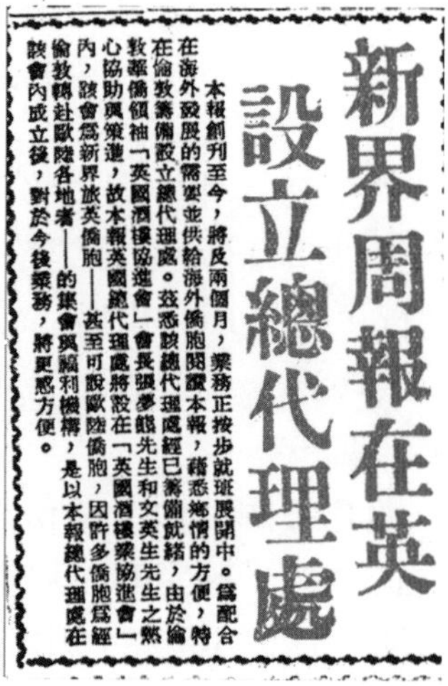

新界周報在英設立總代理處

本報創刊至今，將及兩個月，業務正按步就班展開中。爲配合在海外發展的需要並供給海外僑胞閱讀本報，藉悉鄉情的方便，特在倫敦籌備設立總代理處。玆悉該總代理處經已籌備就緒，由於倫敦華僑領袖「英國酒樓協進會」會長張麥朗先生和文英生先生之熱心協助與策進，故本報英國總代理處將設在「英國酒樓業協進會」內，該會爲新界旅英僑胞——甚至可說歐陸僑胞，因許多僑胞爲經倫敦轉赴歐陸各地者——的集會與福利機構，是以本報總代理處在該會內成立後，對於今後業務，將更感方便。

圖三：新界周報在英設立總代理處報導

資料來源：〈新界周報在英設立總代理處〉，《新界周報》，1962年1月6日，第一版。

化事業有限公司 (NEW TERRITORIES NEWSPAPER & CULTURE ENTERPRISES COMPANY，LIMITED) 在新界周報辦報期間於1962年1月3日在香港成立。在還沒成立之前，督印人為李昌。陳中行擔任社長。此職位是報社的主導人物，其位置在總編輯之上，負責辦理營業事宜。然而陳中行只出現至第十九期 （1962/03/31），社長一職自此沒再刊登於報紙上，同時報章沒有如以往一樣刊載「編者啟」。督印人和社長的職位如此重要，竟在半年時間，皆發生異動，說明了報社或許存在經營和出版問題。

從第十三期（1962/02/17）最後一頁的廣告可見，《新界周報》雖則期數不多，但他們依然嘗試積極發展定位——成為最佳鄉報及旅遊手册。銷售距道方面，報紙讀者對象跨越新界，其銷售範圍遍及香港、九龍及新界。不只是當時居

住在香港的香港人，更包括遍佈世界各地的香港華僑，其中尤以新界旅英僑胞及歐陸僑胞為重點，這與當時的新界鄉紳大多移居英國有關。在第七期（1962/01/06）中，《新界周報》拓展業務及擴大讀者群的野心可見一斑。在創報 2 個月後，倫敦的華僑領袖英國酒樓業協進會張夢熊及文英協助報刊在英國設立總代理處。可惜的是，周報沒有後續總代理處的相關報導。

周報創辦尚屬起始，因此分類隨期數而有所變化及調整。總體內容涵蓋各區重要鄉情報導、新界風光名勝的描述、人物和文教的動態等。另外，報章會刊登有關漁農畜牧技術專欄、市情、副刊等，甚或香港娛樂圈，從而照顧不同讀者需求。在第十期（1962/01/27）中，「學生園地」易名為「青年園地」，讀者對象不只是在學中，延伸至所有青年。在第八期中便有報導新界農展會特刊。其餘期數皆是有以下分類或次序上的更替。

新聞
社評
僑訊
旅遊
綜合副刊
小說
漁農畜牧
文教與體育
學生園地/青年園地
娛樂
服務版

表四：《新界周報》版面分類

資料來源：筆者參閱各期新界周報（欠第一至第三期及廿二期）整理所得。

相對一般綜合性報紙，《新界周報》服務版的規條和

內容較為別開生面,新界周報》服務版附載新界農產市情,
如:刊載新界絲苗米價、輯錄世界各地不同飼料市況等。再
者,服務版的「本版簡則」開宗明義:

> 一、 讀者來函會盡可能解決所知者答覆;
> 二、 地產信箱有關新界農地房商住宅等租售
> 及徵求,來稿可以免費刊登。[8]

服務版成為一個免費的租售及徵求農地房商住宅的交流
平台。此種創新想法和內容可以說是一大特色。不但可以反
映部分讀者的意見,更有助報章文人和讀者之間的交流。

從報紙組織和業務的營運細看,便能略懂這份報紙的市
場定位及主要的讀者群,不同於前文所述的學術農業報紙及
一般的大眾綜合性報紙。《新界周報》作為一份本地新界報
紙,它既不像《農報》偏學術路線,又不像一般綜合性報紙
較專注於談及新界都市化。相反,新界周報的各類版面主要
談及新界的民生大小事。加上,當時新界土地使用以農業為
主,故此它的內容以農業為導向。[9]這份報紙可說是一份農業
報紙,有助我們了解20世紀60年代的香港農業狀況,亦有助
知悉當時的農業技術水平、主流。

五、《新界周報》和鹽業

《新界周報》刊載了不少有關新界過去的事蹟。部分提
及香港以往的鹽業歷史。儘管我們無法從這些報導中得知過
往鹽業的全相,但仍為零散失落的香港鹽業作出敍述,呈現
的情節各有不同,建構成一個又一個生動有趣的故事。

---

8   〈服務版〉,《新界周報》,1962年1月27日,第十五版。
9   有關新界農業發展,可參考蔡思行的〈戰後新界發展史〉。

鹽場或位置	相關報導	作者	類別	版數	報導日期
官富場	官富場的遺跡	峭	綜合副刊	第七版	1961年12月23日
	宋王臺的一段野史	羊羊	旅遊	第六版	1962年1月12日
	九龍二王村野乘	筱臣	旅遊	第六版	1962年1月27日
	獅子山頭烽火墩	峭	旅遊	第六版	1962年2月24日
	過去粵鹽興替中新田鹽場的回溯	一鴻	旅遊	第六版	1961年12月23日
	王巡撫下鄉故事	雙梅屋主	綜合副刊	第七版	1962年1月20日
大嶼山	寒巖閒眺大嶼西	一鴻	旅遊	第六版	1962年1月20日
	寶安梧桐山與大嶼山原屬相連的山脈	鴻	旅遊	第六版	1962年2月3日
屯門	屯門新墟晒鹽場晒鹽古法成陳跡	雙梅屋主	旅遊	第六版	1962年1月27日

表五：《新界周報》各期報導所載有關香港鹽業報導

資料來源：筆者參閱各期新界周報期數（欠第一至第三期及廿二期）整理所得。

　　《新界周報》的鹽業報道主要集中於觀塘、大嶼山、屯門的古代鹽場，尤以官富場的報導最多，共有六則，包括宋帝南下、宋皇台以及鹽戶制度、遷界令事件對香港鹽業的影響。從報導的內容分佈來說，當時文人對香港鹽業的認知主要以官富場為主。值得注意的是鹽業報導類別集中於「旅遊」及「綜合副刊」的版面。六十年代的香港農業處於黃金時代。鹽業作為式微的初級產業，不會像其他初級產業在新界周報中的其他版面談及，反映鹽業在六十年代對關注新界鄉紳或文人的角度而言，已不及其他產業重要。另一方面，為了顧及銷售，內容上顧及其主要讀者群——華僑和漁農畜

牧的人士，故此內容偏向以漁農畜牧為主。

（一）官富場位置的描述

　　鹽場位置會受到自然地理條件的限制在特定的地區進行，生產規模、方法和地點會隨海岸線的變遷有所變化或調整。鹽場在古代大多毗連、延綿數百里。[10]在《新界周報》的報導中，有三篇提及官富場的位置：

報章	位置推測	年代推測
過去粵鹽興替中　新田鹽場的回溯	……但它的晒鹽場，却在新界「新田」一帶…… 鹽場的範圍，西端起自「新田」以至屯門灣。東端至「沙頭角」以至九龍灣。	東漢
官富場的遺跡	接近新界區域的舊九龍城一帶，往昔稱為官富場…… 現今的黃大仙廟地區、位於九龍灣西北、即昔日官富場的範圍。	/
獅子山頭烽火墩	官富場舊治不外自侯王廟左起，至溥愛村以南，西頭村以東，東頭村以西，賈賓達道以北。	/

表六：〈過去粵鹽興替中　新田鹽場的回溯〉、〈官富場的遺跡〉、〈獅子山頭烽火墩〉有關官富場地理位置節錄

資料來源：筆者參閱各期新界周報期數整理而成。

　　由於年代久遠，現今官富場具體位置難以尋覓。上述三篇報導描述官富場的位置各異。儘管沒有一個明確位置，但是我們從中看到當時這份報紙的文人確信及推斷官富場的地理位置大致在九龍城以至九龍灣一帶，反映當時的人們對官富場位置的理解。

　　〈過去粵鹽興替中　新田鹽場的回溯〉中談及官富場廢

10　周維亮《鹽政概論》，鹽務月刊社，1972，頁83。

置問題：

> 宋代新田的鹽場，一個時期隸屬於富官場，
> 其後官富場廢置，鹽業事務撥附于「疊福場管
> 理，疊福場在今日沙頭角以北地方。[11]

對於官富場的研究，學者梁庚堯認為官富場在北宋時期應為新設的鹽場。因為在《元豐九域志》沒有刊載。可能產量較少的緣故，所以未列入《中興會要》的記載中。簡又文在〈宋官富行宮考〉則認為官富場直至南宋末年仍然存在，政府派有官員監管。[12]報導中的內容便是在《宋會要輯稿‧食貨》中記錄官富場在隆興二年撥附疊福場。

（二）粵鹽和香港鹽場

新界周報的報導中往往把香港鹽場扣連粵鹽甚或中國鹽業。〈過去粵鹽興替中 新田鹽場的回溯〉雖則是作者有意追溯本港新田鹽場，但對於新田鹽場製鹽方法只以「古法」描述，僅以一段概括寫出新田的行政轉變及受清朝遷界令事件影響鹽產。主要篇幅仍是偏重介紹鹽為中國古代財源之一。內文提及新界的鹽場是「粵商富源」，粵商成就了粵垣的富庶，並提及粵垣鹽場所在之地。「而鹽場多數就是在現今的新界，和海陸豐，汕頭， 汕尾，及粵南路的陽江閘坡，以至欽廉等處。」[13]

作者在報導中比較不同中國地區鹽業，所述如下：

---

[11] 〈過去粵鹽興替中 新田鹽場的回溯〉，《新界周報》，1961年12月 23日，第六版。此段節錄自〈過去粵鹽興替中 新田鹽場的回溯〉原文，文章沒有」。此外，其中一句「一個時期隸屬於富官場，」，當中的「富官場」為「官富場」。

[12] 梁庚堯《南宋鹽権：食鹽產銷與政府控制》，國立臺灣大學出版中心，2014，頁310-311。

[13] 〈過去粵鹽興替中 新田鹽場的回溯〉，《新界周報》，1961年12月23日，第六版。

直至近代，淮鹽業務，稍為式微，繼之而興的，即為粵鹽了。粵鹽務的發達，以有一代而論，其鼎盛時期不遜於當日的淮鹽，它的鹽產是大宗輸入五嶺以北，後又以交通利便關係，銷到黔桂滇各省；四川本來有鹽井，生產鹵鹽畧可自給，但仍有些少地區仰賴粵鹽⋯⋯

此文提及的「淮鹽」、「粵鹽」是由於鹽務在中國古代有劃分行政區域。各個鹽產區鹽場須將食鹽運往政府所規定的鹽銷區銷售。鹽產區有自身的銷售區域。就以南宋的官富場為例，其隸屬廣南東路，在政府劃分下屬於廣南鹽行銷區，曾經有段時間銷入廣南西路。「淮鹽」在南宋則是食鹽主要供給之地。[14]清代時，文中所指的「粵鹽」則是「兩廣鹽區」；「淮鹽」是「兩淮鹽區」。其行銷區「行八九路、八十餘州，地廣數千里」。「粵鹽」自清代中期的產鹽方法熟為生，提高產量。此外，經營方式的改變，以商務和官辦相輔相成，維持「粵鹽」產銷。[15]

（三）行政管理

「天下之賦，鹽利居半」從過往的朝代來看，鹽利的確是當時財富收入的來源之一。而這個概念深入民心，即使到了六十年代，在描述鹽業時，不少作者依然選擇以此知識用作開首或引入文章，吸引讀者觀看。其中，〈屯門新墟晒鹽場 晒鹽古法成陳跡〉寫道：

中國前代政府稅收之大宗，凡近海斥鹵不可耕稼之地，多作晒鹽場，以其晒海水為原料，只用人工，不用成本可得厚利。

---

[14]　梁庚堯《南宋鹽榷：食鹽產銷與政府控制》，國立臺灣大學出版中心，2014，頁309。

[15]　《清代廣東鹽業與地方社會》，中國社會科學出版社，2008，頁40-41。

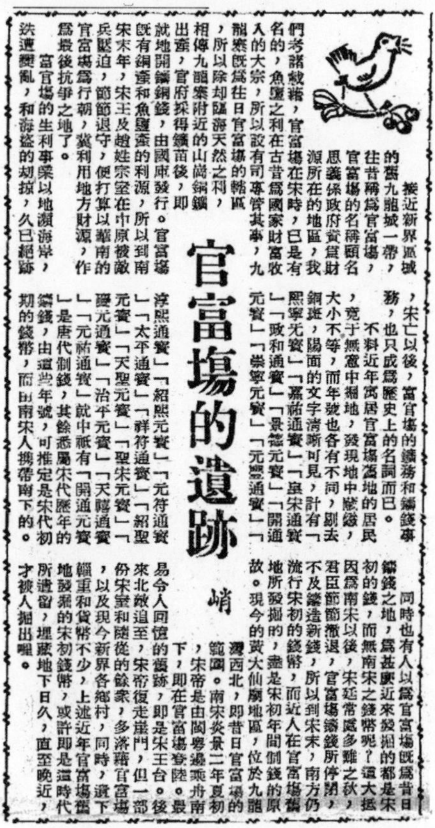

官富場的遺跡

峭

接近新界區域的舊九龍城一帶，往昔稱為官富場，官富場的名稱顧名思義係政府資為財源所在的地區，我們考諸載籍，官富場在宋時，已是有名的，魚鹽之利在古昔為國家財富收入的大宗，所以設有司專管其事，九龍寨既為往日官富場的轄區，所以除却臨海天然之利，相傳九龍寨附近的山崗銅鑛出產，官府採得鑛苗後，即就地開鑛鑄錢，由國庫發行。官富場既有銅產和魚鹽產的利源，所以到南宋末年，宋王及趙姓宗室在中原被敵兵驅迫，節節退守，便打算以華南的官富場為行朝，冀利用地方財源，作為最後抗爭之地了。

富官場的生利事業以地瀕海岸，迭遭變亂，和海盜的劫掠，久已絕跡，宋亡以後，富官場的鑛務和鑄錢事務，也只成為歷史上的名詞而已。

不料近年寓居官富場舊地的居民，竟于無意中掘地，發現地中藏錢，銅斑大小不等，而年號也各有不同，剔去銅斑，陽面的文字清晰可見，計有「熙寧元寶」「嘉祐通寶」「皇宋通寶」「政和通寶」「景德元寶」「開通元寶」「崇寧元寶」「元豐通寶」「淳熙通寶」「紹熙元寶」「元符通寶」「太平通寶」「祥符通寶」「紹聖元寶」「天聖元寶」「聖宋元寶」「慶元通寶」「治平元寶」「天禧通寶」「元祐通寶」就中祇有「開通元寶」是唐代制錢，其餘悉屬宋代歷年的鑄錢，由這些年號，可推定是宋代初期的錢幣，而由南宋人攜帶南下的。

同時也有人以為官富場既為昔日鑄錢之地，為甚麼近來發掘的都是宋初的錢，而無南宋之錢幣呢？這大抵因為南宋以後，宋廷常處多難之秋，君臣節節撤退，官富場鑄錢所停閉，不及鑄造新錢，所以到宋末，南方仍流行宋初的錢幣，而近人在官富場舊地所發掘的，盡是宋初年間制錢的原故。現今的黃大仙廟地區，位於九龍灣西北，即昔日官富場的範圍。南宋炎景二年夏初，宋帝是由閩粵邊乘舟南下，即在官富場登陸。最易令人回憶的舊跡，即是宋王台。後來北敵追至，宋帝復走崖門，但一部份宋室和隨從的餘衆，多落籍官富場，以及現今新界各鄉村，同時，遺下輜重和貨幣不少，上述近年官富場地發掘的宋初錢幣，或許即是這時代所遺留，埋藏地下日久，直至晚近，才被人掘出罷。

圖四 〈官富場的遺跡〉報導

資料來源：〈官富場的遺跡〉，《新界周報》，1961年12月23日，第七版。

可是晒鹽不只是人工，還有設備維護，加上當時的轉運成本，絕不是如作者所言不用成本便可得厚利。若然使用煎熬熟鹽之法，還要顧及柴薪成本。清代中期，製熟鹽的灶場成本及人手過多，不少廣東鹽場需要改變產鹽方法由煎熬變為生曬，減少成本支出，以挽救虧本生意。

在〈官富場的遺跡〉一文中，對稅收亦有相同的見解，

> 官富場的名稱顧名思義係政府資為財源的地區。我們考諸載籍，官富場在宋時，已是有名的，魚鹽之利在古昔爲國家財富收入的大宗，所以設有司專管其事……[16]

鹽業能為朝廷帶來龐大收益，故此宋朝鹽務附屬中央財政最高機關。鹽官直屬中央，管理食鹽的生產、銷售與分

[16] 〈官富場的遺跡〉，《新界周報》，1961年12月23日，第七版。

配，乾德以後設有轉運使，[17]以確保鹽能運送至鹽銷區。

《過去粵鹽興替中新田鹽場的回溯》一文提及新田鹽場的戶口編制：

> 新田一帶，當日鄉民業鹽的居多數，住民的
> 戶口，編成灶丁，灶田，池漏三項，可見當時業
> 鹽戶口之眾多。

在《新界周報》眾多報導中，此文是唯一一篇提及古代製鹽者的稱謂及單位。不同朝代對製鹽者有不同稱呼。名字通常會與地方的製鹽方法關連。當時為了管理食鹽的生產和銷售，設有鹽戶管理。五代時，從事鹽的家戶稱為灶戶，宋代及明代沿襲，明律中有灶戶和灶丁之分別。灶戶是在濱海的煎戶。每個鹽場設有鹽亭，鹽灶由鹽亭管理，鹽灶下又有多戶灶丁。[18]而灶丁是鹽民或是煮鹽的人。灶田則是鹽田，和煮海為鹽有關。池漏為沙漏池的構造部分之一，可視為生產工具稅。[19]從上述的編制看，宋代對香港鹽場的鹽戶管理編制甚為完善，中央政府牢牢控制香港鹽場的一個表現。

（四）官富場和二王

南宋末年，為了躲避元兵，宋端宗趙昰和宋帝趙昺於1277年（景炎二年）逃至梅蔚山、官富山等地。「宋王臺」的由來有二。〈宋王臺的一段野史〉引述了其中一個由來。宋帝在陸秀夫的護送下，走到聖山，元軍追至，忽然山上的巨石一分為二，宋帝等人入內避匿，最後成功脫險。[20]另一個說法則是「宋王臺」是宋帝築來用以觀賞。據說在「宋王臺」的不遠處，建有「二王殿」。後來村民為了紀念宋帝，

17 曾仰豐《中國鹽政史》，上海書店，1984，頁300。

18 吉成名《宋代食鹽產地研究宋史卷》，巴蜀書社，2009，頁3。

19 於浩《稀見明清經濟史料叢刊第二輯》，北京圖書館出版社，2014，頁470。

20 〈宋王臺的一段野史〉，《新界周報》，1962年1月12日，第六版。

將「二王殿」所在地改名為「二王村」。皇帝駕臨香港的史事，對於報導來說的確是一個引起大眾興趣的題材。故《新界周報》的不同作者在報導也有談及這些事項。

〈官富場的遺跡〉，作者對於官富場的描述「考諸載籍」，以「相傳」來形容官富場的往事：

> 相傳九龍寨附近的山崗銅礦出產，官府採得礦苗後，即就地開鑄銅錢，由國庫發行。官富場既有銅產和魚鹽產的利源，所以到宋末年，宋王及趙聖宗室在中原被敵兵壓迫，節節退守，便打算以華南的官富場為行朝，冀利用地方財源，作為最後抗爭之地了。
>
> 南末炎景二年夏初，宋帝是由閩粵邊乘舟南下、即在官富場登陸。[21]

對於作者的對官富場的態度更可以從其中一句看出宋亡以後：「富官場的礦務和鑄錢事務，也只成為歷史上的名詞而已。」[22]

另一篇文章〈獅子山頭烽火墩〉提及宋帝退到九龍灣，暫駐於聖山之西的臨時建築殿宇，作發號施令之用。當時的人稱為「二王殿」。殿東1的聖山有一座望臺，以防禦外圍。這座聖山，至明清二代，刻有「宋王臺」三字。近代，聖山已平，開闢道路。[23]當中文章一段的小標題「望風懷想舊官富場」詳細描述官富場位置（見圖x），卻沒講述官富場和鹽的關係。〈宋王臺的一段野史〉 則以「野史」來形容，寫出「父老傳說」——宋帝是從惠州避難移至。饒有趣味的是，此則新聞沒有提及事發相關地點官富場。〈寒巖閒眺大嶼西〉是一篇大嶼山遊記。當中略略提及官富場和二王

---

[21] 〈官富場的遺跡〉，《新界周報》，1961年12月23日，第七版。

[22] 文章的「富官場」，應為「官富場」。

[23] 〈獅子山頭烽火墩〉，《新界周報》，1962年2月24日，第六版。

有關，沒有說出和鹽業之關係。而作者對於六十年代的大澳
鹽業只用「式微」二字形容。

〈九龍二王村野乘〉的作者有以下感慨：

> 距離九龍城宋皇台不遠，有一座二王村，現
> 在知道的人，恐怕不多了，滄海桑田，令人倍發
> 思古之幽情。

文中提及二王村的來源時，在最後一段寫上「二王的
名稱，大概就是如此相沿而來的。」作者在文中用「大概」
來形容這段歷史，並且認為許多人不知道二王村，他沒有如
〈宋王臺的一段野史〉認為是傳說，更引用了隱逸派吳道鎔
（1853–1936）、蘇澤東（1858–1927）[24]、葉維屏的三首詩
佐證。

從不同文章的作者用字、撰寫內容中，雖然官富場作為
一個鹽場，可是作者們聚焦不在於鹽場的鹽務，反倒集中敍
述二王及所關連之事，可說是當時社會文人對香港鹽業關注
的一個縮影。

（五）曬鹽技藝

要了解本地的鹽業，不只是看朝代行政管理或大眾知
曉的傳統史觀下帝王歷史報導。晒鹽技術便是其中一項研究
方向。〈屯門新墟晒鹽場　晒鹽古法成陳跡〉（1962年1月27
日）講述了屯門新墟海日新餉鹽公所的行政管理及生產方
法。對作者來說，晒鹽技術只是「陳跡」的傳統技術，此篇
報章對於我們對香港鹽業的曬鹽技藝的追尋十分重要，相對
《新界周報》眾多報導中有顯著分別。

文中提及的兩個組織分別是一個「沙漿法」和「水漿
法」，分別對應現今非遺名錄中的「沙漏法」和「水流法」

---

[24] 有關華僑日報，可參考鄺龑子、陳子康、陳德錦 《廿一世紀香港
詩詞：古典詩詞美學的前瞻與透視》，中華書局，2019。

。前者在文章描述甚少，後者則詳細記載鹽田結構及物料。「水潦法」在口角廟前海灘上，因屯門海水「鹹味薄」，結鹽不足，所以在報導時的一百年前已經放棄作業。文中的「鹹味薄」是指海水的鹽濃度不足。「鹹味薄」這個字詞組合的詮釋是十分「地道」的廣東話，令讀者易於理解。

「沙潦法」的鹽田位處新墟附近。在結構及晒鹽過程，作者所述甚詳：

> 開一大水溝，引海水注入，在溝兩邊築鹽圍田（又名鹽池）用有膠鹹泥做田底，用田間格，成方塊形，每塊平方約三十尺乘三十尺。田底用手指頭大的小石粒鋪滿，再用石碌碾實，其旁掘一水漕，長八尺，深六尺，廣四尺，漕之上，以竹木橫架上，再用（似薇草硬骨者鋪鋪在下層作為濾水器，再担白砂粒五六十担，鋪在鹽田上面使平，用水車海水浸透海砂，由日光曝晒，蒸發水份，留鹽質附合砂上、日落，用木耙翻鬆其砂，明日，又如是，經過五六日，其砂泡製成功，用人工担此砂堆在水漕之上面，海水其淋上，使砂粒附著之鹽質溶解，濾入漕內，成為鹽鹵（水旁）。再用鷄蛋試驗，把一個新鮮雞蛋放人鹽鹵（水旁）內，看其鷄蛋直豎起鹵水面，即為足夠鹽質，然後掃淨鹽田，水曝晒，至下午三時，每塊鹽田，用一工人背負一竹筐食鹽撒入鹽田水內，謂之撒鹽種。使鹵（水旁）水附合鹽種結晶成鹽，日落則不見鹵（水旁）水，只見滿田白鹽。

作者對整個晒鹽過程的作用沒有說明，這或許和訪談的鹽工沒有提及、作者沒理解本身原理有關。而文中的鹽種運用及沙潦法過程與大澳的晒鹽方法類同。對於要比較或梳理

本地的晒鹽技術甚為重要。過往的晒鹽技術多著重在大澳。即使是〈香港首份非物質文化遺產清單〉中對晒鹽項目的描述，主要以大澳作為描述地點。這次的報導有助研究者可以深入了解大澳以外的香港晒鹽技藝。另一注目之處是以雞蛋測試滷水。在過往測試滷水方法的記錄中，通常是用石蓮子試滷。[25]

本文提及鹽工和鹽田主人分成。由「三個人鐘某鄧某甲乙組成，鐘某佔鹽田六十塊。鄧甲佔五十塊，鄧乙佔七塊。」至於在分成方面，鹽工把鹽放在竹籮裏，排列成兩行同等，和鹽田主人五五分成，所以鹽工是以鹽的收成作工資。這些內容和大澳以往的研究內容或報導相近。這些內容讓我們知曉在清朝時期官鹽以外，本港的私鹽管理發展情況，實是難能可貴，也顛倒了一般社會大眾以貨幣作為薪水的認知。

六、結　語

作為香港鹽工，在此透過自身對行業歷史的探討，和大家一起閱報識鹽，實是與有榮焉。香港鹽史研究過往一般著重古代的鹽場及相關史事。鹽作為日常的必須品，還和古代常民生活、社會以至地方歷史有緊密關係。有待研究者更深入的發掘，了解香港更多未知一面。

《新界周報》出版只有大概半年時間，但從此份報紙的定位、排版、內容，見到六十年代的香港新界發展面貌、漁農畜牧的技術、新界居民的離去與鄉誼之情，無疑是當時新界重要的歷史記錄。

一份以本地香港人及海外華僑為銷售對象的農業報紙。在報導本港的鹽業歷史時，仍偏重於中國大一統下的鹽業歷

25　石蓮子試滷方法，可參閱田秋野、周維亮合編：《中華鹽業史》，台灣商務印書館，1979，頁16。

史。反之，對香港鹽業其他方面甚少報導，瞥見當時文人對
香港鹽業的理解所知不多。新聞的敍事手法會因篇幅所限，
往往會簡化歷史的敍事。作者如何以自己的理解去整理、組
織以往的歷史事件，從而傳遞歷史資訊，建構我們對過去及
生活的認知，了解香港這個式微的行業，《新界周報》的報
導以趣聞入文，甚或讀者感興趣而過去聞所未聞的故事，娛
樂趣味甚高，老少咸宜。對於主要對象為初級產業及華僑的
讀者是創造想像之舉，讓他們能了解家鄉的產業故事。六
十年代報業百花齊放。報紙報導成為了社會大眾認識香港的
重要渠道，使大眾可以一窺以往的香港歷史和社會變遷的過
程，提供更多蛛絲馬跡的佐證素材，勾勒香港鹽業的面貌。
每位讀者不妨可以找找過往的報紙，發掘自身感興趣的題
目，透過這種隨手之物成為自己的史家。

編後語

　　自2012年起，本中心將過去一年的講座論文編輯成書，以《鑪峰古今——香港歷史文化論集》為系列書名，本書是《鑪峰古今——香港歷史文化論集》系列的第10部。本期收進特稿、講座論文、專題論文、及文物、古蹟、史料劄記共17篇文章。因應本校今年九月新開辦「華南歷史與文化」文學碩士課程，及國家締建「人文灣區」的願景，特設「華南地區歷史與文化」專輯，承蒙學界友好的支持，收錄鴻文四篇。今期收錄一篇特稿、三篇講座論文、五篇專題論文、四篇田野史料劄記。其中田仲一成教授著述〈香港正一派道士科儀《賣雜貨》之中所看到的伊斯蘭商人的影子〉，田仲先生揭示廣東小幽賣雜貨是很特殊的超幽方式，最值得注意的是：為了賜給孤魂紙錢而設的小幽，內裏含有伊斯蘭商人登場的事。教授惠寄大文，讓今期《鑪峰古今》增色不少。

　　論集涵蓋的題材既廣且深，內容充實。《鑪峰古今》每年一書的出版計劃，今期再次承蒙　Arts　&　Education Limited　劉言祝先生慷慨資助出版，本期內容豐贍，17篇文章，各綻精彩，期望有助推動香港及華南歷史與文化的探研。

游子安
香港珠海學院 香港歷史文化研究中心副主任
2023年5月

鑪峰古今

香港歷史文化論集2021

主 編

蕭國健　游子安

出 版

珠海學院香港歷史文化研究中心

責任編輯

危丁明

製 作

書作坊出版社

香港沙田美田路33號康松閣1405室

版 次

2023年5月初版

ISBN 978-988-12530-7-1
Printed in Hong Kong